Cofradías, capellanías, epidemias y funerales

Una mirada al tejido social de la Independencia

Cofradías, capellanías, epidemias y funerales

Una mirada al tejido social de la Independencia

ANA LUZ RODRÍGUEZ GONZÁLEZ

BANCO DE LA REPÚBLICA / EL ÁNCORA EDITORES

Primera edición:
Banco de la República
El Áncora Editores
Bogotá, 1999
ISBN 958-96577-2-9

Portada:
diseño de Camila Cesarino Costa
Ilustración:
acuarela de Ramón Torres Méndez (detalle)
Fotografía:
Ernesto Monsalve

Preprensa digital: Servigraphic Ltda.
Separación de color: Elograf
Impreso en los talleres de Formas e Impresos Panamericana
Impreso en Colombia
Printed in Colombia

Contenido

Cuadros, gráficas y planos 9

Agradecimientos 13

Introducción 19

Capítulo Primero
Virolentos y leprosos: del degredo al hospital de lazarinos 31

La epidemia de viruela de 1802: entre el terror individual y el temor colectivo 34
Dejad que los niños pobres y amenazados de contagio... 42
Casas, tiendas y bohíos: las fachadas mienten 52
Señor virrey, ahora sí empezó la epidemia 63
Los leprosos de Santafé: vergüenza, soledad y ocultamiento 78
María Reyes: lazarina sí, delincuente no 82
Del degredo al hospital de lazarinos 91

Capítulo Segundo
Cofrades y capellanes: tejedores de lazos sociales entre Santafé y el más allá 97

Las cofradías, algo más que organizaciones religiosas 99
Cofrades: un pacto de compañía a la hora de la muerte 114

Las capellanías, singular relación entre casas, curas y almas del purgatorio 119
Bienes espiritualizados, almas del purgatorio y desamortización 134
Cofradías y capellanías: expresiones del mundo económico colonial 140

Capítulo Tercero
Testadores y finados: miembros activos de la sociedad independentista 155

Testar, actividad social más allá de la declaración notarial 158
Gustos funerarios de los santafereños 169
Los funerales, ritos piaculares anudadores de lazos sociales 184
La pena de muerte en la Independencia: espectáculo y venganza política 201
De la sepultura en iglesia a la inhumación en campo abierto 208

Conclusiones 218

Bibliografía 229

CUADROS, GRÁFICAS Y PLANOS

Cuadros

Capítulo primero

1 Rango de edades según sexo para los ocho barrios, habitantes que no han padecido viruela. Santafé, 1801 45

2 Habitantes que no han padecido viruela, según sexo. Santafé, 1801 48

3 Niñas y jóvenes que no han padecido viruela, según situación económica. Santafé, 1801 49

4 Niños y jóvenes que no han padecido viruela, según situación económica. Santafé, 1801 50

5 Tipo de vivienda por habitante que no ha padecido viruela. Santafé, 1801 55

6 Habitantes pobres o sin facultades que no han padecido viruela, según tipo de vivienda. Santafé, 1801 59

7 Habitantes con facultades que no han padecido viruela, según tipo de vivienda. Santafé, 1801 62

8 Propensos, contagiados y muertos. Epidemia de viruela de 1802, según situación económica 70

Capítulo segundo

1 Calendario de visitas a iglesias para obtener indulgencias y para sacar almas del purgatorio. Santafé, 1806 117

2 Cofradía de Las Animas. Parroquia de Santa Bárbara. Libro de Cuentas, 1815-1820. Ingresos 143

3 Cofradía de Las Animas. Egresos. 1815-1820 144

4 Libro de Cuentas Cofradía de San Pedro Apostol. Iglesia de La Catedral. 1827 a 1831. Ingresos 146

5 Libro de Cuentas Cofradía de San Pedro Apostol. Iglesia de La Catedral. 1827 a 1831 149

Capítulo tercero

1 Habitantes de Santafé que hicieron testamento, según sexo. 1800-1831 170

2 Testadores santafereños y pertenencia a parroquias. 1800-1831 172

3 Situación económica de testadores santafereños. 1800-1831 173

4 Motivos para testar. 1800-1831 175

5 Estado civil de testadores santafereños. 1800-1831 176

6 Nivel de alfabetización de testadores santafereños. 1800-1831 177

7 Tipos de mortaja solicitados por testadores santafereños.1800-1831 179

8 Lugares de sepultura solicitados por testadores santafereños. 1800-1831 180

9 Testadores de Santafé que pertenecían a cofradías y fundaban capellanías. 1800-1831 181

10 Costos de funerales y misas por el alma. Santafé. 1792-1796 189

11 Costos de funerales y misas por el alma. Santafé. 1796-1801 190

12 Costos de funerales y misas por el alma. Santafé. 1801-1805 193

13 Costos de funerales y misas por el alma. Santafé. 1805-1809 195

14 Costos de funerales y misas por el alma. Santafé. 1809- 1814 197

15 Gastos de un funeral en 1827 200

16 Necrologías publicadas entre 1822 y 1831. Periódico *Gaceta de Colombia* 207

Gráficas

Capítulo primero

1 Rango de edades según sexo. Habitantes que no han padecido viruela. Santafé, 1801 47

2 Habitantes que no han padecido viruela, según sexo. Santafé, 1801 48

3 Tipo de vivienda por habitante que no ha padecido viruela. Santafé, 1801 56

4 Habitantes pobres o sin facultades, que no han padecido viruela, según tipo de vivienda. Santafé, 1801 60

Capítulo tercero

1 Habitantes de Santafé que hicieron testamento, según sexo. 1800-1831 170

2 Habitantes de Santafé que hicieron testamento, según situación económica. 1800-1831 174

3 Habitantes de Santafé que hicieron testamento, según nivel de alfabetización. 1800-1831 178

Planos

Capítulo primero

1 Santafé y sus ocho barrios a comienzos del siglo XIX 51

2 Habitantes de Santafé propensos a la viruela, según padrón de 1801, teniendo en cuenta situación económica 61

A mis padres,
Gema y Campo Elías.

A Santafé de Bogotá,
a ratos caótica y agresiva, pero,
en definitiva, acogedora.

AGRADECIMIENTOS

Un trabajo de varios años con algunas interrupciones hizo posible la realización de este texto. Por supuesto, la versión final de la investigación no habría visto la luz sin el apoyo brindado por algunas personas y entidades a las cuales quiero mencionar. En primer lugar, agradezco a la Fundación para la Promoción de la Investigación y la Tecnología del Banco de la República por haber creído en el proyecto; su colaboración financiera y las oportunas recomendaciones del Comité Técnico contribuyeron en buena medida a la materialización de estas páginas. En segundo lugar, agradezco a Jorge Orlando Melo su colaboración en la etapa de publicación del trabajo. Por supuesto, gracias también a El Áncora Editores por la calurosa bienvenida que brindó a estas páginas, y a Felipe Escobar por su atenta y reveladora lectura crítica.

No puedo dejar de mencionar el apoyo recibido de mis profesores de la maestría en historia de la Universidad Nacional. Palabras de ánimo, conversaciones, libros, iluminaron el camino. De manera especial agradezco a Abel López, César Ayala, Mauricio Archila, Medófilo Medina, Gilma Mora de Tovar, Guiomar Dueñas, Óscar Rodríguez, Pablo Rodríguez, Fabio Zambrano, Carlos Miguel Ortiz y Vera Weiler. Estoy en deuda con Bernardo Tovar, asesor de mi tesis de grado, por haber creído en el tema desde el comienzo sin importar la indefinición de los primeros trazos y las palabras a medio decir que componían el boceto del proyecto inicial. Además, la lectura inteligente y cuidadosa de los borradores de este trabajo realizada por mi asesor, me proporcionó valiosas sugerencias. De igual manera, la lectura crítica realizada por Diana Obregón como jurado en una de las fases de esta investigación, contribuyó a afinar algunos de los planteamientos del primer capítulo. Encontrar al profesor Hermes Tovar, con cierta frecuencia, en el Archivo General de la Nación, durante la etapa de búsqueda y lectura de documentos constituyó un motivo de aliento. Tengo presente la amabilidad de Martha Valenzuela y la solidaridad de Matilde Hernández de Maldonado, a quien le digo: ¡gracias por todo!

Al Archivo General de la Nación y a quienes atienden la sala de investigadores un gracias con mayúscula. En ese lugar encontré buena parte del material que hizo posible este trabajo, pero también descubrí y desarrollé un gusto por el oficio a través de jornadas continuas de lectura. No olvido el interés y la amabilidad con la cual me atendieron en la hemeroteca, la sala de libros raros y curiosos y la sala de investigadores de la Biblioteca Nacional.

En el transcurso de esta investigación me sentí acompañada por el grupo de compañeros que integra la Facultad de Comunicación Social-Periodismo de la Universidad Central. A sus estudiantes, profesores, directivos y personal administrativo debo decirles que reconozco su presencia en este trabajo.

A los ángeles que llegaron con este final de milenio les agradezco la magia contenida en el encuentro con mis compañeros de estudios de maestría. Si bien todos ellos ocupan un lugar en el rincón de mis afectos, no puedo dejar de expresar un reconocimiento especial a Amparo Murillo, Pablo Moreno, Carlos Noguera, Ernesto Ramírez, Decsi Astrid Arévalo, Jairo Díaz, Diana Patricia Restrepo, María Himelda Ramírez, Gloria Bonilla e Inírida Morales. De manera especial agradezco a Mario García sus simpatías por el tema de investigación; en ellos encontré combustible para avivar el ánimo en momentos difíciles.

Mientras recorría el sinuoso sendero a través del cual fue tomando cuerpo este trabajo, encontré en un recodo del camino un agradable lugar localizado en el piso once de cierto edificio de Bogotá. Allí descubrí libros que influyeron en el contenido de estas páginas, así como textos que me alejaron de ellas para permitirme el descanso. Gracias a Marta Herrera por compartir conmigo sus tesoros. Por supuesto, gracias a Inés Navas y al inigualable "Cuco".

La colaboración de Guiomar Aya, Julieta Rodríguez y Yenny Leguizamón contribuyó en gran medida a la feliz culminación de este trabajo. Guiomar, quien se desempeñó como auxiliar de la investigación durante una de sus etapas, fue la encargada de encuestar a los testadores santafereños que redactaron su última voluntad entre 1800 y 1831; Julieta, amante de los computadores y cartógrafa recursiva, realizó los planos de Santafé que aparecen en el texto y sirvió de mediadora en mis relaciones con paquetes, programas, virus, comandos, etc. Yenny, invaluable compañía en las horas duras, elaboró en computador la presentación final de los cuadros y gráficas que aparecen en estas páginas.

Agradezco a mi familia el respaldo que me brindó: a mis padres por su apoyo constante; a Julieta, Diana, Rolando, Miguel Ángel y Myriam, pues su colaboración hizo las veces de tónico revitalizador. Estoy en deuda con Heriberto Rodríguez González porque, con la generosidad que lo caracteriza, me facilitó algunos implementos que fueron de bastante utilidad para el desarrollo del texto. Por último, agradezco a Esperanza Londoño, Álvaro Cadena, Olga Lucía Castillo, María Teresa Zarta y Jaime Sepúlveda porque de diversas maneras influyeron en el contenido de las páginas que aquí presento; a Estela Parrado por hacer de la Hemeroteca Nacional un oasis y a Martha Ocampo por su cercanía y por los interesantes comentarios sobre "las posibles causas de la extinción de la viruela".

INTRODUCCIÓN

> No sólo nos disimulamos a nosotros mismos y nos hacemos transparentes y fantasmales; también disimulamos la existencia de nuestros semejantes. No quiero decir que los ignoremos o los hagamos menos, actos deliberados y soberbios. Los disimulamos de manera más definitiva y radical: los ninguneamos. El ninguneo es una operación que consiste en hacer de Alguien, Ninguno. La nada de pronto se individualiza, se hace cuerpo y ojos, se hace ninguno.[1]

Abordar el estudio del período de la Independencia desde la óptica de una historia social resulta una labor interesante aunque un tanto complicada. Las imágenes construidas sobre esta etapa de nuestro pasado se interponen avasalladoras, como bloqueando el camino hacia cualquier intento de cuestionamiento. Es conocido el mito creado en torno a los procesos vividos en las primeras décadas del siglo XIX colombiano y el vigor con el cual se sostiene a pesar de haber sido objeto de sucesivas críticas por parte de estudiosos interesados en el pasado.[2] Sumándose a otros intentos realizados por investiga-

1. Véase Octavio Paz, *El laberinto de la soledad*, México, Colección Popular, núm.107, Editorial Fondo de Cultura Económica, décimatercera reimpresión, 1984, p. 40.

2. Véase Indalecio Liévano Aguirre, *Los grandes conflictos sociales y económicos de nuestra historia*, 2 vols., Bogotá, Tercer Mundo Editores, décimatercera edición, 1989; Guillermo Sosa Avella, *Labradores, tejedores y ladrones. Hurtos y homicidios en la provincia de Tunja, 1745-1810*, Bogotá, Cuadernos de Historia Colonial, título 1, Instituto de Cultura Hispánica, 1993; Leonardo Alberto Vega Umbasia, *Pecado y delito en la Colonia. La bestialidad como una forma de contravención sexual. 1740-1808*, Bogotá, Cuadernos de Historia Colonial, título II, Instituto de Cultura Hispánica, 1994. Vale la pena mencionar los trabajos del historiador Javier Ocampo López, promotor de los estudios de historia social del período de Independencia, aunque no comparto los criterios del autor relativos a la

dores de tal período, este trabajo pretende continuar la búsqueda de nuevas visiones, miradas menos heroicas que hablen más de la sociedad de esos días, de los grupos sociales y, ¿por qué no?, de individualidades anónimas.[3]

Elaborar una historia social del período independentista implica emprender la búsqueda de nuevas fuentes, intentar caminos aún no

---

periodización, por cuanto evidencian una visión lineal de los procesos que subraya demasiado la importancia del elemento consciente y racional, destacando con exceso la intervención de los criollos como hacedores conscientes de la Independencia. Véase Javier Ocampo López, «El proceso político, militar y social de la Independencia», en *Manual de historia de Colombia*, tomo II, Bogotá, Procultura S.A., Instituto Colombiano de Cultura, tercera edición, 1984, pp. 17 a 32. Margarita Garrido señala cómo la historiografía tradicional, estableció una relación causal entre Ilustración e Independencia. En una visión lineal del proceso, según esta historiadora, se ha considerado el movimiento de los Comuneros como precursor de las luchas de Independencia, y a los colegios del Rosario y San Bartolomé en Bogotá, junto con la Expedición Botánica, como centros de difusión de las ideas que promovieron la lucha independentista. Véase Margarita Garrido, *Reclamos y representaciones. Variaciones sobre la política en el Nuevo Reino de Granada, 1770-1815*, Bogotá, Colección Bibliográfica del Banco de la República, 1993, p. 25; Heraclio Bonilla elabora una reflexión acerca del sentido de la Independencia para el Perú y de las debilidades de los estudios históricos sobre ese período. Cuestiona los criterios con que se formuló la periodización tradicional y los riesgos que ella implica. Para el caso peruano, según la historiografía tradicional, el período de Independencia se extendería desde 1780 hasta 1821. Bonilla critica la visión lineal del proceso, según la cual toda revuelta popular constituyó un preludio de 1821. Según él, se corre el riesgo de evaluar los movimientos populares despojándolos de su sentido particular, al evaluarlos desde 1821. Véase Heraclio Bonilla, *Clases populares y Estado en el contexto de la crisis colonial*, en Heraclio Bonilla, Pierre Chaunu, *et. al.*, *La Independencia en el Perú*, Lima, Instituto de Estudios Peruanos, segunda edición, 1981, pp. 15 y 16.

3. Resulta pertinente recordar el llamado de atención de Juan Friede con respecto a las desventajas de una historia heroica, citado por Bernardo Tovar Zambrano en su ensayo *La historiografía colonial*. Pues bien, Friede señalaba, en 1962, los defectos de aquella historia que exageraba el papel de los individuos y tendía a convertir esta disciplina en una sucesión de biografías. Decía Friede que este tipo de historia confinaba en el olvido a la mayoría del pueblo, al común que tiene una historia digna de ser investigada. Véase Bernardo Tovar Zambrano, *La historiografía colonial*, en *La historia al final del milenio. Ensayos de historiografía colombiana y latinoamericana*, volumen 1, Bogotá, Editorial Universidad Nacional y Facultad de Ciencias Humanas, Departamento de Historia, primera edición, 1994, p. 28.

transitados para su interpretación y explorar otras formas de abordar el relato.[4] Se trata entonces de aguzar los sentidos e ir tras las huellas de grupos sociales, del individuo anónimo, de las actividades cotidianas que acaparaban la atención de los habitantes, de las formas organizativas que pudieran estar al alcance del grueso de la población. Archivos judiciales, notariales, administrativos y parroquiales esperan la mirada curiosa y la lectura inquisitiva de oleadas sucesivas de estudiosos del pasado.

Para narrar esa historia social hacen falta palabras menos grandilocuentes, frases tomadas de la vida cotidiana, imágenes cercanas al habitante común.[5] Evitando caer en la contemplación fácil

4. En su trabajo *Las convenciones contra la cultura*, Germán Colmenares hace referencia amplia y profunda a los relatos sobre el período de independencia colombiana elaborados en el siglo XIX, narraciones que de alguna manera continúan intactas en nuestros días. Sobre las características del relato señala Colmenares cómo éste «se ritualizó y adquirió una forma canónica que podía prestarse para reflexiones, conmemoraciones, discursos y editoriales. Cada episodio cobró el valor de una máxima o una sentencia. A tal fijación mítica, dice Colmenares, contribuyó el establecimiento de un cuerpo sacerdotal de guardianes de un orden ritual del relato que podían transformarse en censores». Véase Germán Colmenares, *Las convenciones contra la cultura. Ensayos sobre la historiografía hispanoamericana del siglo XIX*, Bogotá, Tercer Mundo Editores, S.A., segunda edición, 1989, p. 26.

5. En relación con la simbología que hizo parte del proceso de independencia de Nueva Granada, se encuentra el sugestivo trabajo del historiador Hans Joachim König, para quien el lenguaje representa el depósito de esquemas específicos de cada época y sociedad. A través de él se manifiestan expectativas y actitudes. Por otro lado, König considera, respecto a los modos de pensar y de sentir, cómo el efecto de nociones, símbolos y metáforas radica en que toca una predisposición existente en sus receptores. Destaca el papel de los símbolos que fueron expresión de los círculos de criollos, difundidos a través de periódicos escritos, discursos, cartas públicas y privadas, constituciones y sermones. Entre los símbolos, consignas y nociones que resalta están: el imperio español visto como familia; la relación entre España y las colonias vista como entre padre, madre e hijos; la fórmula de los 300 años de esclavitud; el indio como símbolo de esclavitud o de libertad; y el título de ciudadano. Véase Hans Joachim König, *En el camino hacia la nación. Nacionalismo en el proceso de formación del Estado y de la nación de la Nueva Granada. 1750-1856*, Bogotá, Colección Bibliográfica Banco de la República, 1994, pp. 138, 139, 204, 205, 278, 279 y 512. Véase además Georges Lomné, «Las ciudades de la Nueva

de los sucesos, se trataría, en primer lugar, de explorar la vida cotidiana de los grupos sociales en un período que se creía carente de intereses triviales, por cuanto se le imaginaba atravesado por convulsiones políticas y militares.[6] Casi dos siglos después, con la tranquilidad que puede proporcionar la mirada distante, vale la pena preguntarse cómo vivieron la Independencia los diversos grupos sociales. O simplemente preguntar por el tipo de vida, por las formas de pensar y de sentir de los diversos sectores de neogranadinos y de colombianos en ese lapso. Aquello del grado de participación en los sucesos mencionados sería un resultado de la búsqueda más que un punto de partida.

El trabajo intenta mostrar cómo la observación de dos fenómenos sociales, la enfermedad y la muerte, realizada en un período y para un lugar determinados, permite descubrir nuevos ángulos para el desarrollo de la historia social. En la investigación el fenómeno de la muerte no se abordó de frente, como un hecho en bruto, sino que se

---

Granada: Teatro y objeto de los conflictos de la memoria política. 1810-1830», en *Anuario colombiano de historia social y de la cultura*, núm. 21, Bogotá, Universidad Nacional, Departamento de Historia, Facultad de Ciencias Humanas, 1993, p. 121.

6. Jorge Orlando Melo hace una observación interesante acerca de las razones por las cuales la historiografía colombiana, a comienzos del siglo XX, se centraba en exaltar acontecimientos políticos y militares, dejando a un lado otros temas y problemas. Para Melo, existía una tendencia en los estudiosos del pasado, a concebir la historia como un conocimiento de eficacia moralizante y ejemplar, cuya función principal era despertar, en los lectores, sentimientos patrióticos y de reverencia hacia el pasado, hacia las figuras a las cuales puede atribuirse mayor influencia en la conformación de las instituciones básicas del país. Esto quiere decir, señala Melo, que lo históricamente significativo está definido por criterios extracientíficos, en este caso por criterios morales y nacionalistas, lo que implica la sobrevaloración de aquellos períodos e incidentes propicios para la manifestación de virtudes ejemplares, que se dan principalmente en un marco de actividades militares, y en menor grado, para virtudes de orden «civilista», en épocas de graves conflictos políticos. Véase Jorge Orlando Melo, «Los estudios históricos en Colombia: situación actual y tendencias predominantes», en *La nueva historia de Colombia*, Bogotá, Biblioteca Básica Colombiana, Instituto Colombiano de Cultura, noviembre de 1976, pp. 27 a 58.

le siguió el rastro en instituciones, organizaciones, costumbres y situaciones asociadas con él: tal es el caso de enfermedades como la viruela y la lepra. Éste no es un estudio sobre la muerte desde un ángulo demográfico; es más bien una investigación acerca de los comportamientos colectivos e individuales frente a los últimos momentos de la vida.

El texto consta de cinco partes: introducción, tres capítulos y conclusión. El capítulo referente a la actitud de los santafereños frente a la epidemia de viruela de 1801 ocupa el primer lugar en el orden de exposición por cuanto tal suceso ocurrió en los inicios del período estudiado; el capítulo alusivo a la importancia de las cofradías y las capellanías como organizaciones que contribuían a la preparación para la muerte ocupa el segundo lugar; y por último, aparece un tercer capítulo en el cual se aborda el significado que tenían los testamentos, los funerales y los lugares de inhumación entre 1800 y 1831, en Santafé.[7]

Durante la primera etapa del trabajo, es decir, aquella del encuentro con las fuentes, me preguntaba hasta dónde era posible abordar el tema planteado a partir de los documentos existentes para el período. Una pregunta hace las veces de linterna encendida en la oscuridad cuando se trata de examinar los documentos. En este caso el foco de luz se concentró en un conjunto de papeles sobre la epidemia de viruela de 1801-1802, así como en una serie de documentos sobre el tratamiento dado a los leprosos entre 1800 y 1810. Lecturas repetidas de tales papeles hicieron ver la trascendencia que tuvo la pandemia como catalizadora de diversos niveles y etapas de integración social en Santafé. Fue entonces cuando se pensó en la posiblidad de examinar el comportamiento social de los santafereños en torno a

7. Si bien entre 1800 y 1831 el nombre de la ciudad estudiada cambió en varias oportunidades, en el presente escrito Santafé y Bogotá se utilizan con cierta libertad, sin que su asignación se corresponda en algunos casos con el dato exacto obtenido en los documentos. Tal decisión se tomó buscando obtener claridad y sencillez en el texto.

las dos enfermedades más mencionadas en las fuentes durante el lapso comprendido entre 1800 y 1810: la elefantiasis y la viruela. A partir de estas búsquedas, documentos y reflexiones, se construyó el primer capítulo.

La búsqueda, sin embargo, prosiguió. Había que construir un camino que permitiera recorrer el período sin perder de vista las actividades sociales cotidianas en relación con la enfermedad y la muerte. La consulta de los fondos milicias y marina, miscelánea, conventos, hospitales y cementerios y notarías del Archivo General de la Nación fue de bastante utilidad. Lentamente surgieron frente a mis ojos dos organizaciones investidas de características sociales y religiosas peculiares; como se señala en la investigación, ellas atravesaron indemnes el período de la Independencia: me refiero a la cofradía y a la capellanía. Con profundas raíces en el tejido social de la Nueva Granada y de la Gran Colombia, y estrechamente relacionadas entre sí, dichas organizaciones fascinan al investigador por las imágenes que proyectan sobre la vida social y la mentalidad de la época. Intentar descubrir el significado social de cofradías y capellanías durante esas tres décadas representa un reto para el estudioso de tales asuntos, por cuanto su comprensión exige un esfuerzo por acercarse a formas de pensamiento y concepciones del mundo distintas a las actuales: un más allá profundamente vinculado a las actividades sociales y económicas; una concepción de lo económico interconectada con la salvación de las almas. En medio de estas búsquedas y reflexiones sobre cofradías y capellanías surgió el segundo capítulo.

El tercer capítulo hace referencia a las actividades sociales relacionadas de manera directa con la muerte: redacción del testamento, celebración de funerales, inhumación y tareas posteriores al fallecimiento encaminadas a interceder por la salvación del alma del finado. Lecturas cuidadosas de los testamentos escritos entre 1800 y 1831, papeles relacionados con las costumbres funerarias encontrados en los fondos conventos, hospitales y cementerios y miscelánea permitieron su elaboración. Varias preguntas iluminaron la lectura de las fuentes: ¿qué significaba testar para los santafereños?; ¿era el testamento algo más que un documento notarial?; ¿qué trascendencia social tenían los funerales?; ¿influían las diferencias socioétnicas en el tipo de funeral?

Pero, ¿hasta qué punto fue posible descubrir características del tejido social a través del estudio de fenómenos como la enfermedad y la muerte? Aunque la pregunta se responde en el desarrollo del trabajo, por el momento me limitaré a hacer un breve comentario de la manera como cada capítulo abordó la cuestión. El primer capítulo hace alusión al problema de las reacciones sociales frente a dos enfermedades comunes y temidas a comienzos del siglo XIX por los santafereños: la lepra y la viruela. La epidemia de viruela de 1802 cobra bastante interés para los propósitos de este estudio por cuanto su anuncio suscita comportamientos en defensa del grupo orientados y coordinados por las autoridades; además, vale la pena resaltar la efectividad de la comunicación establecida entre los habitantes de la urbe durante la pandemia. Con la lepra los comportamientos eran otros. El grupo se defendía aislando a los individuos «acusados» de contagio.

Hacer frente a la epidemia de viruela anunciada en 1801 significó para los santafereños la creación de dos espacios que introdujeron cambios en la manera de enfrentar la enfermedad y la muerte: el hospital provisional y el cementerio en campo abierto. Aunque dichos espacios fueron aceptados por el conjunto de la sociedad durante el tiempo que duró la epidemia y luego fueron archivados temporalmente, al observar lo que ocurrió en las dos décadas posteriores es posible apreciar un proceso que osciló entre la aceptación y el rechazo de esos dos espacios. El hospital provisional era expresión de cambios en la manera de ver al enfermo y de percibir la enfermedad por parte de la sociedad. Otro tanto ocurría con el cementerio en campo abierto, destinado a finados víctimas de enfermedades contagiosas. Aceptar la inhumación por fuera de las iglesias, de manera definitiva y voluntaria, era el resultado de transformaciones en la concepción sobre la muerte y el más allá. La inhumación en el suelo de los templos constituía para los santafereños un recurso importante para la salvación del alma, porque se creía que el suelo sagrado brindaba protección espiritual.

Como se mencionó en párrafos anteriores, el capítulo segundo se centra en el estudio de las cofradías y de las capellanías como organizaciones sociales adoptadas por los neogranadinos en la segunda mitad del siglo XIX, pero presentes en Santafé a lo largo de las tres décadas consideradas. Preguntar por el significado que tenían tales organizaciones constituye el propósito central del capítulo, que examina su grado de aceptación, las funciones que cumplían, la posible injerencia que pudieron tener en el proceso de independencia y viceversa. En todo caso, las cofradías fueron aceptadas y asimiladas en la Nueva Granada y en la Gran Colombia ante la necesidad de compañía a la hora de la muerte, expresada por los habitantes de la época. Sin embargo, así como cumplieron tareas relacionadas con la muerte, contribuyeron al fortalecimiento del tejido social. Las capellanías complementaban la labor de las cofradías. Funcionaban como empresas económico-piadosas cuya tarea central era velar por la salvación de las almas. El capítulo intenta iniciar un acercamiento al complejo asunto de la relación entre economía y religiosidad a partir del análisis del funcionamiento de estas dos organizaciones.

¿Cómo era asumido el momento de la muerte por los santafereños? ¿Había diferencias sociales en la manera de vivir la muerte propia o en la forma de asimilar la muerte de los otros? ¿Qué ceremonias precedían a la muerte, cuáles se efectuaban en el momento del fallecimiento y qué comportamientos ocurrían después del deceso? El capítulo tres intenta responder tales interrogantes. Las actitudes frente a la muerte fueron abordadas a partir del estudio de los testamentos y de aquellas fuentes que pudieran proporcionar información sobre los funerales y los cementerios, retomando el análisis del proceso vivido por los habitantes de Santafé con respecto al traslado del lugar de sepultura, asunto que se menciona en el capítulo primero.

Dado que me interesaba establecer si se habían producido cambios en la intensidad del sentimiento frente a la muerte a lo largo de estos treinta años, consideré conveniente examinar un conjunto de testamentos. A pesar de que los testamentos proporcionan información acerca de muchos tópicos de la vida cotidiana de la época, en la lectura fueron seleccionados aquellos datos relacionados con las disposiciones sobre funeral, pertenencia a cofradías, fundación de capellanías y alguna información general que permitiese una mínima identificación socioeconómica del testador. Los resultados obtenidos a partir del análisis de la base de datos que se construyó son bastante interesantes, aunque contradicen la hipótesis inicial.

Dentro del trabajo, la expresión «tejido social» tiene un sentido que va más allá de su significado literal. Hubo momentos para esta investigación en los cuales el centro de interés no fue un grupo social en particular sino el conjunto de la sociedad, y debido a ello resultó necesario introducir una expresión que definiese las características del objeto observado. Ejemplos de ello son los capítulos primero y segundo, en los cuales se mira la reacción del conjunto de la sociedad frente a la epidemia o se examinan las cofradías como una red de relaciones sociales que cubría la ciudad. La expresión «tejido social» hizo las veces de herramienta conceptual al contribuir a examinar la sociedad como un todo, como un objeto con vida propia.

Escribir una introducción es como dibujar un plano. Gruesas líneas, indicaciones generales, algunos signos, trazos que van y vienen, puntos de intersección. Herramienta útil para el lector que planea emprender un viaje a través del texto. Pero el plano en mención sería incompleto si no hiciera alusión a una fuente que se tornó de vital importancia para la realización del trabajo: «el padrón de los habitantes a los que no ha dado viruela», realizado en la Santafé de 1801. A través de él se tuvo acceso a la vida de 5.160 santafereños pertenecientes a diversos grupos sociales, menores de 25 años en su gran mayoría. El espacio dedicado al análisis de esta fuente deja ver la trascendencia que tiene para comprender la composición social de Santafé en los primeros años del siglo XIX. La revisión del documento, dispendiosa aunque gratificante, desplegó una visión panorámica de la Santafé de 1801. Se tornó indispensable hacer la transcripción total para proceder luego a la construcción de una base de datos. Tanto el registro en la base de datos como su interpretación se hicieron tomando como unidad de análisis al habitante, aunque también existía la posibilidad de optar por el grupo familiar.

Virolentos, leprosos, cofrades, capellanes, testadores y finados, seis personajes distintos protagonizados por santafereños a comienzos del siglo XIX. Un habitante de Bogotá bien podía vivir en carne propia cada una de estas seis situaciones: contraer la viruela y sobrevivir, hacer parte de una cofradía por varias décadas hasta el momento de su muerte, ser nombrado capellán, redactar su última voluntad y, por supuesto, morir. La situación para el leproso era un tanto más complicada. Su enfermedad lo acompañaba por décadas y las manifestaciones de su padecimiento lo condenaban al rechazo social.

Haciendo referencia a sus aspectos metodológicos, considero conveniente señalar que el presente trabajo, como cualquier estudio de caso, presenta limitaciones de visión propias de enfoques de este tipo. Con seguridad un estudio comparativo mostraría otros resultados, pero no lograría la profundidad que se obtiene al dirigir la mirada a un solo punto. Cuando se examinan treinta años de la historia de un lugar, la mirada se concentra en los procesos ocurridos en ese lapso; el investigador sabe que está haciendo un corte y que los procesos no comienzan con su objeto de estudio; sabe que los está retomando; advierte además que la delimitación espacio-temporal de su tema de investigación sólo le permite alusiones superficiales a los procesos que precedieron el período de estudio de su interés. Abordar las sociedades a partir de sus reacciones frente a la enfermedad y a la muerte constituye entonces un intento por considerarlas desde una óptica distinta. En una época como la nuestra, para la cual la pluralidad constituye una característica esencial de la identidad, quienes nos interesamos por el estudio del pasado obraríamos de manera equívoca si insistiéramos en observar a nuestros antepasados a través de una lente que «ningunease»[8] buena parte de sus existencias.[9]

---

8. La expresión «ningunear» se toma aquí en el sentido propuesto por Octavio Paz en su ensayo *El laberinto de la soledad*. Véase epígrafe de esta introducción.

9. La perspectiva del análisis de los historiadores Jorge I. Domínguez y Fabio Zambrano resulta enriquecedora por cuanto abre la posibilidad de sacar a la luz la presencia de grupos sociales e individuos no considerados anteriormente para el período de independencia, dado que se les veía inmersos en ideas y prácticas políticas tradicionales, y lo tradicional era menospreciado para un período como éste. Estos historiadores ahondan en el estudio de los tipos de participación que se dieron en los procesos de Independencia, y coinciden en señalar el predominio de las formas tradicionales sobre las modernas. Para Domínguez, los niveles de educación, alfabetización y contacto con los medios de información permanecieron bajos. Los individuos no se mostraron psicológicamente receptivos a nuevas pautas de comportamiento. Permanecieron los viejos compromisos. El comportamiento observado muestra una notable continuidad con el pasado. La fuente de la participación política fue un agente externo, un jefe, organización o grupo. Según Domínguez, la participación política tradicional resulta de una movilización por los dirigentes y organizaciones que influyen sobre las masas. No hubo participación moderna porque no ocurrió una acción consciente de las masas. Véase Jorge I. Domínguez, *Insurrección o lealtad. La desintegración del imperio español en América,* México, Editorial Fondo de Cultura Económica, 1985, p. 35; Fabio Zambrano, *Algunas formas de sociabilidad en Nueva Granada. 1780-1860*, Bogotá, Centro de Documentación de Ciencias Humanas, copia mecanografiada, Universidad Nacional, 1987, pp. 71 y 76.

Virolentos y leprosos: del degredo[1] al hospital de lazarinos

> En cambio, nadie conoció nunca la visión de los que no regresaron, y entre éstos los más tristes: los que murieron desterrados en el pabellón de los tísicos, más por la tristeza de la lluvia que por las molestias de la enfermedad.[2]

Dos de las enfermedades más nombradas y temidas durante los primeros años del siglo XIX en la Nueva Granada fueron la viruela y la lepra. Aunque se aprecian variaciones en los grados de temor frente a estas endemias entre 1800 y 1810, determinadas en parte por factores como el desarrollo de los conocimientos médicos, el descubrimiento de la vacuna en el caso de la viruela y un cambio de actitud, inicialmente de los galenos, en la visión que se tenía acerca de la enfermedad de san Lázaro o lepra, el terror colectivo inspirado por la elefantiasis[3] fue disminuyendo. Se pensó en abandonar aquella práctica que conducía a la segregación definitiva de los lazarinos y se consideró la posibilidad de construir lugares en las afueras de las ciudades para recluir a estos enfermos.

1. En 1801, el cabildo de Santafé revisó los documentos referentes a las disposiciones que habían sido adoptadas en epidemias de viruela anteriores. Por ejemplo, el 15 de abril de 1785 el virrey determinó que se establecieran degredos en Cartago, Ibagué y Neiva para evitar el contagio al resto del reino. A partir de los documentos consultados, se deduce que la palabra degredo fue utilizada a finales del siglo XVIII y comienzos del XIX para nombrar el lugar al cual se enviaba a los contagiados de viruela. Véase A.G.N., Colonia, Miscelánea, tomo 10, fls. 16r a 20v.

2. Gabriel García Márquez, *El amor en los tiempos del cólera,* Bogotá, Editorial Oveja Negra, 1985, p. 320.

3. En el año 1800, funcionarios y médicos denominaban a la lepra también como *elefancía* o *mal de san Lázaro*; por esa razón en este trabajo se emplean tales expresiones para nombrar la enfermedad en cuestión. Véase A.G.N., Colonia, Miscelánea, tomo 31, fls. 290r a 302r.

Miedo y conocimientos médicos parecían ser inversamente proporcionales en los casos de la viruela y de la lepra, pero resulta curioso advertir cómo el temor se convertía en un obstáculo que impedía la observación del desarrollo de las endemias, aun a los galenos, frenando la posibilidad de un trabajo intelectual que pudiera conducir a la búsqueda de soluciones menos cargadas de prejuicios para tales sufrimientos humanos.

En las mentes de gobernantes, funcionarios y médicos aparecía la idea de proteger al grupo de la influencia de estos enfermos a través de algunas transformaciones en la manera de habitar el espacio. La separación física de los elementos contagiados garantizaría la supervivencia del grupo: el degredo. El miedo frente a la enfermedad y a la muerte era más fuerte y destructor que los efectos de los procesos físicos de la viruela y de la lepra vistos en conjunto, pero los habitantes de Santafé estaban atrapados en su red. Ante la carencia de soluciones médicas esgrimían medidas de tipo social: apartar a los enfermos, confinarlos en lugares alejados, observarlos a distancia, romper todo vínculo social con ellos, negarles su calidad de habitantes de una población y de miembros de una familia. Eso era el degredo.

Pero caeríamos en una inexactitud si sólo hiciéramos énfasis en los aspectos comunes a las concepciones y comportamientos suscitados por estas dos enfermedades. Tal vez debido a la presencia de factores como las características físicas que asumían los leprosos o al modo como operaba el contagio[4] en el caso de la elefantiasis, el

4. La palabra *contagio* fue empleada por uno de los comisarios que participó en el censo de 1801, cuando el 26 de septiembre al hacer entrega de su informe lo tituló así: «Matrícula de las personas que se hallan en el barrio de San Jorge sin haber padecido el *contagio* de viruelas». A.G.N., Miscelánea, tomo 22, f. 308r. De igual manera, José Miguel Rivas y José Antonio de Ugarte, comisionados para organizar los hospitales provisionales, hicieron uso de una expresión similar cuando en 1806 en su informe de gastos se refirieron a «Hospitales pobres *contagiados* de la epidemia de viruelas, naturales y de inoculación, como para su curación y demás necesario». Véase A.G.N., Miscelánea, tomo 31, f. 236r.

miedo inspirado por la lepra era descomunal y la reacción del grupo con respecto al enfermo, en comparación con la viruela, hacía gala de mayores dosis de crueldad: el degredo de los lazarinos estaba pensado y diseñado para lograr el aislamiento definitivo.

Por motivos de diversa índole —sociales, médicos, administrativos, sicológicos—, la década comprendida entre 1800 y 1810 adelantará transformaciones significativas en la manera de concebir y hacer frente a estas dos endemias; aunque con frecuencia, y a pesar de las tendencias renovadoras, los habitantes de Santafé emprenderán viajes cortos a un pasado preñado de miedo y prejuicios. Rescoldos de antiguos temores se niegan a dormir el sueño de las cosas que pierden vigencia, empeñándose en permanecer ocultos en intersticios misteriosos de la memoria individual y colectiva.

Otra de las razones que sugiere la necesidad de establecer una relación entre viruela y lepra para este período es la singular coincidencia de que para las dos enfermedades empiezan a presentarse cambios, casi simultáneos, con respecto a la concepción de los lugares de reclusión. El año de 1801 sorprenderá a los santafereños discutiendo sobre la posibilidad de construir una casa para los leprosos en las afueras de la ciudad, y con el anuncio de la epidemia de viruela el cabildo propondrá la construcción de tres hospitales provisionales para sobrellevar la enfermedad. Como en ese momento fue preciso concentrarse en la pandemia, las ideas sobre la lepra quedaron flotando en el ambiente hasta cuando en 1807, el cabildo se refirió a ellas de una manera más concreta: habló de presupuestos, lugares y de las características del alojamiento. Surge entonces la pregunta por las razones que explicarían la coincidencia de los cambios que se estaban operando con respecto a las dos endemias, tal interrogante será abordado en las próximas páginas con el objeto de hacer énfasis en la idea de que la epidemia, en sus diversas etapas, imprimió o generó distintos grados de tensión en el tejido social.

La epidemia de viruela de 1802: entre el terror individual y el temor colectivo

En octubre de 1802 Ignacio Cortés, labrador de El Hobo, población cercana a Neiva, fue acusado de «introducir viruelas en la jurisdicción y de desobediencia a los jueces» por haber auxiliado a un criado suyo que adquirió la enfermedad. Cortés había viajado con su familia y sus criados a Chiquinquirá a «pagar una promesa», y en el viaje de regreso Maximiliano Polanía, uno de sus sirvientes, contrajo fiebres. El indio Pedro José, natural de Mariquita, lo examinó y diagnosticó «peste de Zaragoza». Las autoridades de Neiva, enteradas de la situación antes de la muerte de Polanía, enviaron a Manuel Velasco, curandero de la ciudad, para que auscultara al enfermo. El diagnóstico fue positivo, aunque la inspección se realizó desde la puerta y sin contacto con el paciente.

Días después de regresar a El Hobo, Polanía falleció y fue sepultado en un terreno próximo a la casa, a vara y media de profundidad. Cortés, temeroso de contraer viruelas, abandonó la vivienda y se fue con su mujer, once hijos y criados a vivir en un toldo al lado de la quebrada. Ante la negativa a quemar la casa y ropas del enfermo, las autoridades impusieron a Cortés cuarenta días de degredo, embargaron sus bienes e incineraron su vivienda.[5]

El caso de Ignacio Cortés describe la reacción típica de aquellos neogranadinos que en 1802, y por circunstancias que escapaban a su comprensión y control, se veían de repente enfrentados a una de aquellas enfermedades que causaban pánico. Miedo, negación, impotencia y rabia eran emociones comunes y frecuentes. Ante el señalamiento y la persecución del grupo, no quedaba otro camino que buscar refugio en el núcleo familiar, que era punto de apoyo importante para resistir la asfixiante presión externa proveniente de vecinos y autoridades.

5. Archivo General de la Nación, en adelante A.G.N., Colonia, Miscelánea, tomo 33, fls. 299r a 343r.

Coexistían diversas concepciones acerca de la manera como se debía enfrentar la epidemia de viruela en 1802. Ignacio Cortés fue tratado por las autoridades de Neiva de la misma manera como los vecinos de Santafé, en 1646, fueron tratados por parte del marqués de Miranda, Juan Fernández de Córdoba, gobernador y capitán del Nuevo Reino de Granada, cuando se presentó la peste de tabardillo: el marqués procedió a quemar las habitaciones y la ropa de los contagiados sin preocuparse por el lugar en que vivirían en adelante.[6]

El recuerdo de los estragos causados por la epidemia de viruela de 1782 permanecía vivo en la memoria de los habitantes de la ciudad, y una de las lecciones aprendidas de esa vieja experiencia tenía que ver con que la mortandad habría sido menor de haber tomado mayores precauciones. La identificación de unos pocos casos de viruela en junio de 1801, por lo tanto, hizo que las autoridades se pusieran en movimiento[7] y produjo reacciones individuales que perjudicaron al conjunto de la ciudad. No tardaron en aparecer algunos especuladores, dueños de tiendas en la calle Real, que procedieron a esconder los artículos de primera necesidad para venderlos más caros pretextando escasez. El cabildo decidió hacer un inventario de las arrobas de azúcar existentes en las tiendas y entregó la lista a los alcaldes para que supervisaran la venta.[8] Velas, azúcar, arroz y maíz eran artículos de consumo básico.[9] Santafé intentaba controlar la especulación a través de la vigilancia ejercida por sus funcionarios, cosa que era posible por el tamaño de la ciudad, que no pasaba de 22.000 habitantes.[10] Entre junio y diciembre, tiempo en que la

6 . Véase Renán Silva, *Las epidemias de la viruela de 1782 y 1802 en la Nueva Granada*, Cali, Colección de Edición Previa, Universidad del Valle, 1992, pp. 5 y 6.

7. A.G.N., Colonia, Miscelánea, tomo 33, folio 389.

8. *Ibid.*, tomo 2, f. 909r.

9. *Ibid.*, tomo 10, fls. 12r a 15v.

10. Véase Julián Vargas Lesmes, *La sociedad de Santa Fe colonial*, Bogotá, Centro de Investigación y Educación Popular, 1990, p. 12.

Para 1803, Ciudad de México, según dato de Humboldt, citado por Florescano, contaba con 137.000 habitantes y poseía una amplia experiencia en el control de los precios del maíz, a través de la alhóndiga. Esta institución municipal fijó los precios

pandemia parecía evitable, el cabildo, el virrey, la Real Audiencia, las autoridades eclesiásticas y médicas intercambiaron propuestas, y en esos seis meses fue posible discrepar e idear planes ambiciosos.[11]

---

del grano a lo largo del siglo XVIII. Como lo señala Florescano, las epidemias de la época colonial aparecen acompañadas de fenómenos como escasez, carestía, hambre y crisis demográficas. Desde la perspectiva de este investigador, constituye tarea de los científicos sociales, y de manera especial de los historiadores, explicar la relación que guardan estos factores con las apariciones de enfermedades contagiosas; asunto complejo que requiere estudios demográficos, económicos, culturales, políticos y sociales, realizados en la larga duración. En su trabajo *Precios del maíz y crisis agrícolas en México (1780- 1810)*, Florescano considera insuficiente la interpretación de F. Chevalier para quien el alza de precios en la mitad de la década de 1540 se debió a dos factores: el descubrimiento de las minas del norte de Nueva España y las epidemias de 1545-1547, elementos que provocaron la disminución de la población y de la oferta de trabajo indígena. Véase Enrique Florescano, *Precios del maíz y crisis agrícolas en México (1780-1810)*, México, El Colegio de México, primera edición, 1969, pp. 55, 141 y 142.

11. Para Renán Silva, estudioso de las transformaciones culturales que se operaron en Nueva Granada a raíz de las epidemias de viruela de 1782 y 1802, las principales debilidades de la política virreinal frente a la epidemia de 1782 fueron: hambre y escasez por carestía; ausencia de cuidados de los enfermos; carencia de médicos y medicina; estrechez del único hospital; sepultura masiva de contagiados en los suelos de las iglesias. En conclusión, no existió una política sanitaria de conjunto. En 1801, autoridades, médicos y funcionarios reconocían aciertos que era preciso rescatar y adaptar a las nuevas condiciones de Santafé: en 1782, el virrey Caballero y Góngora, apoyado por Mutis, hizo publicar un método para la curación de viruelas; impulsó la inoculación; revitalizó los degredos y trazó una política de pobres.

En opinión de Silva se aprecia una nueva manera de preocuparse por la salud y la vida y por restarle terreno a la muerte. Existían condiciones propicias para los cambios mencionados, determinadas por factores como las políticas ilustradas de Carlos III y IV y el papel de algunos de sus más altos funcionarios en Madrid y en Santafé. Sin embargo, para este investigador, el proceso estuvo condicionado, en más alto grado, por situaciones locales y fenómenos de apropiación, tanto teóricos como prácticos, de un conjunto de nociones cuyo eje parecía ser la salud pública. Véase Renán Silva, *Las epidemias de la viruela de 1782 y 1802 en Nueva Granada...*, pp. 28 a 30.

A propósito del significado social y cultural de la viruela en Nueva Granada, a finales del siglo XVIII y comienzos del XIX, véase el interesante trabajo del historiador español Marcelo Frías Núñez, valioso por la exploración documental que realiza en diversos archivos españoles. Sin embargo, es preciso señalar cómo con respecto a la epidemia de 1802, concede poca importancia a los sucesos ocurridos en Santafé en el año anterior a la pandemia, 1801, centrando su mirada, únicamente, en 1802. Véase Marcelo Frías Núñez, *Enfermedad y sociedad en la crisis colonial del antiguo régimen. Nueva Granada en el tránsito del siglo XVIII al XIX: las epidemias de*

Fue novedoso el hecho de que las autoridades locales lograran cierto grado de preparación para afrontar la epidemia de 1802. No cabe duda de que existía una actitud distinta: se creía en la posibilidad de controlar el brote y sus efectos a partir de la organización de los recursos. El anuncio de una epidemia les permitió poner en práctica la idea de la planeación, instrumento que mostró su eficacia a la hora de afrontar los sucesos. No obstante, el virrey Mendinueta y el cabildo discrepaban en torno a las medidas que era preciso tomar: el virrey aceptaba la necesidad de disponer lugares para llevar a los contagiados, pero seguía con la vieja idea de los *degredos*, es decir, sitios que se localizaban lejos de las poblaciones, a los que no debían concurrir curiosos ni familiares. El cabildo, en cambio, compartía la opinión de los dos *facultativos*, los médicos Honorato Vila y Miguel de Isla. Se trataba de organizar hospitales en los barrios para que las personas pobres pudieran sobrellevar el contagio con los recursos necesarios. El lugar para pasar las viruelas recibía varias denominaciones en 1801: hospital de degredo, hospital de barrio, hospital de virolentos, lazaretos y hospital de lazarinos.[12]

El beneplácito por el descubrimiento de la vacuna contra la viruela se propagó con celeridad hasta Santafé; no así el líquido, que llegó años más tarde. Para junio de 1801 los funcionarios ilustrados de la Nueva Granada debían de estar enterados del hallazgo de la vacuna, realizado por el inglés Edward Jenner en 1796,[13] puesto que en 1802

---

viruelas, Madrid, Cuadernos Galileo de Historia de la Ciencia, número 13, Consejo Superior de Investigaciones Científicas, 1992, pp. 129 a 182. Desde mi punto de vista, si se pretende comprender la dimensión social y cultural de una epidemia como la de 1802, se vuelve importante hacer énfasis en el proceso ocurrido entre 1801 y 1802. El año de 1801 cobra importancia para el observador de nuestros días por cuanto, durante ese lapso, se desencadenan reacciones previsivas tanto a nivel de las autoridades como de la población de Santafé.

12. Nótese la similitud que existía entre los nombres de los sitios destinados a la reclusión de enfermos de lepra y algunas denominaciones que se daban a los lugares para contagiados de viruela. A.G.N., Colonia, Miscelánea, tomo 58, fls. 1146 a 1149; tomo 10, f. 50r y 12r a 15v.

13. Renán Silva, *Las epidemias de viruela de 1782 y 1802 en Nueva Granada*, pp. 95 y 96.

Mutis recibió una muestra, sustancia que no surtió efecto.[14] La certeza de que la epidemia se podía evitar con la vacuna, aunque no se dispusiera de ella, disminuyó el miedo frente a la enfermedad de manera considerable. He ahí una posible explicación del cambio de concepción en cuanto al tratamiento de los enfermos.

La primera iniciativa del cabildo en 1801 frente al anuncio de una epidemia fue concebida bajo el supuesto de que el contagio se extendería a toda la ciudad. Se formó por lo tanto una Junta de Salud y se crearon varios hospitales provisionales, localizados en diversos puntos de Santafé. A los ojos de Mendinueta, el plan del cabildo era desproporcionado; no veía la urgencia de crear un organismo tan complejo como la Junta, ni de organizar varios nosocomios cuando aún no existían enfermos suficientes.

Es preciso detener la mirada en la propuesta que hacía el cabildo en 1801: conformar una Junta de Salud integrada por el alcalde ordinario de primer voto, dos regidores, el procurador general, dos profesores de medicina, ocho comisarios de barrio y dos vecinos principales de cada barrio: en total, treinta personas. Entre las funciones de ese organismo estaban las de tomar las disposiciones necesarias para evitar la propagación de la viruela y crear hospitales para detener el contagio. El cabildo sugirió seis lugares para la ubicación de los hospitales provisionales: el convento de Las Aguas, de los padres de Santo Domingo, la fábrica de la Orden Tercera, la casa del Divorcio Viejo, la Huerta de Jaimes, la casa de La Botica y la de la Biblioteca Pública.[15]

El principio de realidad terminó imponiéndose: el 30 de junio el cabildo decidió instalar el hospital provisional de Las Aguas, para lo cual acordó destinar mil pesos de la Renta de Propios. Encargó a

14. A.G.N., Miscelánea, tomo 58, fls. 1146 a 1149.

15. La propuesta fue suscrita por los siguientes miembros del cabildo: Jorge Tadeo Lozano, Primo Groot, José Ignacio Sanmiguel, Francisco Manuel Domínguez, Lucas de Erazo y Mendigaña, José Antonio de Ugarte y Fernando Benjumea y Mora. A.G.N., Colonia, Miscelánea, tomo 10, fls. 16r a 20v.

José Antonio de Ugarte de la gestión. El virrey desaprobó el gasto y ordenó hacer uso de los quinientos pesos de la lotería, rubro reservado a la apertura de una casa de rehabilitación para «mujeres libertinas». Designó dos diputados para el emplazamiento del nosocomio: el alcalde ordinario de segundo voto y el alcalde mayor provincial.[16]

La apertura de un hospital provisional destinado a la curación de enfermos de viruela, distinto al de San Juan de Dios, debió de causar conmoción en una ciudad de veinte mil habitantes. Para los residentes de los ocho barrios de Santafé y de los alrededores, ésta era una señal de alarma que advertía sobre la seriedad del contagio. Sin embargo, esta vez no se trataba, como veinte años atrás, de confinar a los enfermos en un sitio alejado de la pequeña población. No era un degredo, aunque la palabra flotó en el ambiente y se usó durante la epidemia con cierta frecuencia.

Las diversas medidas tomadas por el virrey y el cabildo encaminadas a prevenir una posible epidemia tuvieron que influir en el estado de ánimo de los santafereños hasta el punto de hacerles sentir el acecho de un peligro. La vigilancia ordenada por el virrey en las entradas de la ciudad, destinada a evitar el paso de los contagiados;[17] la inspección de las tiendas de la calle Real para contar las arrobas de azúcar y, por último, la apertura del hospital provisional, eran indicios de que algo anormal acontecía.

Un nuevo concepto de hospital empezaba a abrirse camino en Santafé a partir de la creación del sitio de curación en Las Aguas. No era clara la diferencia entre hospicio y hospital, porque ambas instituciones eran lugares de asilo para pobres. La única distinción consistía en que el hospital recibía enfermos, mientras el hospicio se encargaba de los sanos. Sin embargo, debido a la escasez de recursos, el primero terminó usurpando las funciones del segundo. De todas maneras, resulta necesario señalar que esa nueva concepción

---

16. A.G.N., Colonia, Miscelánea, tomo 46, fls.724 a 727 y tomo 33, fls. 389 y 390.

17. *Ibid.*, tomo 10, fls. 21r a 49v.

de hospital sólo estuvo presente durante el período que duró la epidemia.

Miguel de Isla, médico de Santafé, después de hacer una visita al hospital de San Juan de Dios el primero de agosto de 1800, concluyó que no tenía capacidad para atender el volumen de enfermos que producía la ciudad, por la estrechez del espacio, la ausencia de personal calificado y la carencia de implementos apropiados. La causa de tales deficiencias estaba en la concepción de hospital que predominaba. Para de Isla,

> este hospital lo fundó la religión y algunos particulares. En su construcción presidió una caridad activa, ardiente y eficaz, pero nada ilustrada. Todo el anhelo y cuidado se dirigía a recibir muchos enfermos, y a socorrerles animados con el espíritu del santo patriarca pero se cuidó muy poco de darle aquella forma, que facilitando más el servicio de los enfermos, les procurase al mismo tiempo su más pronta y perfecta curación. Defecto que ha sido común en la mayor parte de los hospitales antiguos, aun de la Europa, hasta que en el tiempo presente se han reformado.[18]

Una de las primeras medidas consideradas por el virrey Mendinueta en 1801, con apoyo del cabildo, y para la que no hubo

---

18. *Ibid.*, tomo 31, fls. 300r, 301v y 302r.

Con respecto al origen e historia de los hospitales europeos a la que se refiere Miguel de Isla, Andrew Brown, estudioso del tema para Inglaterra, señala que tales lugares surgieron en la Edad Media como una forma de institucionalizar la caridad. Se les dotaba de capilla y derechos de sepultura, o simplemente funcionaban como casas de ayuda a los pobres. Este historiador comenta que a finales del siglo XIV se operó un cambio: los ocupantes de estos lugares empezaron a vivir con la ayuda de vecinos y colaborando en la atención de la iglesia parroquial. Aunque en condados como Sherburne, Abingdon y Salisbury se conservó el estilo de las fundaciones. Véase Andrew D. Brown, *Popular Piety in Late Medieval England. The Diocese of Salisbury. 1250-1550*, Oxford, Oxford Historical Monographs, 1995, pp. 181 a 183.

Para Renán Silva, el hospital de Las Aguas creado en Santafé en 1801, es expresión del «nuevo hospital», pues deja de ser lugar de asilo y reclusión donde se espera la muerte o se pasa la absoluta pobreza para ser un sitio de curación. Véase Renán Silva, *Las epidemias de viruela de 1782 y 1802 en Nueva Granada*, p. 82.

mayor discusión entre las autoridades, tenía que ver con que los muertos por viruela se enterrarían fuera de las iglesias, en el cementerio del hospital de San Juan de Dios o en el solar adyacente al hospital provisional de Las Aguas. Incluso se daban algunas instrucciones con respecto a las sepulturas: debían hacerse a dos varas de profundidad, agregando una porción de cal sobre el cadáver antes de cerrar la fosa.[19] El problema de las sepulturas en las iglesias en tiempos de epidemia parecía ser un asunto bastante discutido entre los funcionarios y académicos de Santafé, e incluso se había llegado al consenso de que tal situación no podía permitirse, so pena de reincidir en una mortandad semejante a la ocurrida durante la epidemia de viruela de 1782. Según José Celestino Mutis, el número desmesurado de entierros colectivos practicados en las iglesias de Santafé durante 1782 trajo como consecuencia las «fiebres pútridas» y la diseminación del contagio.[20]

Sin embargo, esta actitud frente a las sepulturas en iglesias no fue sólo producto de la experiencia vivida en 1782. Médicos e intelectuales de la época, especialmente franceses, consideraban «los miasmas» como causa de las enfermedades; estos miasmas eran definidos como capas de aire contaminadas por la influencia de materias orgánicas en descomposición. El sudor, la orina, los restos de animales muertos, las heces y los cadáveres humanos eran fuentes de infección, según los higienistas.[21]

19. A.G.N., Colonia, Miscelánea, tomo 33, f. 396 v.

20. Renán Silva, *Las epidemias de viruela de 1782 y 1802 en Nueva Granada*, pp. 74 y 75.

21. Joao José Reis, señala que hacia 1830, en Brasil, un grupo de médicos planteó la necesidad de «higienizar la muerte» debido a que la descomposición de cadáveres producía gases que contaminaban el aire de los vivos. Los muertos representaban un problema de salud pública. Velorios y cortejos fúnebres eran focos de enfermedad. Véase Joao José Reis, *A morte e uma festa. Ritos fúnebres e Revolta popular no Brasil do século XIX*, Sao Paulo, Companhia das Letras, Editora Schwarcz Ltda., 1995, pp. 247 a 249.

Dejad que los niños pobres y amenazados de contagio...

Una de las medidas de mayor utilidad en el transcurso de la epidemia, tomada seis meses antes del contagio generalizado, fue la realización del padrón para detectar a los pobladores propensos a contraer el virus. Dicho padrón «de las personas que no han contraído viruela», realizado en 1801, acabó de perfilar un clima de temor entre los habitantes de la ciudad. Los ocho comisarios de barrio fueron encargados por el cabildo de golpear en cada puerta para averiguar por la salud de los moradores, y cada comisario llevó a cabo la tarea en su respectivo sector.[22]

Este censo iba más allá de la simple preocupación por contar habitantes, enumerar recursos o identificar grupos étnicos. Era una tarea envuelta en el halo de un miedo individual y colectivo frente a la enfermedad y a la muerte. ¿Estaba en ciernes un contagio como el de 1782? Los comisarios eran responsables frente al cabildo en caso de no proporcionar información adecuada sobre las condiciones materiales existentes para afrontar la enfermedad, así como sobre las personas que corrían riesgo de contraer la epidemia. Por su parte, los moradores pobres no entendían el repentino interés de las autoridades por su situación económica, ni tampoco el sentido de un interrogatorio para averiguar por las personas que no habían padecido el contagio hasta ese momento. El temor al degredo estaba en el ambiente. Intuían que, en caso de epidemia, los enfermos serían llevados a un sitio aparte. Tal vez a la casa localizada en Las Aguas, que denominaban hospital de Virolentos.[23]

---

22. Santafé estaba dividida en ocho barrios y cuatro cuarteles desde 1770, cuando el virrey Guirior le dio esa nueva organización. Guirior nombró un comisario para cada barrio y un ministro de la Real Audiencia para cada cuartel. Citado en Pedro María Ibáñez, *Crónicas de Bogotá*, 4 tomos, Bogotá, Academia de Historia de Bogotá y Tercer Mundo Editores, tercera edición, 1989, tomo I, pp. 447 y 448.

23. Renán Silva expresa desconfianza con respecto a los datos relacionados con la mortandad ocasionada por la epidemia de viruela de 1782, por cuanto no se

Ha sido corriente mirar los censos desde la óptica de la información que contienen para analizar las características de las poblaciones. Sin embargo, son pocas las ocasiones en que se les ha observado haciendo parte de procesos sociales, políticos o económicos, o que se les ha pensado como herramientas útiles a determinados propósitos, condicionados por ideologías, concepciones o criterios de las épocas en que fueron realizados.[24] Las autoridades virreinales de finales del siglo XVIII y comienzos del XIX utilizaron los padrones como una herramienta para evaluar cambios y características de las poblaciones. De manera que, en 1801, cuando se realizó el conteo de quienes no habían padecido viruela existía cierta experiencia previa en empadronamientos por parte de funcionarios, instituciones y habitantes. De este período se conocen los censos de 1778-1779, 1780, el de 1793, el de 1801 y el de 1806.[25]

---

realizaron registros de enfermos o de muertos. Menciona el dato de cinco mil muertos proporcionado por José María Caballero en su Diario y el de tres mil que aparece en los informes del virrey Caballero y Góngora. Véase Renán Silva, *Las epidemias de viruela de 1782 y 1802 en Nueva Granada*, p. 27.

24. Michel Mollat hace un tímido pero revelador intento en esa dirección. En su estudio sobre la pobreza en la Edad Media, señala la singular tendencia de algunos censos del siglo XV, en regiones como el norte de París y los Países Bajos Borgoñones, a registrar exclusivamente la «pobreza laboriosa». Los mendigos no existían para estos padrones. Este historiador denomina «pobres fiscales» al grupo que era incluido en los censos por reunir dos características: ser trabajadores y habitar en lugares miserables y ajenos. Véase Michel Mollat, *Pobres, humildes y miserables en la Edad Media. Estudio social,* México, Fondo de Cultura Económica, 1988, pp. 212 y 213.

25. En su trabajo, Julián Vargas establece comparaciones entre los censos de 1778-1779, 1793 y 1806. *Ibid.*, pp. 11 a 45.

Como lo señala Guiomar Dueñas, los censos constituyen una fuente histórica interesante, en la medida en que aportan información sobre individuos y sectores desposeídos de la población, información que no es posible obtener por otros medios. «Los pobladores urbanos que no tenían bienes de fortuna y que no frecuentaban el rito católico para formalizar sus uniones, no suelen aparecer en registros notariales ni parroquiales, pero sí son localizables en los padrones que con cierta regularidad realizaban las autoridades virreinales». Véase Guiomar Dueñas, *Sociedad, familia y género en Santafé a finales de la Colonia*, p. 65.

Lucas Otaola, comisario del barrio Nieves Occidental, indicó en el padrón «la calidad» de los habitantes. Según él se encontraban cuatro grupos étnicos en su barrio: blancos, indios, mulatos y mestizos.[26] Una mirada más detenida permite ver que la clasificación étnica era complicada para los mismos comisarios. Se podrían señalar dos motivos que se ubicaban en el origen de tal dificultad: la gran variedad de mezclas y tonalidades en el color de la piel y el deseo explícito o velado de algunos habitantes por aparecer en los registros con un tono de piel más claro, cuestión que pudo ser secundada por algunos comisarios.[27] Por la forma como fue diseñado el padrón, es decir, por barrios, registrando viviendas y grupos familiares localizados en cada uno de ellos, no había manera de saber cuál era la situación de los mendigos: ¿cuántos deambulaban por las calles de Santafé y qué edades tenían?[28]

A la hora de enfrentar la ferocidad de la pandemia, el padrón fue un recurso útil. Como herramienta para el diagnóstico y la distribución racional de los recursos, disminuyó el despilfarro de energías y orientó a los funcionarios hacia objetivos claros. Permitió el paso de una planeación basada en supuestos a una más acorde con las nece-

26. A.G.N., Miscelánea, tomo 22, f. 275 r.

27. Tanto Guiomar Dueñas como Renán Silva llaman la atención sobre el alto porcentaje de blancos que aparece en el padrón de 1801: el 52% de la población. Coinciden en señalar que existe subenumeración de castas y negros en la composición étnica de los barrios que se incluyen en la muestra. Para ellos es claro que el conteo privilegia a las familias de blancos. Entre las castas hay variedad de tonalidades que el censo no distingue; algunos mestizos claros debieron pasar por blancos. Véase Renán Silva, *Las epidemias de viruela de 1782 y 1802 en la Nueva Granada,* pp. 75 y 76; Guiomar Dueñas, *Sociedad, familia y género en Santafé a finales de la Colonia*, pp. 76 y 77.

28. Julián Vargas, señala cómo para 1800 existían cerca de quinientos limosneros en la ciudad. Por la misma época, la población de desocupados en Ciudad de México igualaba y superaba al total de habitantes de la capital de la Nueva Granada. Basado en apuntes de Humboldt, Florescano comenta que en los primeros años del siglo XIX, Ciudad de México reunía de 20.000 a 30.000 desempleados que pasaban la noche a la intemperie, y que en el día se tendían al sol envueltos en una manta de franela. Según él, estos indios y mestizos presentaban analogía con los lazarones de Nápoles. Véase Julián Vargas, *La sociedad de Santa Fe colonial*, p. 288.

sidades y recursos existentes.[29] Gracias a la información obtenida por los comisarios, en junio de 1802 la mirada de las autoridades estaba puesta sobre determinadas áreas de la ciudad, las más vulnerables, aguardando el inicio de la epidemia.

De los 5.160 habitantes empadronados, el 33.8% estaba por debajo de los cinco años, el 26.7% entre los cinco y los diez, el 23.29% entre los diez y los quince y el 12.2% entre los quince y los veinte. Del conjunto de habitantes censados, 4.933 santafereños eran menores de veinte años (véase cuadro 1).

CUADRO 1

RANGO DE EDADES SEGÚN SEXO PARA LOS OCHO BARRIOS, HABITANTES QUE NO HAN PADECIDO VIRUELA

	Sexo					
Rango de edad	Mujeres	%	Hombres	%	Total	%
< 5	864	31.7	874	36.29	1.738	33.8
6 - 10	728	26.7	645	26.78	1.373	26.76
11 - 15	641	23.5	554	23.0	1.195	23.29
16 - 20	364	13.37	263	10.92	627	12.22
21 - 25	58	2.13	37	1.53	95	1.85
26 - 30	30	1.1	15	0.62	45	0.87
31 - 40	18	0.6	15	0.62	33	0.64
41 - 50	12	0.4	4	0.16	16	0.31
51 - 60	5	0.18	1	0.04	6	0.11
> 60	1	0.036	0		1	0.019
Total	2.721	100	2.408	100	5.129	*

* 31 habitantes no fueron incluidos en el cuadro por carecer del dato correspondiente a la edad

Fuente: Elaborado a partir del « Padrón de las personas que no han contraído viruela», realizado en Santafé en 1801. A.G.N., Miscelánea, tomo 22, fls. 266 a 389.

29. Para efectos de este estudio, el padrón fue transcrito en su totalidad a partir del documento que reposa en el Archivo General de la Nación. Dado que los habitantes de Santafé fueron registrados de dos maneras por los censores, individualmente y por familia, se decidió elaborar una base de datos tomando como unidad de análisis al habitante. A partir de los resultados obtenidos fue posible elaborar los cuadros y las gráficas que se incluyen en este trabajo.

Al examinar los datos de edad se observa que la población nacida después de 1782 es la que aparece registrada como propensa a contraer la enfermedad. Teniendo en cuenta que, de las 5.160 personas censadas, 5.028 son menores de veinticinco años[30] y que sólo 101 personas sobrepasan esa edad (ver cuadro 1), se puede afirmar que el censo detecta a un amplio grupo de niños y jóvenes habitantes de Santafé que no han padecido viruela. Por esa razón, en adelante se hará referencia a cuatro grupos de población: niños, niñas, hombres jóvenes y mujeres jóvenes.

Para los ocho comisarios de barrio que participaron en el censo, encontrar personas mayores de veinticinco años que no habían padecido viruela debió constituir una sorpresa. Por lo menos, así lo expresan los comisarios de los barrios El Príncipe y Nieves Oriental cuando interrumpen el conteo habitual de niños y jóvenes para llamar la atención sobre esos casos: en el barrio El Príncipe, manzana cuarta, casa 40, se encuentra «el prebendado D.D. Andrés Rosillo el que se halla sin viruelas es de edad de 39 años»; en la manzana sexta, casa segunda del mismo barrio, vive «doña Ignacia Consuegra de edad 55 años sin viruelas».[31] El censo registra 101 casos de adultos que por no haber «padecido viruelas» en 1782 eran sensibles al virus en el año de 1801.[32]

30. En el año de 1800 la mayoría de edad se alcanzaba a los veinticinco años.

31. A.G.N., Colonia, Miscelánea, tomo 22, fls. 326v y 328r.

32. La viruela era una enfermedad viral que sólo se contraía una vez, por cuanto el organismo en caso de sobrevivir creaba defensas contra el virus. En la actualidad, finales de 1998, la viruela parece haber desaparecido de la faz del planeta. En opinión de algunos médicos consultados para este trabajo, la derrota aparentemente total del virus ha sido posible mediante la aplicación masiva y prolongada de la vacuna de Jenner.

GRÁFICA 1

RANGO DE EDADES SEGÚN SEXO PARA LOS OCHO BARRIOS

HABITANTES QUE NO HAN PADECIDO VIRUELA

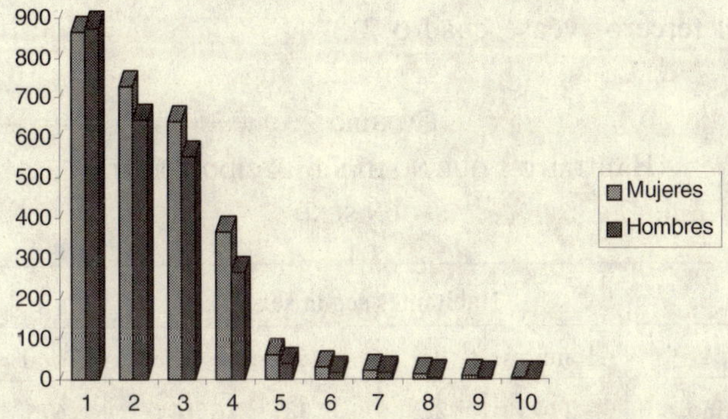

1. Menos de 5 2. 5 a 10 3. 11 a 15 4. 16 a 20 5. 21 a 25 6. 26 a 30
7. 31 a 40 8. 41 a 50 9. 51 a 60 10. Más de 60

Fuente: «Padrón de las personas que no han contraído viruela».

Eran pobres o sin facultades quienes vivían en lugares estrechos, oscuros, húmedos y en condiciones de hacinamiento,[33] y por el censo es posible ver que las personas catalogadas como «sin facultades» al menos poseían un lugar de habitación. Sorprende la actitud de dos comisarios que en el informe final, a pesar del peligro inminente de propagación del virus, reportaron haber dejado de censar algunas viviendas. Nos referimos a Lucas Otaola, comisario del barrio Nieves Occidental,[34] y a Juan Nepomuceno Rodríguez de Lago, comisario del barrio Santa Bárbara.

La densidad de población por barrio esbozada por el padrón se refiere al grado de concentración de habitantes propensos a la viruela existente en cada uno de ellos. En los barrios El Príncipe (19%) y

33. A.G.N., Milicias y Marina, tomo 142, f. 679.

34. Lucas Otaola, comisario del barrio Nieves Occidental, reporta «bohíos, solares y ranchos en número indeterminado» en la manzana 21. A.G.N., Miscelánea, tomo 22, fls. 266 a 389.

Nieves Oriental (15.6%) se concentraban los más altos porcentajes de habitantes amenazados de contagio. La Catedral (12.7%), San Victorino (13.1%) y Nieves Occidental (11.2%) ocupaban el segundo lugar, y El Palacio (9.5%), Santa Bárbara (9.5%) y San Jorge (8.8%) el tercero (véase cuadro 2).

CUADRO 2

HABITANTES QUE NO HAN PADECIDO VIRUELA SEGÚN SEXO

	Habitantes según sexo					
Barrios	Hombres	%	Mujeres	%	Total	%
San Victorino	294	12.2	381	14.0	675	13.16
Nieves Occidental	298	13.3	280	10.2	578	11.26
El Palacio	221	9.17	270	9.92	491	9.57
Santa Bárbara	218	9.05	274	10.06	492	9.59
San Jorge	204	8.47	252	9.26	456	8.89
El Príncipe	465	19.3	513	18.8	978	19.06
La Catedral	326	13.5	328	12.05	654	12.75
Nieves Oriental	382	15.8	423	15.5	805	15.69
Total	2.408	100	2.721	100	5.129	100

Fuente: Elaborado a partir del « Padrón de las personas que no han contraído viruela», realizado en Santafé en 1801. A.G.N., Miscelánea, tomo 22, fls. 266 a 389.

GRÁFICA 2

HABITANTES QUE NO HAN PADECIDO VIRUELA SEGÚN SEXO

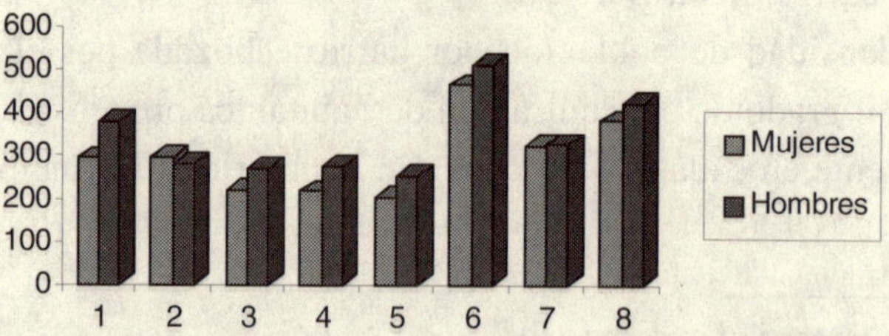

1. San Victorino 2. Nieves Occidental 3. El Palacio 4. Santa Bárbara 5. San Jorge 6. El Príncipe 7. La Catedral 8. Nieves Oriental.

Fuente: «Padrón de las personas que no han contraído viruela».

El censo permite establecer una relación entre sexo del habitante y situación económica.[35] Del grupo de niñas y jóvenes empadronadas, 2.721, 53% del total de la población registrada, el 41.7% fue calificado como pobre, un 44.1% con facultades y de un 14.03% se dijo no conocer su situación económica (ver cuadros 2 y 3). En cuanto a los niños y jóvenes, de los 2.408 empadronados, 47% de la población censada, un 38% fue considerado pobre, un 49.9% con facultades y de un 15.19% se dijo desconocer su situación económica (ver cuadro 4).

CUADRO 3

NIÑAS Y JÓVENES QUE NO HAN PADECIDO VIRUELA SEGÚN SITUACIÓN ECONÓMICA

	Situación económica							
Barrios	Con facultades	%	Pobres	%	Situación económica desconocida	%	Total	%
San Victorino	222	18.4	121	10.6	38	9.94	381	14.0
Nieves Occidental	54	4.49	225	19.7	1	0.26	280	10.29
El Palacio	90	7.48	102	8.97	78	20.4	270	9.92
Santa Bárbara	133	11.06	140	12.31	1	0.26	274	10.06
San Jorge	79	6.57	47	4.13	126	32.9	252	9.26
El Príncipe	239	19.8	212	18.6	62	16.2	513	18.8
La Catedral	173	14.3	141	12.4	14	3.66	328	12.05
Nieves Oriental	212	17.6	149	13.10	62	16.23	423	15.5
Total	1.202 % 44.17	100	1.137 % 41.78	100	382 % 14.03	100	2.721	100

Fuente: Elaborado a partir del « Padrón de las personas que no han contraído viruela», realizado en Santafé en 1801. A.G.N., Miscelánea, tomo 22, fls. 266 a 389.

35. El término «situación económica» que ha sido considerado para la interpretación de los datos de este padrón hace referencia a las condiciones materiales de los

CUADRO 4

NIÑOS Y JÓVENES QUE NO HAN PADECIDO VIRUELA SEGÚN SITUACIÓN ECONÓMICA

	Situación económica							
Barrios	Con facultades	%	Pobres	%	Situación económica desconocida	%	Total	%
San Victorino	186	16.5	82	8.9	26	7.10	294	12.20
Nieves Occidental	67	5.95	178	19.4	53	14.4	298	12.37
El Palacio	90	7.9	85	9.27	46	12.5	221	9.17
Santa Bárbara	138	12.25	80	8.73			218	9.05
San Jorge	57	5.06	57	6.22	90	24.5	204	8.47
El Príncipe	218	19.3	158	17.2	89	24.3	465	19.31
La Catedral	186	16.5	124	13.5	16	4.37	326	13.53
Nieves Oriental	184	16.34	152	16.5	46	12.5	382	15.8
Total	1.126	100	916	100	366	100	2.408	100

Fuente: Elaborado a partir del « Padrón de las personas que no han contraído viruela», realizado en Santafé en 1801. A.G.N., Miscelánea, tomo 22, fls. 266 a 389.

Los empadronadores se preocuparon por registrar en los papeles del censo el tipo de vivienda de cada habitante, por cuanto consideraban que este dato proporcionaba información acerca de las condiciones materiales de existencia del censado. Aunque no constituía un dato suficiente para realizar el diagnóstico, sí permitía un primer acercamiento a la caracterización buscada. En 1801 los santafereños vivían en casas, tiendas, bohíos, solares, casas pajizas y ranchos. La

habitantes para afrontar la epidemia de viruela en sus lugares de residencia. Se adoptó el criterio de los comisarios expresado en el censo, quienes establecieron dos categorías para evaluar las condiciones materiales de vida de los santafereños, a saber: si la habitación era apropiada para albergar a los enfermos se refirieron a un habitante «con facultades»; si por el contrario, el lugar era inapropiado, se calificó como «pobre» o «sin facultades».

preocupación central de las páginas siguientes consistirá en intentar una explicación acerca de por qué el dato sobre el tipo de vivienda no proporcionaba una idea completa sobre las condiciones materiales de existencia de los habitantes de la ciudad.

Plano 1
Santafé y sus ocho barrios a comienzos del siglo XIX

Elaborado a partir del plano «Nomenclatura Urbana de Santafé» y de los planos de los 8 barrios dibujados por Moisés De La Rosa. Véase el libro «Santafé, Capital del Nuevo Reino de Granada» de Carlos Martínez, pp. 159, 160 y 161.

Casas, tiendas y bohíos: las fachadas mienten

En la mayoría de los casos los comisarios se preocuparon por especificar en el padrón el tipo de vivienda, tal vez porque consideraban que ese dato proporcionaba el primer indicio sobre la situación económica de un grupo familiar o de un individuo. Por lo general, habitar una casa era señal de amplitud económica. No ocurría lo mismo con las tiendas. Localizadas en los bajos de las casas, ocupadas casi siempre por arrendatarios, las tiendas despertaban sospecha acerca de la capacidad material de sus habitantes para afrontar sucesos difíciles como una epidemia de viruela. Este tipo de juicios hacía parte del bagaje de criterios con que llegaron los censores a las puertas de las viviendas, pero el contacto con los habitantes transformó un tanto esas imágenes previas y el abanico de posibilidades se hizo más variado.

En 1801, los tipos de vivienda se establecían de acuerdo a factores como calidad de materiales empleados en la construcción, tamaño del espacio que ocupaban, diseño y lugar de la ciudad en que estaban ubicadas. Para los censores la casa era el tipo de vivienda más sólido que existía en Santafé. A través del censo es posible descubrir que por lo general eran lugares con cierta iluminación que poseían condiciones de espacio para ser habitadas *con limpieza y sin hacinamiento*. Según la denominación de la época, había *casas pobres* y *casas con facultades,* una manera de decir que las diferencias socioeconómicas entre los habitantes de casas se expresaban en el tamaño, el tipo de construcción y el ambiente interior de las mismas. Se consideraba que una casa, por sus condiciones de espacio e iluminación era lugar apropiado para alojar virolentos, aunque también hubo casas catalogadas como pobres que no fueron aprobadas como lugares de habitación para estos enfermos.

El censo buscaba evaluar la capacidad material de los santafereños para determinar quiénes estaban en condiciones de alojar enfermos de viruela en sus viviendas y quiénes debían ir a los hospitales; por esa razón se establecieron dos categorías para medir la capacidad económica de los habitantes: con facultades y pobres. A pesar de que el censo no trataba de medir los diferentes grados de pobreza y de capacidad económica de los habitantes, se observan diversos niveles. Por ejemplo, la pobreza del barrio Nieves Oriental era diferente a la del San Jorge. Algunos comisarios vieron la necesidad de crear una tercera categoría y se refirieron entonces a *muy pobres*. El censo hace alusión a tres tipos de casa: pobre, con facultades y muy pobre. Aunque no es posible establecer con claridad cuáles eran las características de una *casa pajiza,* sabemos que estaba construida con materiales mucho más frágiles que los de una casa, y que en 1801 este tipo de vivienda se localizaba en los barrios Nieves Oriental y San Victorino y era habitada por santafereños *pobres* o *muy pobres*.

En 1801 se catalogaba como tiendas a las habitaciones que ocupaban el primer piso de una casa, lugares que por lo general tenían escasa ventilación y poca luz y cuyos pisos eran de tierra. Los propietarios de casas solían habitar los niveles que estaban encima de las tiendas y arrendaban estas últimas a quienes no poseían vivienda. Al examinar los datos del censo de 1801 se tiene la idea de que una tienda estaba conformada por una sola habitación y que una casa podía contar con varias tiendas, por lo que no resulta extraño encontrar que mientras en la casa habitaba una familia *con facultades*, en las tiendas localizadas debajo de ella vivían familias catalogadas como *pobres*. Mientras en el barrio El Palacio predominaba la casa como tipo de vivienda, en el San Jorge se combinaban las casas y las tiendas habitadas por artesanos mestizos y pobres. Resulta interesante comparar el tipo de situaciones que se creaba en aquellos barrios en los que se combinaban las casas y las tiendas con aquellos en los que sólo existían casas.

Así como había diferentes grados de pobreza en la Santafé de 1801, se encuentra que en algunos casos los habitantes pobres vivían próximos a los habitantes con facultades. El censo registra la existencia de *bugíos,* viviendas habitadas por santafereños sin recursos, cuya construcción debía de ser más frágil que la de una casa o una tienda. Los habitantes de *bugíos* se localizaban en la ciudad de dos maneras: concentrados en determinados barrios o conviviendo de cerca con habitantes que poseían recursos. Un ejemplo del primer caso se aprecia en los barrios Nieves Occidental y Nieves Oriental. En Nieves Occidental se encuentran *bugíos, solares y ranchos* en la manzana 21 y en la calle tercera de Alameda; viviendas habitadas por mestizos e indios pobres. El segundo caso, el de la convivencia cercana de habitantes pobres y habitantes con facultades, se localiza en los barrios El Príncipe y La Catedral. En La Catedral se señala la existencia de *bugíos* pobres ubicados en medio de casas.[36]

Una primera mirada al padrón centrada en el tipo de vivienda por habitante lleva a pensar que aquellos santafereños propensos al contagio con mayor capacidad económica se localizaban en los barrios El Príncipe y Nieves Oriental, por cuanto en ellos predominaba la casa sobre otros tipos de habitación. El 17.7% de los santafereños residentes en casas estaba ubicado en El Príncipe y el 16.8% en Nieves Oriental. El Palacio (13.57%), San Victorino (13.17%), Nieves Occidental (12.16%) y La Catedral (12.10%) ocupaban el segundo lugar. Santa Bárbara y San Jorge el tercero.

Siguiendo las huellas insinuadas por el padrón, es posible ver que barrios como Nieves Occidental y El Palacio carecían de habitantes de tiendas propensos a la viruela, y se aprecia además que en Santa Bárbara ningún habitante censado residía en ese tipo de vivienda. Sin embargo, de manera inmediata, salta a la vista el hecho de que el comisario de Santa Bárbara presentó información incompleta, pues en sus apuntes finales registró un 38.47% de habitantes al que no se especificó tipo de habitación. De acuerdo al censo, los habitantes de tiendas propensos a la viruela se concentraban en cinco barrios: El Príncipe, San Victorino, La Catedral, Nieves Oriental y San Jorge. Los más altos porcentajes se localizaban en El Príncipe y San

36. Véase A.G.N., Miscelánea, tomo 22, fls. 266 a 389.

Victorino, seguidos por los de La Catedral y Nieves Oriental. San Jorge ocupaba un tercer lugar con su 5.88% (véase cuadro 5).

CUADRO 5
TIPO DE VIVIENDA POR HABITANTE
QUE NO HA PADECIDO VIRUELA

	Tipo de vivienda									
Barrios	Casa	%	Tienda	%	Bohío	%	Desconocido	%	Total	%
San Victorino	456	13.17	216	27.06	0		0		672	13.46
Nieves Occidental	421	12.16	0		25	19.53	0		446	8.93
El Palacio	470	13.57	0		0		19	3.15	489	9.79
Santa Bárbara	260	7.51	0		0		232	38.47	492	9.85
San Jorge	237	6.84	47	5.88	0		173	28.68	457	9.15
El Príncipe	615	17.7	239	29.9	25	19.53	100	16.58	979	19.61
La Catedral	419	12.10	161	20.17	56	43.7	19	3.15	655	13.12
Nieves Oriental	583	16.84	135	16.91	22	17.18	60	9.95	800	16.03
Total	3.461	100	798	100	128	100	603	100	4.990*	96.70

* En este cuadro no se incluyen tipos de vivienda como tejares, ranchos, solares y casas pajizas por cuanto el censo no fue riguroso en su conteo. Se registran de manera deficiente sólo para tres barrios, San Victorino, Nieves Oriental y Nieves Occidental. Teniendo en cuenta que la población total censada asciende a 5.160, 100%, los 4.990 habitantes que aparecen en este cuadro equivaldrían al 96.7%.
Fuente: Elaborado a partir del « Padrón de las personas que no han contraído viruela», realizado en Santafé en 1801. A.G.N., Miscelánea, tomo 22, fls. 266 a 389.

Aparecen registrados 128 habitantes de bohío propensos al contagio, de los cuales el porcentaje más alto vivía en La Catedral (43.7%). Nieves Occidental y El Príncipe albergaban el segundo grupo y Nieves Oriental el tercero.[37] Barrios como Santa Bárbara, San

37. Julián Vargas destaca cómo en el censo indígena de 1806 realizado en Santafé, 64 de ellos vivían en bohíos ubicados en el límite donde terminaba la ciudad y

Jorge y El Príncipe presentaban los porcentajes más elevados de habitantes con vivienda sin identificar. El primero, 38.47%; el segundo, 28.68%, y el tercero, 16.58%. ¿Cómo explicar esa ausencia de información? Sería arriesgado imputar negligencia a los comisarios por cuanto la ciudad atravesaba por un momento crítico, en el que era preciso pasar por encima de los prejuicios y hacer acopio de altas dosis de responsabilidad en aras de la supervivencia del grupo. No obstante una mirada panorámica a los porcentajes de habitantes propensos a la viruela según tipos de vivienda (ver cuadro 5) permite concluir que el 69.3% vivía en casa, el 15.9% en tienda y el 2.56% en bohío, y que se desconocía el tipo de residencia para el 12.08% de los santafereños censados.

GRÁFICA 3

TIPO DE VIVIENDA POR HABITANTE QUE NO HA PADECIDO VIRUELA

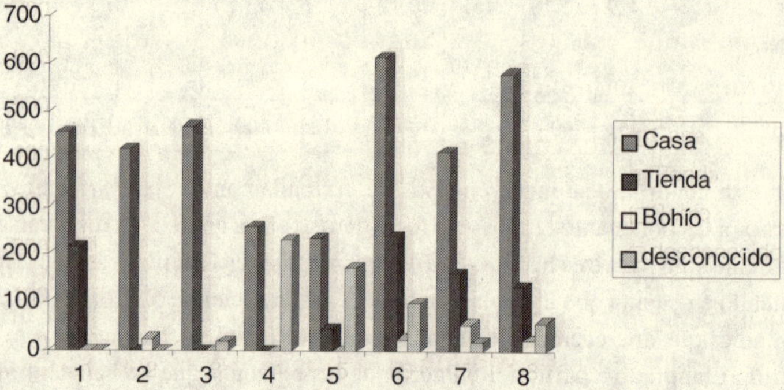

1. San Victorino 2. Nieves Occidental 3. El Palacio 4. Santa Bárbara 5. San Jorge 6. El Príncipe 7. La Catedral 8. Nieves Oriental

empezaba el arrabal. Los barrios con mayor cantidad de bohíos eran Santa Bárbara y Nieves Oriental. La Catedral y El Príncipe, barrios del centro que lindaban con los cerros, contaban con algunos bohíos. Ver Julián Vargas, *La sociedad de Santafé colonia,* pp. 39 y 40.

A partir de las imágenes sugeridas por las gráficas presentadas hasta el momento, es posible señalar que las autoridades concentraron su atención en los barrios El Príncipe, Nieves Oriental y San Victorino, porque en ellos se ubicaba el mayor número de habitantes propensos a la pandemia. La Catedral y Nieves Occidental llamaron la atención de las autoridades en un segundo lugar.

Como resultado de un primer acercamiento a los datos obtenidos en el padrón y siguiendo las imágenes sugeridas en la gráfica 3, se podría concluir que los funcionarios de la época dirigieron su mirada hacia aquellos barrios en los que había propensión a la viruela y se habitaba en tiendas y bohíos: San Victorino, El Príncipe, La Catedral y Nieves Oriental concentraban a los habitantes de tiendas vulnerables a la pandemia; y aunque en menor número, La Catedral, Nieves Occidental, El Príncipe y Nieves Oriental reunían a los habitantes de bohío receptivos al virus. Los datos sobre habitantes propensos a la pandemia que moraban en casas despertaban cierto sentimiento de tranquilidad en las autoridades, por cuanto se creía en un primer momento que este tipo de santafereño poseía medios para soportar la viruela en su lugar de vivienda.

Habitar una casa no era índice de amplitud económica en la Santafé de 1801. De los 3.461 habitantes amenazados de contagio que residían en casa, 961 eran «pobres» y 2.069 «tenían facultades».

Aunque las ideas de tienda y pobreza estaban asociadas en el pensamiento de los santafereños, el padrón derrumbó las afirmaciones rotundas en este sentido. De las 798 personas propensas a la viruela que residían en tiendas, 118 tenían facultades, 463 eran pobres y de 217 no se conocía su situación económica. A partir de los datos obtenidos los habitantes de tiendas, pobres y propensos a la viruela podían distribuirse en tres grupos. Los más altos porcentajes se ubicaban en El Príncipe (48.8%) y La Catedral (30.4%), seguidos por Nieves Oriental (16.8%). San Jorge ocupaba el tercero con su 3.8%.

El censo sólo proporciona datos sobre habitantes de tiendas amenazados de contagio para cinco barrios: San Victorino, San Jorge, El

Príncipe, La Catedral y Nieves Oriental. El Príncipe concentra el mayor número de habitantes pobres de tiendas seguido por los barrios La Catedral y Nieves Oriental. En San Victorino se localiza la mayor cantidad de habitantes de tiendas con facultades, seguido por los barrios Nieves Oriental y La Catedral. En algunos casos las autoridades no lograron establecer la capacidad económica del habitante, aunque sí el tipo de vivienda.

De los 128 habitantes de bohío amenazados de contagio que figuran en el censo 121 son pobres y 7 tienen facultades. A su vez, los habitantes de bohío y pobres pueden distribuirse en dos grupos. De un lado, La Catedral con su 44.6% y, de otro, Nieves Occidental (20.6%), El Príncipe (19.0%) y Nieves Oriental (15.70%). En cuanto a los habitantes de bohío con facultades es posible señalar dos grupos. El primero, integrado por Nieves Oriental (42.8%), y el segundo por El Príncipe y La Catedral, cada uno con 28.5%.

A partir de los resultados del padrón, las autoridades pretendían elaborar un mapa de la ciudad en el que se destacaran los lugares habitados por personas vulnerables a la viruela y pobres. Cada informe de barrio constituía una pieza del rompecabezas. De los 5.160 censados, 1.900, el 36.82%, eran carentes de recursos y por lo tanto estaban en la mira de las autoridades. En el proceso de evaluación de los resultados del padrón, las preguntas iban y venían: ¿en qué barrios se localizaban los más altos porcentajes de población vulnerable? ¿Cuáles presentaban los más bajos?

Para responder estos interrogantes, la lectura de los datos llevó a distinguir cuatro grupos de población. Los porcentajes de población más vulnerable se localizaban en los barrios El Príncipe (19.47%), Nieves Oriental (17.73%) y Nieves Occidental (17.05%). La Catedral (14.15%) y Santa Bárbara (11.57%) el segundo lugar, El Palacio (9.89%), el tercero, y, San Jorge (5.47%) y San Victorino (4.63%), el cuarto (véase cuadro 6).

CUADRO 6

HABITANTES POBRES O SIN FACULTADES,

QUE NO HAN PADECIDO VIRUELA, SEGÚN TIPO DE VIVIENDA

Barrios	Tipo de vivienda									
	Hab. casa sin facult.	%	Hab. tienda sin facult.	%	Hab. bohío sin facult.	%	Hab. vivienda desconoc. sin facult.	%	Total	%
San Victorino	88	9.15	0		0		0		88	4.63
Nieves Occidental	299	31.1	0		25	20.66	0		324	17.05
El Palacio	178	18.52	0		0		10	2.81	188	9.89
Santa Bárbara	67	6.97	0		0		153	43.09	220	11.57
San Jorge	10	1.04	18	3.88	0		76	21.40	104	5.47
El Príncipe	68	7.07	226	48.8	23	19.0	53	14.92	370	19.47
La Catedral	62	6.45	141	30.45	54	44.6	12	3.38	269	14.15
Nieves Oriental	189	19.66	78	16.84	19	15.70	51	14.36	337	17.73
Total	961	100	463	100	121	100	355	100	1.900*	96.7

* Este total no tiene en cuenta habitantes sin facultades de casas pajizas, solares y tejares, por cuanto los comisionados de los tres barrios, San Victorino, Nieves Oriental y Nieves Occidental, no hicieron conteo riguroso en tales casos.

Fuente: Elaborado a partir del « Padrón de las personas que no han contraído viruela», realizado en Santafé en 1801. A.G.N., Miscelánea, tomo 22, fls. 266 a 389.

La gráfica 4 proporciona una visión panorámica de los habitantes propensos a contraer viruela carentes de recursos materiales para afrontar la enfermedad. En Nieves Occidental vivía el mayor número de habitantes de casa y pobres, seguido por los grupos de los barrios El Palacio y Nieves Oriental. San Victorino, Santa Bárbara, El Príncipe y La Catedral ocupaban el tercer lugar. En cuanto a los habitantes de tiendas carentes de recursos y propensos a contraer el virus, el número más elevado se ubicaba en El Príncipe, seguido por los grupos de La Catedral y Nieves Oriental. Según la información del censo, en los barrios San Victorino, Nieves Occidental, El Palacio y Santa Bárbara, los habitantes de tiendas pobres y sensibles al virus eran escasos. Esta gráfica destaca un grupo de habitantes que no había sido considerado anteriormente: pobres y de vivienda desconocida. El número más alto se localizaba en Santa Bárbara, seguido por San Jorge, El Príncipe y Nieves Oriental. La gráfica 4 representa a la población de alto riesgo, por cuanto se refiere a personas carentes de recursos que en caso de no obtener asistencia en los hospitales provisionales presentaban una elevada probabilidad de perecer.

El plano 2 permite visualizar la distribución de los habitantes propensos a la viruela y además catalogarlos por su situación económica. El más alto porcentaje de santafereños vulnerables a la pandemia se localizaba en El Príncipe, seguido por los de Nieves Oriental y La Catedral, en segundo lugar. Nieves Occidental, Santa Bárbara y San Victorino ocupaban el tercer lugar, y El Palacio y San Jorge el cuarto.

GRÁFICA 4

HABITANTES POBRES O SIN FACULTADES QUE NO HAN PADECIDO VIRUELA, SEGÚN TIPO DE VIVIENDA

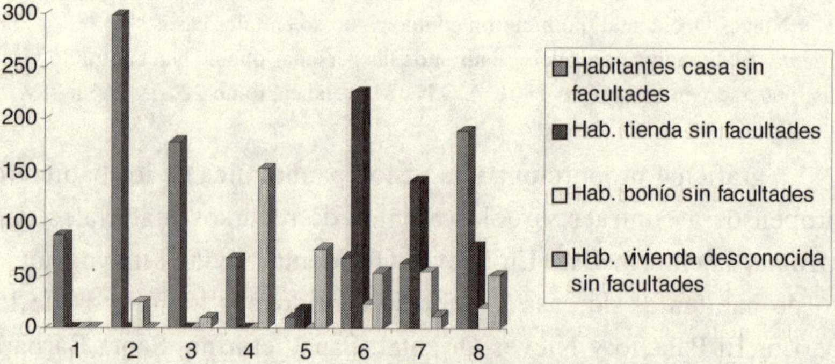

1. San Victorino 2. Nieves Occidental 3. El Palacio 4. Santa Bárbara
5. San Jorge 6. El Príncipe 7. La Catedral 8. Nieves Oriental

El plano 2 indica que podía establecerse una clasificación por barrios según el nivel de concentración de población pobre y vulnerable al contagio: de mayor a menor los recursos debieron distribuirse de

Plano 2
Habitantes de Santafé propensos a la viruela, según padrón de 1801 teniendo en cuenta situación económica

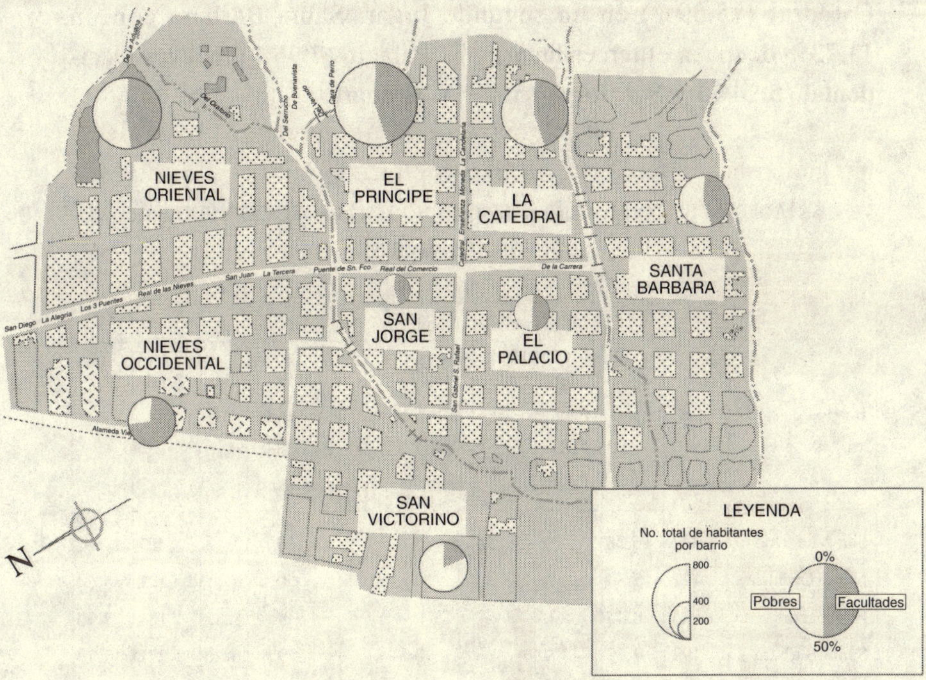

Elaborado a partir del plano «Nomenclatura Urbana de Santafé» que aparece en el libro «Santafé, Capital del Nuevo Reino de Granada» de Carlos Martínez, p. 159 con datos obtenidos a partir del Padrón de 1801. A.G.N., Miscelánea, tomo 22, fls. 266 a 389.

la siguiente manera: El Príncipe, Nieves Oriental, La Catedral, Santa Bárbara, San Victorino, San Jorge, El Palacio y Nieves Occidental.

A partir del padrón es posible elaborar un mapa que hable de los grupos de población vulnerables a la epidemia pero con recursos para afrontarla. De los 5.160 habitantes registrados, 2.309, el 44.74%, no tenía necesidad de ir a los hospitales provisionales en caso de contagio. Distribuidos en cuatro grupos, en orden decreciente (ver cuadro 7), El Príncipe (19.92%) y San Victorino (17.62%) concentraban los porcentajes más altos, seguidos por Nieves Oriental (16.02%) y La Catedral (15.59%) en un segundo lugar. Santa Bárbara con un 11.73% ocupaba el tercer lugar, y El Palacio (7.96%), Nieves Occidental (5.24%) y San Jorge (5.88%), el cuarto.

CUADRO 7

HABITANTES CON FACULTADES QUE NO HAN PADECIDO VIRUELA, SEGÚN TIPO DE VIVIENDA

	Tipo de vivienda									
Barrios	Hab. casa con facult.	%	Hab. tienda con facult.	%	Hab. bohío con facult.	%	Hab. vivienda desconoc. con facult.	%	Total	%
San Victorino	337	16.28	70	59.32	0		0		407	17.62
Nieves Occidental	121	5.84	0		0	20.66	0		121	5.24
El Palacio	175	8.45	0		0		9	7.82	184	7.96
Santa Bárbara	192	9.27	0		0		79	68.6	271	11.73
San Jorge	125	6.04	0		0		11	9.56	136	5.88
El Príncipe	454	21.9	4	3.38	2	28.5	0		460	19.92
La Catedral	336	16.23	15	12.71	2	28.5	7	6.08	360	15.59
Nieves Oriental	329	15.90	29	24.5	3	42.8	9	7.82	370	16.02
Total	2.069	100	118	100	7	100	115	100	2.309	100

Fuente: Elaborado a partir del « Padrón de las personas que no han contraído viruela», realizado en Santafé en 1801. A.G.N., Miscelánea, tomo 22, fls. 266 a 389.

El segmento de población estudiado por el padrón nos indica que en la Santafé de 1801 se daba una convivencia cercana entre habitantes con recursos materiales y habitantes pobres. Se observa cómo los tres barrios que concentraban los más altos porcentajes de pobres reunían, a la vez, los más elevados porcentajes de habitantes con facultades, en proporciones cercanas al 50% para cada grupo: eran ellos El Príncipe, Nieves Oriental y La Catedral. Los barrios mejor librados con respecto a la epidemia, por cuanto albergaban porcentajes mínimos tanto de propensos pobres como de propensos con facultades, fueron El Palacio y San Jorge. El desequilibrio en la convivencia mencionada se presentaba en dos de los ocho barrios: en Nieves Occidental el porcentaje de habitantes con facultades triplicaba al de habitantes pobres, y en San Victorino el porcentaje de habitantes pobres era cuatro veces mayor que el porcentaje de habitantes con facultades. En Santa Bárbara se presentaba un equilibrio entre los pobres y los que poseían recursos materiales, y comparados con el tamaño de los porcentajes de los demás barrios ocupaba el centro (véase plano 2).

Una vez terminado el censo, y en vista de que no aparecían más contagiados, las autoridades guardaron los papeles que les habían sido entregados por los comisarios de los ocho barrios y se dedicaron a sus actividades cotidianas hasta donde el intenso invierno se lo permitió. Pero encubierto por las persistentes lluvias que caían sobre Santafé, el virus continuó su trabajo y en junio de 1802, seis meses después de realizado el padrón, un miembro del cabildo se acercó al virrey Mendinueta y le dijo...

Señor virrey, ahora sí empezó la epidemia

Entre diciembre de 1801 y junio de 1802 Santafé olvidó la amenaza de la viruela. El virrey Mendinueta, sosegado ante la inexistencia de nuevos enfermos, detuvo parte de la maquinaria que había empezado a andar. Por ejemplo, suspendió todo gasto de la Renta de Propios[38] durante el invierno y sólo dispuso utilizar quinientos pesos del Fondo de Lotería.[39]

Al parecer, una de las primeras reacciones de la naturaleza humana frente a la aparición de problemas que afectan la estabilidad del grupo es señalar culpables antes que plantear soluciones. Esta actitud fue evidente en un comunicado de junio de 1802 en el cual el cabildo alerta al virrey sobre el inicio de la pandemia y le reprocha no haber dado prioridad al contagio en 1801.[40] La señal de alarma que anunciaba el comienzo de la epidemia fue reactivada y la ciudad se sacudió del letargo producido por el recogimiento invernal. Bajo la dirección de dos comisionados nombrados por el virrey, José Miguel de Rivas y José Antonio de Ugarte, los comisarios pasaban revista a las viviendas de sus barrios para localizar nuevos contagiados. Como era costumbre, en las casas de «distinción y facultades» preguntaban al dueño y en las habitaciones pobres hacían visita. En cada manzana un vecino realizaba chequeos diarios para detectar la presencia de nuevos enfermos, y de paso instaba a los moradores de su sector para que mantuvieran aseado el frente de sus viviendas.

Actividades inusuales colmaron la vida de los santafereños: una marca acordada por los vecinos fue colocada sobre las puertas de las viviendas habitadas por contagiados; los coordinadores de manzana llevaban una lista de enfermos en la que señalaban «nombre, apellido, edad, sexo y clase»; los muertos por epidemia eran conducidos a dos cementerios: el de San Juan de Dios y el de Las Aguas.

---

38. Las Rentas de Propios eran las ganancias obtenidas por poblaciones y ciudades coloniales a partir de bienes municipales como ejidos, dehesas y solares. La asignación de estas propiedades era requisito básico de cualquier fundación y estaba estipulada en las instrucciones para el poblamiento. Véase Julián Vargas, *La sociedad de Santa Fé colonial*, pp. 215 a 223.

39. Desde 1798, el alcalde ordinario Vicente Rojas otorgó a Juan José de los Bárcenos licencia para instalar en su casa un juego de lotería. Bárcenos pagaba al cabildo ocho reales al mes. Basado en esta experiencia, el cabildo organizó una lotería municipal en 1801, cuyas ganancias estaban destinadas a los desvalidos sociales: huérfanos, mujeres abandonadas y prostitutas. *Ibid.*, p. 230.

40. A.G.N., Colonia, Miscelánea, tomo 46, fls. 724 a 727.

Cada cierto tiempo se veía pasar una cama portátil cargada por peones que llevaba un vecino pobre y contagiado: iban para el hospital de Las Aguas.[41]

Para las autoridades de Santafé fue un tanto difícil seguirle el paso a la epidemia en sus comienzos. La presión ejercida por el pánico de los habitantes llevó a convocar reuniones extraordinarias. El 12 de junio de 1802, en una de las salas del palacio virreinal, se congregó la Junta de la Real Hacienda presidida por el virrey Mendinueta. A la cita acudieron Juan Hernández de Alba, oidor decano y alcalde de corte; Francisco Javier de Esterripa, oidor subdecano y alcalde de corte; Manuel Mariano Blaya, fiscal de su majestad; Gregorio Domínguez, contador mayor del tribunal de cuentas, y Joaquín de Quintana, contador oficial real de cajas matrices. Acordaron emplear el Fondo de Hospitales Vacantes, cuyo monto ascendía a sesenta mil pesos, para sufragar los gastos relacionados con la epidemia.[42] Temerosos frente a la posibilidad de un contagio sorpresivo, los habitantes recurrían al viejo método de la inoculación, utilizando los conocimientos rudimentarios que poseían. El rumor llegó a oídos de Juan Hernández de Alba, encargado temporal de la silla virreinal. «A son de caja y usanza de guerra», en los lugares de costumbre se publicaron algunas indicaciones relacionadas con la inoculación. Las autoridades no estaban de acuerdo con que este antiguo procedimiento se practicara sin orientación médica y sin aprobación oficial,[43] y en adelante sólo quienes tenían «facultades»,

---

41. *Ibid.*, tomo 2, f. 913r.

42. El 2 de marzo de 1804, el contador general de rentas decimales de Santafé, Antonio José García, informa al rey que el Fondo de Hospitales Vacantes o Sin Destino es el producto del noveno y medio que se deduce de los diezmos de cada iglesia parroquial para hospitales; y que por no haberse establecido éstos en las poblaciones del reino que no tienen el título de ciudad o villa, queda el dinero en cajas reales hasta que el rey disponga de ellos. Para 1804 el Fondo de Hospitales Vacantes tiene 80.000 pesos y se propone que se utilice en calamidades públicas, así como en la fundación de otros hospitales en Santafé. Véase A.G.N., Colonia, Miscelánea, tomo 28, fls. 924 a 933.

43. A.G.N., Colonia, Miscelánea, tomo 28, fls. 924 a 933.

es decir, recursos de espacio y económicos para curarse en sus casas, recibieron permiso para inocularse. Aquellos moradores de tiendas que vivían en condiciones de hacinamiento fueron remitidos al hospital. En las tiendas o accesorias, donde vivían personas con algún recurso, no podían ser inoculados más de dos habitantes a la vez, y tampoco se permitía la inoculación a personas que compartieran vivienda con enfermos de viruelas naturales. Por último, el equipo autorizado para efectuar la campaña de inoculación estaba conformado por tres médicos y seis sangradores. Ignacio Durán, Honorato Vila y Miguel de Isla eran los facultativos reconocidos por la autoridad virreinal. Cada uno disponía de dos sangradores: Manuel Hernández y Manuel Alvarado con Ignacio Durán; Tomás Arenas e Ignacio Rueda con Honorato Vila, y Eustaquio García y Agustín Chinchilla con Miguel de Isla.[44]

Convencidos de que las vacas de este continente padecían viruelas similares a las de algunas provincias de Europa, el cabildo y las autoridades virreinales decidieron organizar la búsqueda del «precioso preservativo» que Edward Jenner había localizado en las ubres de estos animales. Persuadidos por Mutis, distribuyeron las instrucciones para localizar la materia vacuna.[45] Entre los experimentos que se emprendieron para obtener el «precioso preservativo» figura la compra de dos vacas, por cuarenta pesos, a las que cercenaron las ubres con el objeto de verificar si sus pezones presentaban viruelas.

En palabras de Renán Silva, la inoculación era una práctica que derrotaba el sentido común. Se trataba de introducir en el cuerpo sano la enfermedad para curar. Era corriente en Grecia y Turquía. Fue llevada a Europa y medicalizada hacia 1720. En la Nueva Granada fue empleada por primera vez en el año de 1756 cuando José Velásquez y Zubillaga, cura de San Juan de Girón, quien había leído las instrucciones en una gaceta, al ver a su feligresado sitiado por una epidemia decidió ensayar la técnica. Inoculó a cerca de cuatrocientas personas con buenos resultados, pues el grupo logró sobrevivir. Véase Renán Silva, *Las epidemias de viruela de 1782 y 1802 en Nueva Granada,* pp. 37 y 38.

44. A.G.N., Colonia, Milicias y Marina, tomo 142, f. 679.

45. *Ibid.*, f. 729.

Aunque no se encontró el líquido buscado, la carne fue vendida y el dinero obtenido pasó al Fondo de Hospitales.[46]

A pesar de la acuciosidad demostrada por las autoridades en la tarea de brindar auxilio a los contagiados pobres, que con frecuencia intentaban eludir los asfixiantes cuidados paternales por todos los medios, además del hospital de Las Aguas fue necesario abrir otros dos: uno en los tejares de Primo Groot, contiguos a la ermita de Belén, y otro en una casa cedida por los religiosos de la Orden Tercera. Estaban ubicados en los extremos de la ciudad. Fueron dotados con entarimados, colchones, cobijas, ropa limpia y nueva, medicinas, médicos, confesores y alimentos. Existía una comunicación estrecha entre barrios y hospitales, aunque no se podía asegurar que «todos los contagiados de la clase pobre del pueblo» hubieran sido captados por tales institutos. De las 816 personas que acudieron, 463 entraron al hospital de Las Aguas; el grupo estaba conformado por hombres y mujeres que padecían viruelas naturales. A la Orden Tercera llegaron 257 mujeres, y a los tejares de Primo Groot fue llevado un grupo de 96 inoculados, integrado por hombres y mujeres.[47]

En el inicio de la epidemia los santafereños veían pasar una silla cubierta con toldo, llevada en hombros por cargueros. Era el recorrido oficial de la enfermedad: de los barrios al hospital. Un alguacil supervisaba el traslado. Entre el 5 de junio y el 5 de agosto de 1802 se presentó el mayor movimiento de contagiados. Hubo que pasar de las ideas a los hechos en lo referente al lugar de las sepulturas: frente al hospital de Las Aguas se construyó un puente para trasladar los cadáveres al nuevo camposanto,[48] y un variado grupo de personas dedicadas a los más diversos oficios participó en la instalación de hospitales, en el traslado y atención de enfermos y en la organización

---

46. A.G.N., Colonia, Miscelánea, tomo 58, fls. 1146 a 1149.

47. A.G.N., Colonia, Miscelánea, tomo 46, fls. 736 y 737. Informe presentado al rey el 22 de julio de 1805 por José Miguel de Rivas y José Antonio Ugarte sobre constitución y manejo de hospitales de viruela.

48. *Ibid.*, tomo 31, f. 238 r.

del destino final de las víctimas de la epidemia. En los papeles de la época referentes al censo se mencionan carpinteros, peones, albañiles, comerciantes, médicos, sangradores, sacerdotes, boticarios, lavanderas, impresores, cerrajeros, costureras, sepultureros, entre otros.[49]

El volumen de personas y de cosas que circuló en el momento más álgido de la epidemia constituye una medida del ritmo que adquirió la ciudad y una muestra de las reservas de energía que tenía para desplegar en situaciones de emergencia. En los inicios de la epidemia desfilaron camas y colchones que iban de las viviendas de los artesanos al hospital, manos de papel para los recetarios, madera para el hospital de Las Aguas, cerraduras y muchos otros productos. Agustín Borráez, José Antonio Suárez, Francisco Guevara y Espinosa y José Ignacio Estrada fueron los laboriosos artesanos que fabricaron las camas para los enfermos. Antonio Gorráez, el boticario, recibió cincuenta pesos por las medicinas que envió al hospital de La Tercera. Algunas personas consiguieron trabajo temporal como cargueros; sus tareas consistían en llevar enfermos, trasladar camas, transportar madera y hacer todo tipo de encargos. A Nicolás Calvo, el impresor, el cabildo le pagó cien pesos para que reprodujera el manual de la vacuna. Mariano Millán recibió sesenta pesos por fabricar las agujas para la inoculación. La Compañía de Caballería prestó jergones y sábanas para los hospitales,[50] y don Lorenzo Marroquín de la Sierra, el encargado de abastecerlos, compraba alimentos, implementos y medicinas con una intensidad que pocas veces se había visto antes. Para que se tenga una idea del tipo de alimentación que recibían los enfermos, veamos la lista de comestibles y de otros implementos que componían un mercado: pan, chocolate, carne, huevos, arroz, sal, leña, velas, cebada, carbón, manteca, alfandoques, cordero, arracachas, naranjas, leche, turmas, carne de res, gallina, limones, jabón, canela, tamarindos, ajonjolí, color, levadura, cebolla, tomate, sangría, garbanzos, alumbre, almáciga, incienso,

49. *Ibid.*, tomo 31. fls. 238, 239 y 240.
50. *Ibid.*, tomo 31, fls. 238, 239 y 240.

azúcar, miel de abejas, manzanas, duraznos, aguardiente, vino, vinagre, ajos, aceite, vinagre de castilla, nabo y maíz. Entre los objetos de uso diario en los hospitales figuraban sábanas, totumas, colchones, almohadas, platos, tazas, cucharas de palo, fuelles, ollas, candados, piedras de moler, frazadas, canastos, cortinas, jabón, jeringas, tijeras, jarros, platón, escobas, hilo, bujías, papel, azafrán, cedazo, lámparas, lienzo, aceite para lámparas, tachuelas, clavos y coladores. Cerraba el inventario de Lorenzo Marroquín la lista de los medicamentos: alhucema, aceite rosado, romero, vaso de cristal para purificar, amapolas y aceite de almendras.[51]

Una parte de los enfermos permaneció en casas y tiendas con el permiso de las autoridades, porque se consideraba que tenía recursos de espacio y económicos suficientes para sortear la epidemia. Es probable que un número desconocido de contagiados soportara la enfermedad en condiciones de hacinamiento, pobreza y temor a ser descubierto por funcionarios y vecinos. El hospital provisional no fue una realidad fácil de aceptar. El distanciamiento de la familia y el riesgo de ser sepultado en lugar profano, fuera de las iglesias, eran situaciones difíciles de asimilar en corto tiempo.

De los 816 pacientes que llegaron a los hospitales provisionales, 702 se curaron y 114 perecieron. Al hospital de Las Aguas ingresaron 463 enfermos, entre hombres y mujeres, de los cuales 397 retornaron a sus viviendas y 65 murieron. En el hospital de La Tercera, que era para mujeres enfermas, de 257 contagiadas 210 recuperaron la salud y 48 perecieron. En el hospital de Belén, para inoculados, 95 vivieron y uno murió. Los decesos ocurridos en los nosocomios, más los sucedidos en las viviendas, alcanzaron un total de 331.[52]

Por los datos obtenidos a partir del padrón se puede concluir que de las 5.160 personas propensas a la viruela, 2.053 eran pobres mientras 2.328 poseían facultades. A los nosocomios llegaron 816 personas, de las cuales perecieron 114, todas ellas pobres. Como no

51. *Ibid.*, tomo 31, f. 201.
52. *Ibid.*, tomo 46, fls. 736, 737 y 738.

se hizo una estadística de las que contrajeron la viruela y sobrellevaron el contagio en sus viviendas, no fue posible averiguar cuántos de los 2.328 habitantes propensos y con facultades enfermaron. Sólo se conoce el dato de los 217 muertos que hubo fuera de los hospitales; sin embargo, parece apropiado suponer que eran enfermos con capacidad económica, pues fallecieron en sus lugares de habitación (véase cuadro 8).

CUADRO 8

PROPENSOS, CONTAGIADOS Y MUERTOS, EPIDEMIA DE VIRUELA DE 1802, SEGÚN SITUACIÓN ECONÓMICA

Relación con epidemia						
Situación económica	Propensos	%	Contagiados	%	Muertos	%
Pobres	2.053	100	816	39.74	114	5.55
Con facultades	2.328	100	+ ?		217	9.32
Total	4.381*	84.9	+ ?		331	7.55

* El total no incluye a los 703 habitantes de situación económica desconocida.
+ El interrogante corresponde a vacíos en la información encontrados en las fuentes primarias.
Fuente: Elaborado a partir del «Padrón de las personas que no han contraído viruela», realizado en Santafé en 1801 y de información encontrada en el A.G.N., Colonia, Miscelánea, tomo 46, fls. 736 a 738.

Es oportuno formular algunas de las preguntas que quedan sin respuesta por falta de información: ¿cuántas personas de las que sobrellevaron el contagio en sus viviendas lograron sobrevivir?; ¿sobrevivieron virolentos pobres en sus habitaciones? Y en cuanto a los decesos por la epidemia: ¿hubo fallecimientos clandestinos, en el grupo de las personas con facultades, por temor a la sepultura fuera de las iglesias?; ¿cuántos pobres fenecieron en sus habitaciones después de sobrellevar la epidemia de manera clandestina por temor tanto a los hospitales como al cementerio en campo abierto?

La inhumación en el camposanto de Las Aguas, lugar dispuesto para quienes fallecieran por la pandemia, debió de ser aceptada con dificultad por los familiares de los enfermos y aun por los moribundos, aunque a funcionarios, académicos y autoridades que estaban en contacto con la vida de otros lugares y que tuvieron la posibilidad de leer y pensar con anticipación sobre la necesidad de este cambio, la medida no los tomó por sorpresa.

La calma, sin embargo, fue retornando poco a poco a Santafé. El momento más difícil había pasado. La ola de enfermos empezó a consumirse entre los que regresaban a sus viviendas y los que reposaban en el cementerio de Las Aguas. Al tiempo que la ciudad iniciaba un descanso, se escucharon las primeras voces que reclamaban recompensas por los servicios prestados durante el contagio. Ésta era la señal inequívoca de que la sociedad santafereña había vuelto a la rutina de todos los días, en la que cobran fuerza los intereses particulares: el interés económico individual por encima de cualquier otra consideración. La epidemia había llegado a su fin y el estado de emergencia de la sociedad había desaparecido con ella.[53]

En las reacciones de los santafereños frente a la epidemia, relacionadas con los grados de cohesión que experimentó el grupo en los diversos momentos del contagio, es posible apreciar tres fases: la primera, un estado de tranquilidad y relajamiento cuando se tiene noticia del inicio de la enfermedad; la segunda, temor colectivo y mayor cohesión del grupo cuando se declara la pandemia; y una tercera fase, cuando ante el control del brote y la disminución de los enfermos el colectivo recobra la calma y se escucha el resurgir de

---

53. La epidemia de viruela de 1802 en Santafé constituye uno de esos períodos en que es posible constatar el ascenso de lo social: la voluntad del grupo en acción. Como diría Durkheim, lo social entendido como una realidad particular que tiene características propias. Las representaciones que expresan lo social tienen un contenido distinto al de las representaciones puramente individuales, y se puede asegurar de antemano que las primeras añaden algo a las segundas. Véase Emile Durkheim, *Las formas elementales de la vida religiosa,* p. 51.

voces individuales que reclaman el pago de servicios.[54] El renacer de los intereses individuales indicaba que el grupo se percibía fuera de peligro. Así ocurrió en Santafé cuando el 20 de abril de 1803 Francisco González, procurador de provincia de la Orden de Predicadores, solicitó al cabildo, a nombre de su comunidad, que le fuera concedido un terreno para reemplazar el solar cedido para «zimenterio de virolentos», localizado este último, en el convento de Las Aguas. En julio 29 de 1804 la comunidad de clérigos insistió en que se le otorgara «el solar que a distancia de cuadra y media de la otra vanda del río al pie del Cerro de Monserrate pertenece a dicho Cabildo». Por otra parte, pidió que le fuera restituido el valor de los arriendos acumulados durante los dos años que duró la epidemia, tiempo durante el cual perdió siete pesos anuales.[55]

Desde la otra orilla del océano el monarca y sus funcionarios intentaban estar informados sobre lo que pasaba en las colonias, pero las distancias, los medios de comunicación de que disponían y el ritmo de trabajo de las burocracias virreinales obstaculizaban tal propósito. Cuando el rey se enteró de la epidemia a través de un escrito enviado por el cabildo el 19 de junio de 1802,[56] hizo llegar una comunicación en la que solicitaba información sobre los resultados del contagio, así como sobre los gastos ocurridos en ese lapso. El Consejo de Indias estudió los documentos enviados por el cabildo y, a través del fiscal, hizo saber al monarca que los datos recibidos eran insuficientes para elaborar una conclusión. Por lo tanto, con varios meses de retraso con respecto a los sucesos del contagio, el rey se

---

54. A propósito de este tipo de procesos, Emile Durkheim hace una interesante observación referida a las ceremonias religiosas en la que señala la necesidad que experimentan las sociedades de reafirmarse como grupo. Para este sociólogo, «la sociedad sólo puede reavivar el sentimiento que tiene de sí misma a condición de reagruparse, pero no puede mantener continuamente esas asambleas. Las exigencias vitales no le permiten estar continuamente en estado de congregación. Así que se dispersa para reunirse de nuevo cuando vuelve a sentir necesidad de ello». Véase Emile Durkheim, *Las formas elementales de la vida religiosa,* p. 553.

55. A.G.N. , Miscelánea, tomo 22, fls. 575r a 580r.

56. *Ibid.*, tomo 46, f. 724.

dirigió al virrey Mendinueta para averiguar por el estado de las cosas. Supuso que la epidemia había concluido y por ello, el 31 de marzo de 1803, preguntó por el origen del dinero de la Renta de Hospitales Vacantes y el motivo por el cual estaba «sin destino». Interesado por la suerte de los neogranadinos, indagaba por el grado de propagación de la epidemia, preguntaba si se había recurrido a la inoculación y pedía información acerca de los alcances de la mortandad. Preocupado por el gasto del Fondo de la Lotería, mostraba su inquietud acerca de las posibilidades de recuperar ese dinero.[57]

Tan pronto disminuyó el número de enfermos, los dos comisionados decidieron clausurar dos de los hospitales provisionales: el de Belén y el de la Orden Tercera. El de Las Aguas continuó funcionando hasta abril de 1804, momento en que consideraron conveniente cerrar sus puertas. Sin embargo, José Antonio de Ugarte y José Miguel de Rivas no estaban seguros de que la epidemia hubiera llegado a su fin, y por eso solicitaron a los comisarios de barrio verificar el hecho.[58]

Poco a poco, enseres y muebles empleados en los hospitales empezaron a distribuirse por la ciudad. Camas, ropa y utensilios fueron vendidos o devueltos, y al finalizar la epidemia, cuando la tranquilidad había retornado, hubo tiempo para estimar el valor de los servicios prestados y cancelar las deudas y dineros correspondientes: por ejemplo, se pagó cincuenta pesos a Primo Groot por el alquiler de la casa que sirvió de hospital de inoculación en el barrio Belén, y los jergones y sábanas que prestó la Compañía de Caballería fueron devueltos, empacados en manta y lienzo.[59]

No era necesaria, por otra parte, la presencia física del rey en las colonias para que sus funcionarios dieran muestras de sumisión y lealtad. Esta actitud fue evidente cuando, el 22 de julio de 1805, los dos comisionados «para constitución y manejo de hospitales de viruela» enviaron un informe de gastos y resultados al monarca. En él

---

57. *Ibid.*, tomo 46, fls.729 a 734v.
58. *Ibid.*, tomo 28, f. 993r.
59. *Ibid.*, tomo 31, fls. 240r y v.

se referían a la conformación de los tres hospitales, hacían un balance de enfermos, sobrevivientes y muertos, describían la manera como se manejó el asunto de los cementerios y concluían haciendo alusión a los «6.344 pesos uno y cuartillo reales» que invirtieron en «la preparación de hospitales, sostenimiento, útiles, cirujanos y botica». Además, destacaban el aporte del arzobispo fray Fernando Portillo y Torres, quien ofreció mil pesos para gastos.[60]

Como en cualquier proceso acerca del cual es posible señalar acontecimientos de inicio, desarrollo y cierre, la epidemia de viruela de 1802 hizo evidente su fin cuando los dos comisionados de hospitales entregaron el informe sobre el dinero recibido para su labor como coordinadores de la campaña sanitaria. Se trataba de una gestión administrativa ocurrida el 22 de enero de 1806, tres años después del momento crítico del contagio, en la que de manera ordenada describen cada uno de los rubros recibidos y señalan su procedencia: ocho mil pesos de hospitales vacantes; mil de limosnas que entregó el arzobispo; quinientos sesenta pesos y cuatro y medio reales del ramo de lotería; cincuenta pesos de la renta de propiedades. La cuenta deja ver que hubo siete casos de personas «con facultades» que pagaron diez pesos cada una por la atención prestada a sus sirvientes: figuran cinco criados, un esclavo y un muchacho. La suma de las inversiones alcanza un total de 9.984 pesos con siete reales.[61]

Ecos de la experiencia organizativa adquirida durante la epidemia de 1802 aún resonaban en 1809, año en que continuó la campaña de conservación de la vacuna iniciada por el virrey Antonio Amar y Borbón en 1805. Autoridades y funcionarios vieron la necesidad de crear un organismo permanente encargado de supervisar y de disponer los recursos relacionados con la prevención de epidemias: la Junta de Vacuna y Sanidad. Es preciso recordar que, en 1801 el cabildo lanzó la propuesta de organizar una Junta, y que tal iniciativa fue concebida como uno de los instrumentos básicos para coordinar las

60. *Ibid.*, tomo 46, fls. 736 a 738.
61. *Ibid.*, tomo 31, fls. 236 y 237r.

energías y recursos de la ciudad frente a la epidemia que se avecinaba.[62]

Ante la dificultad de preservar la vacuna, por carecer de temperaturas y condiciones técnicas adecuadas para ello, se emprendió entonces una dispendiosa campaña de conservación basada en el sistema de «brazo a brazo». De nuevo la ciudad se hallaba animada; esta vez no por temor a una epidemia inexorable: buscaban crear condiciones para afrontar futuros contagios. Sorprenden las cantidades considerables de energía que fueron consumidas por las campañas de conservación de la vacuna entre 1805 y 1809. Cada nueve días los comisarios de barrio, en un orden riguroso, uno por vez, se encargaban de conseguir tres niños sanos para ser vacunados. Cada nueve días el líquido que se formaba en los brazos era succionado e inyectado en los brazos de un segundo grupo de tres desprevenidos niños. Esta campaña se extendió al resto de poblaciones de la Nueva Granada y absorbió la vitalidad de sus habitantes durante cinco años.[63]

No sobra señalar, finalmente, que hubo diferencias significativas en la manera como fueron enfrentadas las epidemias de viruela de 1782 y de 1801-1802 por los habitantes de Santafé; tales variaciones repercutieron en el mayor o menor grado de consecuencias funestas para la población, así como en el nivel de enriquecimiento del bagaje de propuestas organizativas para el conjunto de la sociedad. Luego de una revisión cuidadosa de las ideas, medidas, mecanismos, conocimientos y recursos a los que se acudió en la pandemia de 1801-1802, así como de una comparación con lo acontecido durante el contagio de 1782, se observa que en el aspecto de los conocimientos médicos no hubo variaciones: en ambas epidemias se optó por la inoculación como el único recurso disponible para dominar la ferocidad del contagio. En ese orden de ideas, resulta natural preguntarse

62. *Ibid.*, tomo 28, f.115.
63. A.G.N., Milicias y Marina, tomo 142, fls. 423 a 435.

por qué la mortandad ocasionada por la epidemia de 1782 fue mayor que la ocurrida en 1802.

Los sucesos que rodearon la epidemia de 1802 permiten ver que el relativo éxito conseguido se debió a la forma como se organizó la ciudad para enfrentar el evento. La carencia de soluciones médicas fue reemplazada, en gran parte, por la tensión consciente de los lazos sociales promovida a través de la dirección oportuna de las autoridades locales. La riqueza de esta experiencia colectiva radica en el hecho de resaltar la eficacia que puede llegar a tener la organización racional de las fuerzas colectivas para enfrentar situaciones que atenten contra la integridad del cuerpo social.

El convencimiento acerca de la necesidad de hacer frente a las pandemias de una manera distinta no fue suficiente para movilizar recursos y energías. Hubo algo más. Factores como la reacción oportuna de las autoridades locales, la disponibilidad de médicos y funcionarios, la diligencia de los ocho comisarios de barrio, la acuciosidad de los dos comisionados para la organización de los hospitales, la colaboración de los vecinos designados en cada manzana para supervisar el desarrollo de la enfermedad, incidieron en el desenlace afortunado del contagio. En suma, el éxito surgió de la confluencia de dos situaciones: la apropiación de algunas ideas nuevas para el tratamiento de enfermedades contagiosas por parte de las autoridades, y el acertado manejo de los recursos a la hora de enfrentar los sucesos.

El estudio de los eventos que rodearon la epidemia de 1802 atrae la atención del observador contemporáneo sobre tres elementos relacionados con la manera como se manejaron los recursos: el alto grado de coordinación alcanzado por las autoridades, la respuesta positiva de los habitantes de la ciudad y la celeridad y eficacia con que se procedió al materializar cada una de las medidas. La revisión pormenorizada de los papeles que se conservan sobre el censo de 1801 lleva a pensar en la diligencia con que procedieron los comisarios al realizar la tarea y en la utilidad que tuvo el padrón a la hora de detectar los sectores de la población más vulnerables. De igual manera, impresionan la capacidad organizativa demostrada en la instalación de los tres hospitales provisionales, así como la red de información que se tejió entre los ocho barrios. El objetivo de la red era controlar el desarrollo de la enfermedad a dos niveles: auxiliar a los contagiados pobres y controlar las reacciones individuales que pudieran atentar contra la supervivencia del grupo. Dicha supervivencia era amenazada por acciones como la inoculación subrepticia, el ocultamiento de enfermos y las sepulturas clandestinas en lugares considerados como inadecuados.

Al contemplar el breve período en que se hizo presente la epidemia de viruela de 1801-1802 en Santafé, resulta inevitable pensar en la capacidad organizativa desplegada y en los incontables servicios que debió prestar esta experiencia en situaciones posteriores pero igualmente comprometedoras; sin embargo, al mismo tiempo, surge una duda que hace referencia a las condiciones que permitieron el surgimiento de la reacción frente a la epidemia mencionada: la de hasta dónde fue éste un momento único, cuya materialización se hizo posible gracias a la conjunción de voluntades, tanto de autoridades como de habitantes.

Por último, mientras los santafereños se organizaban para impedir el contagio generalizado de la viruela no tuvieron tiempo para pensar en los leprosos, y mucho menos para planear y desarrollar campañas persecutorias contra ellos. El lapso de la epidemia, por consiguiente, fue un período de descanso para los lazarinos. Ocultos tras la cortina de preocupación y angustia que cubría a autoridades y habitantes de Santafé, los leprosos pudieron relajarse por unos meses, pero sabían por experiencia que la tranquilidad que disfrutaban era temporal y frágil. Debían dormir con desconfianza si querían evitar ser encontrados. La ciudad se horrorizaba ante la cercanía de los leprosos y éstos, a su vez, le temían al rechazo que su enfermedad despertaba.

Los leprosos de Santafé: vergüenza, soledad y ocultamiento

El 3 de noviembre de 1808 un hombre que vivía en una de las esquinas de la plaza mayor de Ibagué murió de lepra. A sus treinta y seis años Victorio Rodríguez se desempeñaba como administrador subprovincial de Correos y estaba casado con María Manuela Villanueva. Se rumoraba que un hijo suyo y una de sus criadas se hallaban contagiados y que Victorio había huido de Cali y de Buga por la persecución de los vecinos. Días antes de su fallecimiento fue examinado por el médico, Ignacio Durán y Oviedo, quien concluyó que no padecía «el mal de san Lázaro» sino un «gálico complicado con escorbuto». Cuando preguntaban a María Manuela por la causa del deceso de su esposo, decía que «por una llaga en una pierna que se inflamó y se hizo incurable».

Presionada por el acoso de los vecinos, María Manuela decidió inhumar a su esposo en el patio de la casa. La noche del 3 de noviembre un grupo de personas, encabezado por los alcaldes ordinarios de Ibagué Antonio Ortiz y Julián Lopera, llegó a la casa del recién muerto, dispuesto a desenterrarlo y a llevarlo en un cuero de res para sepultarlo de nuevo, esta vez en un lugar lejano. María Manuela se armó de garrote y lo impidió. Seis días después, Luis Tavera, cura párroco, comunicó que la familia del difunto no había pedido sepultura en su iglesia, pero que en caso de haberlo hecho no la habría concedido.

María Manuela sostuvo frente a las autoridades que su esposo no padecía lepra y se apoyó en el dictamen del médico. Solicitó sepultura eclesiástica para Victorio y le fue concedida el 8 de marzo de 1809. El 3 de julio de 1810 el caso se discutió en los tribunales de Santafé, porque la mujer acusó a los alcaldes ordinarios de Ibagué de haberla atropellado el día de la muerte de Victorio.[64]

---

64. A.G.N., Colonia, Miscelánea, tomo 31, fls. 247r a 274.

Casos como el de Victorio Rodríguez eran frecuentes en la Nueva Granada de esos días: enfermos que presentaban síntomas parecidos a los de la elefancía sufrían el señalamiento y la persecución de los vecinos, la condena de autoridades civiles y eclesiásticas y la autodefensa de las familias de los lazarinos. A comienzos del siglo XIX, los galenos percibían la improbabilidad del contagio, pero por carecer de medios eficaces para persuadir protegían a las víctimas emitiendo diagnósticos negativos.

Sin embargo, el caso de este administrador subprovincial de Correos es singular en algunos aspectos. Se trata de un funcionario que vive en el marco de la plaza de Ibagué y que, por su nivel de educación y situación económica, está dispuesto a defenderse. Victorio percibe, a través de un sentimiento de culpa que crece parejo con la enfermedad, el comportamiento injusto de sus vecinos hacia él y su familia; decide entonces buscar recursos que le permitan sostenerse en el lugar que ha conseguido. La esposa de Victorio sostendrá el pleito aun después de su muerte; reclamará el derecho a sepultura eclesiástica y denunciará el maltrato recibido por parte de los alcaldes de Ibagué.

Aun quienes parecían poseer el monopolio de los conocimientos médicos en la época sabían poco de esta misteriosa afección. Sus luces se limitaban a unos datos vagos sobre los orígenes de la enfermedad y a establecer una tenue diferencia entre los tipos de endemia. Así lo mostró Miguel de Isla, médico de Santafé, cuando el 12 de diciembre de 1795 señalaba que el tipo de lepra existente en la Nueva Granada no era contagioso. Para explicar su punto de vista traía a cuento la historia de esta endemia. Según él, se tuvo noticia de la elefantiasis o mal de san Lázaro por descripciones de médicos griegos o árabes; su aparición se remontaba a la época de las Cruzadas, cuando se propagó por Palestina y Europa. Ese tipo de enfermedad parecía ser epidémico. Para atender a los contagiados se crearon los Hospicios de San Lázaro. Según de Isla, la elefantiasis había ido desapareciendo en los dos últimos siglos. A finales del siglo XVIII médicos españoles sostenían que su propagación no se producía por contagio, sino que dependía de características peculiares a individuos y lugares.[65]

Experimentar en el propio cuerpo la aparición de señales de lepra era a la vez reconocer el anuncio de un cambio social que venía en camino: ser mirado como delincuente. Como lo señala de Isla, la lepra no operaba por contagio y, sin embargo, existía un miedo profundo a que la transmisión ocurriera. El temor colectivo obnubilaba los sentidos y no permitía observar la enfermedad en su desarrollo.

La responsabilidad que recaía sobre el médico era enorme: diagnosticar lepra significaba autorizar a la sociedad para sancionar al enfermo y a su familia con penas severas: aislamiento social y exclusión definitiva. Con cierta regularidad, las autoridades de Santafé adelantaban campañas a nombre de la salud pública, que consistían en recoger enfermos de lepra para remitirlos al hospital de San Lázaro en Cartagena. El primero de febrero de 1793, el cabildo solicitó a los comisarios de barrio la búsqueda de enfermos de elefantiasis. Era preciso detener tanto a las personas que apenas presentaban indicios como a las que tuvieran la endemia desarrollada. El médico Miguel de Isla realizaba un chequeo para diagnosticar el grado de la enfermedad, y en los casos comprobados los lazarinos serían conducidos a Cartagena gracias a las gestiones del regidor comisionado Antonio Nariño.[66]

Caminar por las calles, mezclarse con los vecinos, asistir a eventos públicos eran actividades vedadas para quienes presentaban síntomas de elefantiasis. Tan pronto como alguien detectaba señales de la enfermedad en algún vecino, avisaba a las autoridades. En adelante, seguía el procedimiento de rigor hasta que el «acusado» era embarcado en Honda rumbo a Cartagena. Si un lazarino quería evitar por un tiempo el aislamiento definitivo, que implicaba incluso la

65. A.G.N., Colonia, Lazaretos, tomo único, fls. 15 y 16.

66. A.G.N., Colonia, Miscelánea, tomo 46, fls. 928 y 929. El hospital de San Lázaro ubicado en Cartagena era el lugar al que eran remitidos los enfermos de lepra de Nueva Granada.

separación de su familia, se marginaba voluntariamente e intentaba llevar la enfermedad de manera clandestina. Por otra parte, el celo del cabildo con respecto a la vigilancia de los enfermos del mal de san Lázaro sólo se explica por el terror que experimentaba la comunidad ante dicha enfermedad. El 17 de febrero de 1794, por ejemplo, el cabildo alertó a las demás autoridades para que se encargaran de dos enfermos de lepra: «En el Real Hospicio de esta capital hay un lazarino, y se sabe que por las calles anda otro hombre contagiado del mismo mal».[67]

¿Cómo entender el temor de los habitantes de Santafé a finales del siglo XVIII y comienzos de XIX frente a un enfermo de lepra? Si la elefantiasis no era contagiosa, ¿por qué se aislaba a quienes la padecían? ¿Por qué algunos médicos habían logrado controlar su miedo hasta reconocer que la endemia no era peligrosa para la comunidad?[68]

Los lazarinos encarnaban algo más que la enfermedad o, por lo menos, así lo veían tanto la comunidad como el portador de los síntomas. La lepra era percibida como castigo individual para alguien que lo merecía. A la reprimenda de la naturaleza se sumaba el señalamiento del grupo. En diagnóstico que hizo Honorato Vila el 21 de septiembre de 1797 en el caso de Antonia Sánchez, el galeno inició su informe diciendo: «Don Honorato Vila médico residente en esta capital en cumplimiento de la superior providencia de V.E. pasé a la morada de Antonia Sánchez *acusada de lazarina* (s.n.) a quien

---

67. *Ibid.*, tomo 46. f. 931r.

68. Siguiendo el modelo desarrollado por Philippe Aries en *El hombre ante la muerte*, podría decirse que a comienzos del siglo XIX en la Nueva Granada, los habitantes vivían una «muerte domada» a través de los ritos. El temor que la comunidad experimentaba frente al deceso de uno de sus miembros o al contagio de alguna enfermedad incurable era directamente proporcional al que se sentía ante el salvajismo de las enfermedades no dominadas por el conocimiento médico y a la idea de un más allá terrorífico. El miedo se controlaba aislando a los individuos enfermos y convirtiendo la muerte en espectáculo. Véase Philippe Aries, *El hombre ante la muerte,* Madrid, Ediciones Taurus, 1983, pp. 500 y 501.

hecho el debido reconocimiento...».[69] En ocasiones los médicos diagnosticaban a la luz de su propio desconocimiento; para ello se valían de síntomas que les eran extraños, asegurando reconocer en ellos la presencia de esta temida enfermedad. En el caso de Antonia Sánchez, Honorato Vila atribuyó el origen de la elefancía a «una menstruación suprimida hace tres años... sostenida por un régimen de vida, dado a todo género de comida y bebida, capaz de pervertir la sangre a una perfecta putrefacción».[70]

Pero las dudas de los médicos Honorato Vila y Miguel de Isla, con respecto a la necesidad del aislamiento definitivo como forma de tratamiento para los enfermos de lepra llegaron a su máxima expresión en el año de 1800. En las siguientes páginas será posible observar cómo el diagnóstico y el tratamiento sugeridos por estos dos galenos, en el caso de María Reyes, evidenciaron un cambio de mentalidad y de actitud frente a los lazarinos en Santafé, por los menos a nivel de ciertas esferas de la sociedad.

María Reyes: lazarina sí, delincuente no

Miguel de Isla decidió inspeccionar el lugar en el que se hallaba recluida una enferma de lepra que había examinado días antes en el hospicio. Era el año 1800. Aprovechó su visita al hospital San Juan de Dios para hacer una evaluación detallada de las instalaciones. Recorrió el primer piso asomándose a cada uno de los cuartos. Se encontró primero con la botica, que ocupaba la mitad del espacio: allí se efectuaba la custodia, reposición y preparación de los medicamentos para un promedio de doscientos enfermos de la ciudad. Las tres piezas siguientes contenían a «los locos», encerrados en jaulas fuertes pero con escasa circulación de aire. En seguida se hallaba un cuarto que hacía las veces de depósito de ropa. Al continuar su re-

69. A.G.N., Colonia, Lazaretos, tomo único, folio 29.
70. *Ibid.*

corrido encontró «una pieza de corta dimensión» que servía de letrina y en la que se arrojaban las «inmundicias» del lugar. Al lado halló otro cuarto destinado al cuerpo de guardia, seguido por una pieza donde se depositaban los cadáveres. Más allá una habitación para enfermería de mujeres. El espacio restante eran piezas de religiosos. El segundo piso estaba habitado por enfermos y enfermas. En el primer piso, en una pieza de siete varas de largo por siete de ancho que se utilizaba para habitación de sirvientes o para enfermas inválidas, estaba María Reyes.[71]

En julio de 1800 Honorato Vila y Miguel de Isla diagnosticaron lepra en el caso de María Reyes, pero recomendaron no enviarla a Cartagena. Sugirieron se le tuviera en pieza aparte en el San Juan de Dios, por cuanto la elefantiasis no era contagiosa. El fiscal juez conservador de hospicios aceptó la insinuación de los médicos, pero fray Manuel Ramos, encargado de los pacientes en el hospital, se opuso. A nombre de «la autoridad, la razón y la experiencia», dijo no tener espacio.[72]

El caso de María Reyes merece un poco de atención. En él se observa a dos médicos que diagnostican lepra pero que plantean la inutilidad del destierro. Argumentan que la elefantiasis no es contagiosa. Algunos funcionarios aceptan con temor, otros se oponen con pánico a la indicación de los galenos. Vale la pena señalar cómo este caso evidencia el inicio de un cambio de actitud frente a la enfermedad de san Lázaro, liderado por médicos. En los años siguientes continuará la pugna entre dos posiciones: una que pide un trato más justo con los lazarinos, y otra que los condena al exilio definitivo.

Hacia 1798 la escasez de galenos con formación académica, así como la ausencia de colegios, escuelas, universidades o cátedras que enseñaran ese tipo de conocimiento, eran notorias. Curanderos

---

71. A.G.N., Colonia, Miscelánea, tomo 31, fls. 300 a 302r. Según el informe elaborado por Miguel de Isla en agosto 29 de 1800, el hospital comprendía un área de sesenta varas cuadradas.

72. *Ibid.*, tomo 31, fls. 286 a 290r.

o médicos empíricos ocupaban el lugar de los graduados. Ésta fue la descripción realizada por José Antonio Burdallo, médico español residente en Popayán, y que llegó a manos del rey.[73] Tres años antes, en 1795, se había iniciado la enseñanza práctica de la medicina en España, en el colegio de San Carlos. El virrey Mendinueta decidió emular a los peninsulares reviviendo la cátedra de medicina en el colegio del Rosario, para lo cual llamó a Miguel de Isla, monje hospitalario secularizado que residía en Cali. El 18 de octubre de 1802, de Isla abrió lecciones prácticas de anatomía sobre cadáveres en un anfiteatro provisional, localizado en el hospital San Juan de Dios.[74]

Con inusitada frecuencia los cuatro boticarios de Santafé solían sobrepasar los linderos de su oficio para navegar en el territorio de los galenos. Y lo hacían con tal propiedad que recibían la aprobación de José Celestino Mutis. Llegaba a tal punto la escasez de médicos en la Nueva Granada que no tenía sentido censurar el estado de las boticas ni los conocimientos de sus administradores. En abril de 1807 fueron inspeccionadas las cuatro boticas de Santafé: la de Antonio Gorraes, la de Jaime Serra, la del hospital San Juan de Dios y la de Santiago Serra. Algunas funcionaban sin licencia, como la de Jaime Serra, o guardaban sustancias inservibles, como la de Gorraes. En la botica de Gorraes se encontraron líquidos que siete años atrás habían sido declarados fuera de uso. Un comité conformado por un médico, el regidor decano y un secretario realizó el examen. La inspección fue ordenada por el síndico procurador general Eustaquio Galavis.

Se hizo una revisión ocular de los cuatro expendios de medicinas. Cada boticario debía alcanzar frascos y garrafas a los inspectores para que establecieran su estado. En la botica de Antonio Gorraes «resultaron algunas aguas, drogas, y demás inservibles y se mandaron arrojar al caño, mandando a dicho boticario arreglara y repusiera algunas tapas de corchos y gamuzas para la mayor seguridad de

73. A.G.N., Colonia, Médicos y Abogados, tomo 2, f. 905.
74. Véase Pedro María Ibáñez, *Crónicas de Bogotá...*, tomo 2, p. 220.

algunos medicamentos». El comité sugirió clausurar el lugar, aduciendo que la mayoría de medicamentos estaban pasados, y al año siguiente Antonio Gorraes se dirigió al cabildo para solicitar una nueva visita, que debía ser realizada por un «facultativo imparcial». Pidió el concepto de José Celestino Mutis, a quien consideraba persona idónea para evaluar sus conocimientos y el estado de las medicinas. El excesivo celo de los inspectores fue puesto en cuestión por la recomendación de Mutis, quien consideraba necesario no aplicar al pie de la letra las «leyes relativas a visitas de boticas» contenidas en la real cédula auxiliatoria del 20 de marzo de 1804. Para él era indispensable tener en cuenta el reducido número de boticas y la escasez de profesores de medicina, cirugía y farmacia que había en Santafé.[75]

El 3 de septiembre de 1801 continuaba la discusión sobre el destino de los enfermos de lepra. Cabildo, médicos y religiosos que administraban el hospital de San Juan de Dios tomaban partido: unos a favor del aislamiento definitivo, otros a favor de la reclusión en un lugar de la ciudad. Aún eran fuertes las voces que condenaban a los enfermos a la segregación perpetua. Una de ellas decía: «Si los lazarinos se deben separar del trato y comunicación con los demás hombres hay dobles motivos para que no se les permita en un hospital general a donde concurran diferentes clases de enfermos. Y cuando en un caso de necesidad se hubiese de depositar allí algunos de aquellos leprosos, deberá ser con todas las precauciones convenientes, y por los momentos indispensables en que se facilite lo conveniente para su salida al destino que se debe dar a estos pobres».[76]

El aspecto físico y la manera como evolucionaba la enfermedad debieron de ser causas del rechazo que inspiraban los lazarinos. Cuando los vecinos vieron en Victorio Rodríguez su «color aplomado, los ojos relucientes, la cara verrugosa, las orejas muy grandes y gordas, caérsele todas las uñas, barba y cejas, no poder coger plata

75. A.G.N., Colonia, Médicos y Abogados, tomo 2, fls. 557 a 562.
76. A.G.N., Lazaretos, tomo único, fls. 907v y 908.

por falta de tacto en las manos, estar siempre con los pies abiertos de llagas y un hedor insufrible» empezaron a apartarse porque padecía elefancía,[77] y emprender el camino del destierro era uno de los momentos más temidos por los leprosos: el último adiós a los parientes; el abandono involuntario de las cosas y lugares conocidos; la visión de la ciudad que se desdibujaba en la distancia. A lomo de mula, sobre silla o sillón, hacían el recorrido desde Santafé hasta Honda, acompañados por un arriero y un «soldado de conducta». Las autoridades correspondientes, bajo la supervisión del cabildo, los abastecían con camas, cuatro mudas y algo de «viáticos». Si el lazarino no poseía recursos para sufragar los gastos, se recurría al cuartillo destinado por el rey de la Renta de Aguardientes, medida que fue aprobada el 3 de septiembre de 1796. La silla o el sillón utilizado por el enfermo durante el viaje se quemaba al llegar a Honda.[78] En ese puerto aguardaba una lancha dispuesta para el traslado a Cartagena.

El parentesco entre viruela y lepra era más cercano de lo que se creía. En la época en que aún no se presentía la posibilidad de la vacuna, la viruela era una enfermedad mortal, más fulminante que la lepra. El contagiado de viruela se consumía en semanas, mientras que el lazarino podía durar meses y aun años. Sin embargo, el aspecto físico del virolento no causaba tanto rechazo como el del leproso. Mientras que la viruela se expandía rápidamente hasta abarcar el grupo, la elefancía permanecía en un individuo y su desarrollo seguía un proceso lento. El lazarino era mirado con mayor severidad que el enfermo de viruela, pero ambos eran considerados enemigos del grupo por cuanto podían destruirlo a través de la transmisión. La similitud de los nombres que designaban los lugares de aislamiento para leprosos y virolentos no era casual; provenía de un lugar común en el tiempo, en el que las dos enfermedades inspiraban inmenso temor a la comunidad.

Sin embargo, la lepra presentaba una particularidad. Dado que no era contagiosa en la misma cobertura y velocidad que la viruela,

77. A.G.N., Miscelánea, tomo 31, f. 250r.
78. A.G.N., Lazaretos, tomo único, f. 911.

permitía a la comunidad libre del contagio unirse y aislar al enfermo. El lazarino era señalado y perseguido por el grupo. Aunque no hubiese riesgo de contagio, nadie quería esperar a comprobarlo. La relación entre comunidad y lazarino permitía a la primera hacer una catarsis de su miedo colectivo, y a la vez estrechar los lazos, sin importar que el enfermo fuese la víctima.

La pregunta por el origen de la lepra conducía a los habitantes de Nueva Granada a buscar respuestas que significaban la condena de lugares, personas, actividades o cosas. Fueron señalados como sospechosos la provincia del Socorro, los cultivadores de algodón, los fabricantes de mantas y lienzos, los pobres que usaban ropa elaborada en El Socorro, la chicha, las tiendas de Santafé donde se fabricaba la bebida, la totuma en que se vendía este licor, las pilas de agua de las iglesias, etc.[79]

El número de chicherías iba en aumento en Santafé. En 1739 se sabía de la existencia de 120 expendios de este licor, que funcionaban en tiendas alquiladas por eclesiásticos a mujeres necesitadas de dinero para sostener a sus familias. Cincuenta y dos años más tarde, en 1791, algunos santafereños protestaban ante las autoridades por la abundancia de chicherías; esgrimían como argumentos situaciones a las que se veía expuesta la comunidad por el funcionamiento de estos locales: incendio de calderas y exceso de ruido.[80] De esta manera, chicha, lepra y pobreza estuvieron asociadas en el pensamiento de los santafereños a lo largo del siglo XVIII y comienzos del XIX. La chicha se fabricaba en las tiendas donde vivían los pobres y eran ellos quienes la consumían. Las chicheras masticaban el maíz y lo mezclaban con miel, agua y otros ingredientes. Los aficionados a esta bebida debían tomarla en totumas. Por mucho tiempo se pensó que los procedimientos seguidos para su preparación y distribución

---

79. *Ibid.*, tomo único, f. 901v.

80. Gilma Mora de Tovar, «Chicha, guarapo y presión fiscal en la sociedad colonial del siglo XVIII», en *Anuario colombiano de historia social y de la cultura*, números 16 y 17, Bogotá, Universidad Nacional de Colombia, Facultad de Ciencias Humanas, Departamento de Historia, 1988-1989, pp. 24 a 27.

eran fuentes de contagio de la lepra,[81] y las autoridades sabían que los lazarinos vivían hacinados en tiendas húmedas y que dormían en el suelo «sin más ajuar que la ruana». Cuando corría la voz de que estaban tras los leprosos, se les veía huir de un barrio a otro amparados por las sombras de la noche. Mientras la enfermedad no era demasiado evidente, los lazarinos vagaban por la ciudad pidiendo limosna. Guardaban la esperanza de recuperar la salud algún día, tal vez bajo los efectos del contacto con el agua bendita acumulada en las pilas de los templos.[82] Eran conducidos a la extrema pobreza a través de la persecución. Afectos, trabajo, rezos, diversión y alimentación sana les estaban vedados. Poco a poco se iban reduciendo a habitaciones estrechas. Se creía que los pobres estaban al borde de la lepra, y por esa razón había que ir a ellos cuando se trataba de localizar a los enfermos que se ocultaban.[83]

En un nuevo arrebato persecutorio contra los lazarinos, las autoridades de Santafé, a nombre de la salud y el bien de la comunidad, iniciaron una búsqueda por los barrios en agosto de 1807. Los comisarios, guiados por informes que proporcionaban algunos vecinos, llegaban a los lugares donde se ocultaban los enfermos: Josefa de Vargas vendía carne de cerdo en la plaza Mayor y vivía en la plazuela de San Carlos, tienda número 13; José María Garzón era carpintero, casado, vivía en San Victorino, tienda número 28, manzana 12, calle tercera del Prado; Luis Amarillo era zapatero, soltero, vivía en la casa número 28, manzana 24, calle del Espíritu Santo; José María Margallo era habitante del barrio San Jorge.[84]

En 1807 cobró vida una antigua discusión sobre el destino de los lazarinos: ¿debían ir a Cartagena o podían permanecer en Santafé? Miguel de Isla, Honorato Vila y quienes apoyaban a estos galenos en la idea de que la lepra no era contagiosa propusieron, en 1801, la construcción de un lugar destinado a albergue de leprosos en las

81. *Ibid.*, pp. 30 y 36.
82. A.G.N., Lazaretos, tomo único, fls. 4 a 7.
83. *Ibid.*
84. *Ibid.*, tomo único, fls. 4 al 9.

afueras de la ciudad. El cabildo estuvo de acuerdo. Sin embargo, las complicaciones ocasionadas por el anuncio y el desarrollo de la epidemia de viruela acapararon el interés y las energías de las autoridades locales e hicieron que la discusión de la iniciativa se aplazara unos años, hasta cuando, en 1807, el cabildo vio la posibilidad de adelantar la construcción de un lugar para leprosos aledaño a Santafé, por cuanto en ese momento se llevaba a cabo la «enajenación de fincas de obras pías».[85] Casas, solares, tiendas, haciendas y otro tipo de propiedades que estaban en manos del clero pasarían a las autoridades civiles. Se calculó el costo del solar y el edificio para refugio de lazarinos entre 1.200 y 2.000 pesos, y la cantidad de uno o dos pesos semanales para la manutención de cada enfermo.[86]

En el pensamiento de las autoridades de Santafé ocurrió un desplazamiento: la imagen de los leprosos se trasladó de una zona destinada a los asuntos vedados a otra donde eran consideradas aquellas situaciones que se acercaban al concepto de normalidad de la época. Un ejemplo de ello lo dieron los miembros del cabildo cuando, el 27 de julio de 1807, describieron el futuro albergue de lazarinos: «Una pequeña casa o solar extramuros de la ciudad con todas las calidades necesarias de un terreno seco, ventilado, con facilidad de agua, y donde se pudieren fabricar las habitaciones necesarias con separación de sexos y personas».[87] Si bien no fue posible materializar el proyecto en 1807, el hecho de que las autoridades municipales hubieran concentrado energías para imaginarlo mostraba un cambio en la actitud de un sector de los santafereños frente a la lepra. Dos ideas sustentaban la necesidad de clausurar el hospital de San Lázaro en Cartagena: una, el gasto desproporcionado que le ocasionaba a la Renta de Aguardientes, comparado con la exigua utilidad que prestaba y, dos, el cabildo se colocó en el lugar de los lazarinos: consideró

85. Entre 1804 y 1809 la corona intentó enajenar los bienes raíces de eclesiásticos obtenidos a través de obras pías, en especial los de capellanías. Ver capítulo de este trabajo sobre cofradías y capellanías.

86. A.G.N., Miscelánea, tomo 10, fls. 101 y 102.

87. *Ibid.*, tomo 10, f. 101v.

lo que podría significar para una persona separarse para siempre de la patria y de los parientes.[88]

Con la lepra ocurría un fenómeno curioso en la Nueva Granada, fenómeno que podía ser detectado a comienzos del siglo XIX. Se presentaba un desfase entre el temor desproporcionado que experimentaban los habitantes frente a la elefantiasis y las características físicas de la enfermedad; tal desfase permite al investigador interesado en este tipo de fenómenos, establecer una diferencia entre enfermedad y representación de la misma. La representación hace referencia a los significados de la endemia para el grupo, a las imágenes, recuerdos y reacciones, en tanto que de manera paralela corre la enfermedad con sus procesos físicos.

Como se puede apreciar en el caso de la lepra, las representaciones no se formaban por un simple reflejo de las características físicas de la enfermedad; tomaban algunos elementos de ellas, pero se nutrían también de fuentes vinculadas a lo que podría denominarse como psicología colectiva. Sin embargo, lo interesante es apreciar la existencia de estos dos niveles de realidad, los imaginarios de la endemia y la endemia misma, y advertir cómo se afectaban mutuamente y de diversas maneras, según el contexto histórico y social.

En la Santafé de 1800 se hicieron evidentes varias maneras de percibir la lepra; por ahora mencionaré dos: la de los dos galenos y la de un sector amplio de la población y las autoridades. Entre 1800 y 1807 se aprecia un forcejeo continuo de estas dos concepciones, pugna en la que se utilizaban argumentos y recursos variados con el objeto de persuadir al oponente. Miguel de Isla y Honorato Vila se propusieron transformar el concepto más difundido sobre esta endemia, valiéndose para ello tanto del prestigio de su oficio como de la presentación de argumentos que disminuyeran los temores del grupo. Buscaban llamar la atención sobre el desarrollo físico de la enfermedad, con el objeto de atenuar los comportamientos injustos infligidos por el grupo a los lazarinos.

---

88. *Ibid.*

A la pregunta por las razones que podrían explicar la enorme disociación existente entre las representaciones de la elefantiasis y la lepra como proceso físico, habría que buscar respuestas en la idea de que los imaginarios de la endemia cumplían funciones sociales que rebasaban la estricta defensa de la comunidad no contagiada. Cada vez que aparecía un individuo con síntomas similares a los de la elefantiasis, inmediatamente se reproducía el esquema del grupo fortalecido en torno a la persecución del individuo estigmatizado. Al parecer cada grupo humano escoge, valiéndose de criterios y caminos que le son propios, situaciones y mecanismos que le permiten ejercitar con cierta regularidad las tareas que son necesarias a la existencia de su ser colectivo. En ese orden de ideas, la persecución de un lazarino, a comienzos del siglo XIX en la Nueva Granada, no expresaba únicamente la respuesta del grupo libre de la enfermedad que buscaba protegerse, sino además una especie de entrenamiento de la comunidad en el uso de sus energías y funciones colectivas.

Los cambios ocurridos en Santafé a comienzos del siglo XIX en relación con la disminución de los niveles de miedo experimentados frente a la viruela y a la lepra se expresaron en la movilización de ideas y propuestas con respecto a la ubicación de los lugares para el tratamiento de estos enfermos. En las páginas siguientes se evaluarán tanto las propuestas como el alcance de las variaciones ocurridas.

Del degredo al hospital de lazarinos

El año de 1801 sorprendió a los santafereños discutiendo sobre los lugares de reclusión de leprosos y virolentos. Había una preocupación por humanizar la vida de los lazarinos y, a la vez, por disminuir los gastos del Estado, que a través de la Renta de Aguardientes financiaba el hospital de San Lázaro en Cartagena. Luego, durante la epidemia de viruela, el cabildo propuso la creación de *hospitales provisionales* en lugar de los *degredos*; estos nosocomios estarían ubicados dentro de la ciudad y su función sería principalmente médica, aunque no perderían su tradición caritativa.

En el paso del degredo al hospital provisional de lazarinos es posible apreciar una reducción de la distancia entre sociedad y enfermo o entre ciudad y lugares para la reclusión de virolentos y leprosos. Como se señaló en páginas anteriores, el leproso era desterrado al hospital de San Lázaro en Cartagena y, por lo general, no volvía a saber de amigos y parientes. El virolento antes de 1801 era apartado de la comunidad y se le enviaba a un lugar ubicado a cierta distancia del grupo sano. Pero lo importante es hacer énfasis en que la disminución de las distancias era la expresión de la reducción del miedo de la sociedad frente a las enfermedades y a los enfermos. En el caso de la viruela, se operó un desplazamiento que iba desde las afueras de la ciudad hacia el interior de la misma. En el caso de la lepra, el recorte de la distancia fue mayor: desde Cartagena hacia la periferia de Santafé.

Ocurría un fenómeno bastante curioso en la Santafé de 1801: se utilizaba una misma expresión para hacer referencia a dos realidades distintas. *Hospital de lazarinos* era una expresión empleada para indicar tanto el lugar de leprosos en Cartagena como para referirse a los hospitales provisionales destinados a los virolentos en Santafé. En realidad, la palabra *lazarino* se utilizó en Europa, en la época de las Cruzadas, para designar a los leprosos. Se dice que por aquellos días la elefantiasis era epidémica. Cuenta Miguel de Isla, como se anotó páginas atrás, que, al desaparecer la lepra como epidemia, los lugares creados para atender a esos enfermos siguieron utilizándose con el mismo nombre para otras enfermedades y enfermos.

Hacia finales del siglo XVIII tomó fuerza entre los médicos la idea de que el aire enrarecido podía ser causa de enfermedades y contagios. Esas ideas, que circularon inicialmente en Europa, luego de algunos años tomaron fuerza en el pensamiento de algunos galenos de estas tierras. Tanto los entierros masivos en los suelos de las iglesias durante los períodos de epidemia de viruela como las atmósferas pesadas que se creaban en torno a esos lugares, fortalecieron la idea de las consecuencias nefastas de los aires enrarecidos. Entonces se adoptó la medida de sepultar los cadáveres de los virolentos por fuera de los templos, en lugares especialmente asignados para ellos. Aunque tal aspecto se desarrolla en otro capítulo del trabajo, diré por ahora que el pensamiento de combatir los aires enrarecidos, propalado principalmente por médicos, transformó el antiguo concepto de degredo. Los cambios de significado sufridos por la palabra degredo pudieron apreciarse en 1801: las ideas y sentimientos de terror que la nutrían debieron compartir el espacio con las nociones sobre los efectos nocivos de los aires enrarecidos.

Las lecturas de trabajos relacionados con la historia de los hospitales para los casos de Inglaterra, Francia y España, algunas mencionadas en notas de pie de página en este capítulo, sugieren que la actitud inicial de las sociedades de Europa Occidental fue la de practicar la caridad con los enfermos pobres antes que prestar un auxilio de tipo curativo. Los escasos desarrollos de los conocimientos médicos eran herramientas bastante ineficaces para detener y, menos aún, para prevenir enfermedades. La actitud de la sociedad frente a éstas estaba mediada por los niveles de miedo que despertaran: si el temor era grande recurrían al aislamiento del enfermo en el degredo, si no era tan fuerte se arriesgaban a practicar la caridad. En el comienzo fueron los hospicios,[89] lugares que albergaban a los pobres sanos y enfermos y que dependían de limosnas públicas y privadas. El desarrollo paulatino de los conocimientos médicos, junto con las transformaciones en las concepciones relacionadas con la organización de la sociedad en lo político, en lo económico, en lo social y en lo administrativo, influyeron en la transformación de la idea de caridad y, al mismo tiempo, propiciaron el surgimiento de lugares cuya función principal era la atención de los enfermos: los hospitales provisionales.

El hospital de San Juan de Dios y el hospicio eran instituciones paralelas en la Santafé de 1800; aunque, como lo señalaba Miguel de

---

89. Según cuenta Andrew D. Brown en Inglaterra se crearon lugares denominados «almshouses» donde los pobres, incluidos viejos y enfermos, podían vivir sin pagar renta. Estos lugares eran financiados por personas ricas. Véase Andrew D. Brown, *Popular Piety in Late Medieval England. The Diocese of Salisbury 1250-1550,* Oxford, Oxford Historical Monographs, Clarendon Press, 1995.

Isla, a partir de una visita realizada al hospital en ese mismo año, los recursos precarios de la ciudad en cuanto a médicos e instalaciones hacían que éste terminara cumpliendo funciones semejantes a las del hospicio. Éste albergaba a los pobres con salud y el hospital a los desposeídos que carecían de ella. Y según el galeno de Isla, eran tan escasos los recursos del San Juan de Dios que a los monjes no les quedaba otra opción que aplicar pociones de caridad y buenos tratos a quienes allí se encontraban.

Desde 1777 el hospicio funcionaba con recursos provenientes tanto de las instituciones del Estado colonial como de las limosnas proporcionadas por el virrey, los moribundos acomodados y los vecinos.[90] El funcionamiento del hospital, en cambio, estaba ligado a las finanzas de la Comunidad de los Hermanos Hospitalarios, y dependía en gran parte tanto de la caridad como de las capellanías que eran fundadas para socorrerlo. Como se puede ver, las fuentes que proporcionaban el presupuesto del hospicio eran más estables que las que financiaban el hospital. Incluso algunas personas interesadas en el progreso del nosocomio expresaron su queja porque los hermanos hospitalarios debían descuidar a los enfermos por atender los encargos relacionados con las capellanías.

Los tres hospitales provisionales creados en Santafé durante la epidemia de 1802 fueron la expresión de un cambio de actitud de la sociedad santafereña frente a los enfermos de viruela. Aunque a los pobres les atemorizara la idea de ir a ellos por cuanto continuaban viéndolos como degredos, en realidad fueron lugares ubicados dentro de la ciudad, en donde los enfermos eran atendidos con auxilios médicos. Sin embargo, no es posible pasar por alto el énfasis que autoridades, funcionarios y médicos colocaron en la idea del hospital provisional; el nosocomio era visto por ellos como un lugar para asistir a los habitantes que carecían de recursos para sobrellevar la en-

90. Por real cédula del 10 de junio de 1777, se determinó que el hospicio sería financiado con los tres mil pesos anuales producidos por el ramo de la sal vigua. Véase A.G.N., Policía, tomo 5, fls. 190 a 197.

fermedad en sus sitios de habitación. No sobra preguntarse por las razones que explicaban esa actitud sobreprotectora de las autoridades para con los pobres: ¿motivos conscientes, inconscientes o de ambos tipos?; ¿los cuidados que las autoridades prodigaban a los enfermos eran a la vez medidas destinadas a guardar la supervivencia del conjunto de la sociedad? Y al mismo tiempo, vale la pena preguntarse hasta dónde el interés por auxiliar a los enfermos pobres era expresión de una vida en sociedad que no había sucumbido aún en las redes del cálculo racional y del interés individual como valores supremos, y preguntar si la voluntad de identificar a los pobres, demostrada por las autoridades, expresaba una singular necesidad de lograr la unidad del grupo a expensas de la segregación de algunos de sus miembros.

¿Qué razones podrían explicar el paso del degredo a los hospitales provisionales en 1801? Y en el caso de la lepra, ¿qué motivos llevaron a las autoridades de Santafé a planear el traslado de estos enfermos desde Cartagena hasta las afueras de la ciudad? ¿Por qué se operó un acercamiento entre sociedad y enfermo para las dos endemias en el mismo período? Aquella explicación que atribuye las transformaciones a cambios de mentalidad operados en Europa, y que sostiene que tales transformaciones se dieron en estas tierras por influencia del rey, del virrey y de los funcionarios de ese entonces, no parece ser razón suficiente para aclarar por qué los años de 1801 y 1802 fueron tan significativos para Santafé en relación con la modificación de la actitud frente a las dos endemias.[91] Hay sobre todo un aspecto en el que no se ha indagado lo suficiente: ¿cómo explicar la disminución del temor de los santafereños frente a la lepra y hasta dónde factores conscientes y racionales pueden extender su radio de acción hasta el campo oscuro de las fuerzas denominadas inconscientes, hasta el punto de afectar sentimientos, concep-

---

91. Julián Vargas y Renán Silva explican los cambios en relación con la viruela a partir de una evolución hacia una mentalidad más liberal e interesada en el pensamiento «ilustrado». Este último venía desde Europa y se concretaba en «políticas de sanidad pública».

ciones y actitudes? Parece demasiado fácil sugerir que hubo disminución del temor frente a la lepra como reacción a una real cédula expedida en 1791, en la que se ordenaba efectuar una descentralización del hospital de San Lázaro de Quito.[92] Por cierto, la real cédula en mención podría tomarse como expresión de la disminución del miedo frente a la elefantiasis tanto en Europa como en América; sin embargo, lo que importa aquí es apreciar la intensidad de esos cambios, así como evaluar las diferencias de ritmo con que se produjeron tales variaciones.

El descubrimiento de la vacuna proyectó sus efectos a terrenos ocupados por otras enfermedades. La posibilidad de prevenir una enfermedad considerada incurable despertó vetas de esperanza en individuos y sociedades, sugiriendo la probabilidad de controlar otras endemias. Así parece demostrarlo la coincidencia de los cambios operados en la relación sociedad-enfermo para los casos de la viruela y la lepra. La vacuna descubierta por Jenner en 1796 desató corrientes de optimismo tanto en Europa como en la Nueva Granada.[93]

---

92. Por real cédula del 21 de enero de 1791, el rey llamó la atención sobre los problemas ocasionados por el traslado de leprosos al hospital de lazarinos de Quito, y sugirió examinar la posibilidad de crear lugares para estos enfermos en las ciudades de Guayaquil y Popayán. El virrey Mendinueta, enterado de esta disposición retomó el caso para el hospital de San Lázaro de Cartagena, y se refirió a las dificultades que acompañaban el traslado de los enfermos provenientes de las provincias de Panamá, Quito y Popayán. A la vez sugirió contemplar la posibilidad de construir casas en las afueras de las ciudades para albergar a los lazarinos. Véase Germán Colmenares, *Relaciones e informes de los gobernantes de la Nueva Granada*, tomo III, Bogotá, volumen 136, Biblioteca Banco Popular, 1989, p. 70.

93. Refiriéndose al valor del descubrimiento de la vacuna contra la viruela, el virrey Mendinueta decía en 1803: «Sobre la fe de nuestras gacetas, de los papeles públicos de casi toda la Europa y de las demostraciones de reconocimiento dignamente prodigadas a Eduardo Jenner, parece que se puede ya contar seguramente con un descubrimiento más precioso que el oro y la plata y más recomendable que el azogue y la quina. Yo tuve las primeras noticias de este preservativo cuando amenazaban las viruelas a esta capital, y deseoso de procurar a todo el Reino un beneficio tan grande, no he omitido diligencia alguna conducente a su logro, pero sin efecto.» *Ibid.*, p. 58.

Cofrades y capellanes: tejedores de lazos sociales entre Santafé y el más allá

> La vida entera estaba tan empapada de religión que amenazaba borrarse a cada momento la distancia entre lo sagrado y lo profano. Mientras por un lado se elevaban en los momentos más religiosos todos los actos de la vida diaria a la esfera de las cosas sagradas, éstas permanecían, por otro, continuamente ligadas a la esfera de la vida diaria por su inevitable mezcla con ella.[1]

La inquietud por el estudio de las características del tejido social existente en Nueva Granada y en la Gran Colombia durante las tres primeras décadas del siglo XIX, planteó la necesidad de considerar una variada gama de actividades e intereses que pudieran integrar a individuos y grupos sociales en esos años. Buscar al habitante común de Santafé, identificar sus formas de pensar y de sentir, averiguar por la manera como se acercaba a sus vecinos y los motivos que tenía para «juntarse»[2] y para pertenecer a un grupo, fueron objetivos centrales que orientaron el desarrollo de este capítulo.

¿Dónde buscar al habitante común? Resulta interesante descubrir que los papeles mejor conservados son aquellos que tienen que ver con la actividad religiosa: archivos y papeles de conventos. En un

---

1. Johan Huizinga, *El otoño de la Edad Media,* Madrid, Ediciones Revista de Occidente S.A., Colección Selecta, novena edición, 1973, p. 242.

2. Al parecer, la expresión «juntarse» era usual en la época para hacer referencia a una reunión voluntaria de personas en torno a intereses comunes. En la carátula del libro de la cofradía de Jesús Nazareno, que reposa en la sección de Raros y Curiosos de la Biblioteca Nacional, se encuentra el siguiente título: «Libro de Jesús Nazareno y de las limosnas generales y de los miércoles que en su cofradía se *juntan* (s.n.) en la Calle Real de Santafé desde 13 de Abril de 1670». Biblioteca Nacional, Raros y Curiosos, libro 135, pieza única, 86 folios.

primer momento, es posible pensar que hablan sólo de un sector de la sociedad: los eclesiásticos; pero al perseverar en la lectura, se va descubriendo el peso que tenía la religiosidad en la vida de los santafereños. Tales documentos refieren historias de las comunidades religiosas pero también de los vínculos que éstas tenían con el resto de la sociedad.

El encuentro recurrente con cofradías y capellanías en los documentos consultados plantea la pregunta por las funciones que cumplían tales instituciones. ¿Qué significaban para los santafereños? ¿Por qué estaban ahí? Poco a poco emerge una respuesta. El temor a la muerte y el miedo a ser condenado en el más allá absorbían buena parte de las energías de la vida social y religiosa de los habitantes. Las cofradías estaban ahí para garantizar compañía a la hora de la muerte de sus asociados; aunque intervenían en la organización de fiestas religiosas y procesiones, el motivo que alentaba su existencia eran las pompas fúnebres.

A su vez, las capellanías se alimentaban del inmenso temor por el juicio final. Era tan nítida la representación de la vida después de la muerte, que se creía en la posibilidad de incidir en los acontecimientos del más allá. Misas, oraciones, penitencia, ayuno y obras de caridad eran acciones que aliviaban la pena de las almas del purgatorio. Pero era necesario garantizar la oración constante por las almas y debido a ello se crearon las capellanías. como parte de las disposiciones que se hacían a la hora de la muerte, los santafereños destinaban dinero o propiedades para fundar un patronato de legos o una capellanía eclesiástica, instituciones que se encargaban de velar por el alma de sus fundadores.

El presente capítulo busca llamar la atención sobre la trascendencia que tenían tales concepciones, y en particular sobre la importancia de estas dos organizaciones en la vida de los habitantes. La exploración de fuentes y archivos fue realizada con el propósito de entender por qué los santafereños invertían bienes materiales en la salvación de sus almas. Sin duda, la lectura de tales papeles develó formas de pensamiento un tanto distintas a las que son conocidas hoy; aunque con toda seguridad esa época, con su singular modo de pensar y de sentir, en muchos sentidos seguirá siéndonos ajena.

El tejido social de la época se vio favorecido por los sentimientos de temor a la muerte y a la condenación en el más allá. Los santafereños se sintieron impulsados a hacer parte de hermandades o a instituir capellanías como formas de hacer frente a la muerte o de interceder por la salvación de sus almas. La red de cofradías se extendió por la ciudad interconectando barrios y parroquias; el habitante se vio obligado a traspasar el núcleo familiar. Al mismo tiempo, las capellanías enriquecieron la actividad social de la ciudad con la celebración continua de misas en capillas, iglesias y altares. Los habitantes estaban convencidos de la existencia del purgatorio y de la posibilidad de entrar en contacto con las almas; esa creencia animaba la vida cotidiana, como lo demuestra el calendario elaborado para 1806, y que se menciona en páginas posteriores.

Las cofradías, algo más que organizaciones religiosas

Entre 1800 y 1830 un sutil tejido social cubría barrios y parroquias de Santafé. Había estado ahí por siglos, sin importar los estremecimientos esporádicos o prolongados de la economía y de la política: eran las cofradías. Como organizaciones laicas dependientes de cada parroquia, que se conformaban para auxiliar a sus miembros a la hora de la muerte y después de ella y para conmemorar algunas fiestas religiosas a lo largo del año, eran reconocidas por la corona y protegidas por la Iglesia católica. Estos círculos sociales animaban la vida de la ciudad.

Las cofradías atravesaron el convulsionado período de la Independencia y llegaron a la otra orilla sin mayores contratiempos. Su red, minuciosamente tejida, debió de prestar incalculables servicios tanto a realistas como a patriotas, porque sus finos hilos constituían canales de comunicación. Sería ingenuo creer que los cofrades sólo se interesaban por los funerales, la salvación de las almas o las fiestas religiosas, y que los tiempos y espacios de reunión de las hermandades pertenecían exclusivamente al ámbito religioso, como si fuera posible fraccionar por completo la vida de sus miembros.[3] Por consiguiente, resulta interesante preguntar por las razones de la inmensa acogida que tuvo la cofradía en las colonias españolas, a pesar de ser una idea concebida en tierras lejanas y extrañas. El auge de estas organizaciones se remonta al siglo XIII europeo, cuando funcionaban con bastante arraigo.[4] Aunque distintas, las de la América española se conformaron basadas en el interés de los habitantes, quienes se desempeñaban activamente en las tareas que les eran propias. Por las fuentes encontradas se sabe de la participación de indios y esclavos en ellas; sin embargo, no fue posible establecer con claridad hasta dónde la pertenencia a un grupo socioétnico determinó las formas de vinculación, sobre todo en el caso de las cofradías mixtas, conformadas por naturales y españoles.

La fuerza de atracción ejercida por las cofradías durante el período colonial y aun en las décadas de la Independencia podría expli-

---

3. Los sucesos en los cuales se vio envuelta la cofradía de Jesús de Nazareno, adscrita al convento de San Agustín entre los años 1813 y 1816, son prueba de que algunas hermandades se vincularon al proceso de Independencia. Esta cofradía así como el convento dieron su respaldo a Nariño y a las ideas centralistas en 1813. El sacerdote Agustín Rosas presidió el juramento que prestó Nariño a la bandera de Cundinamarca en la iglesia de San Agustín. Tres años después, Juan Bautista Pey y Domingo Duquesne, religiosos de ese convento, fueron condenados a destierro por su participación en los sucesos de la Independencia. La determinación fue comunicada por el ejecutante del pacificador Morillo en materias eclesiásticas, el vicario Luis Villabrille. Véase Georges Lomne, «Las ciudades de la Nueva Granada: teatro y objeto de los conflictos de la memoria política. 1810-1830», en *Anuario colombiano de historia social y de la cultura*, número 21, Bogotá, Universidad Nacional, Departamento de Historia, Facultad de Ciencias Humanas, 1993, p. 121.

4. Para Jacques Le Goff, el siglo XIII es el siglo de la organización. La sociedad cristiana va quedando progresivamente encuadrada en el dominio económico. Aparecen los primeros tratados de economía rural. La actividad social va a estar aún más controlada por obra de las corporaciones en el terreno del trabajo y de las cofradías en el de la devoción. Véase Jacques Le Goff, *El nacimiento del purgatorio*, Madrid, Ediciones Taurus, 1981, p. 273.

carse por dos razones: una, interpretaban los sentimientos y necesidades espirituales de la época; dos, lanzaban a los individuos una propuesta organizativa clara y sin mayores exigencias en cuanto a la vinculación. Dada la amplitud de los objetivos, estas hermandades ofrecían la posibilidad de participación a los más diversos grupos e individuos, sin que importara demasiado la situación económica, étnica, ideológica o intelectual de los interesados. Al mismo tiempo, eran células de un tejido social vivo que se nutría de la participación cotidiana, tanto individual como colectiva, y núcleos en actividad permanente sostenidos por la acuciosa labor de los cofrades. Para cada «hermano», como se denominaba a sus miembros, había una tarea, una responsabilidad. Cada miembro experimentaba la tranquilidad emocional y espiritual que daba el sentirse-haciendo-parte-de, así como la seguridad ante la promesa de la solidaridad del grupo en el difícil trance de la muerte. El cofrade tenía la certeza del acompañamiento del grupo a la hora de su fallecimiento porque se había ido ganando ese derecho con la participación activa en los funerales de los compañeros de grupo que habían partido antes que él.

Los testamentos de la época dejan ver que las cofradías se sostenían con la cotización de sus miembros, en dinero o en especie. Cada miembro estaba obligado a dar una limosna. Otra fuente de financiación fueron los legados hechos por los moribundos en sus testamentos: dejaban casas, tiendas, tierras, solares, animales, alhajas, donaciones que comprometían mucho más a la cofradía con el hermano moribundo por cuanto éste les solicitaba a cambio «sufragios por su alma». Las cofradías de los pueblos, tanto de indios como mixtas, se sostenían a partir de la cotización en especie o del cultivo de pedazos de tierra que les pertenecían. Vacas, ovejas y cosechas proporcionaban el dinero necesario para los gastos materiales de las ceremonias religiosas que correspondían a cada hermandad.

A través de testamentos y libros de cuentas es posible constatar la existencia de cofradías entre 1800 y 1831. En los primeros, los testadores declaraban pertenecer a ciertas hermandades cuando hacían referencia a las instrucciones sobre el funeral que deseaban. La mención era corta pero suficiente para advertir la importancia que para sus miembros poseía la vinculación: si alguien declaraba ser hermano de una cofradía, solicitaba ser amortajado con el hábito correspondiente a ella y sepultado en la iglesia a la cual estaba adscrita la hermandad. Los libros de cuentas constituyen otra fuente a través de la cual es posible acercarse a su funcionamiento, y en el presente capítulo se examinarán tres de ellos.

Aunque no sea posible establecer la hora exacta, cuarenta hermanos de la cofradía de Jesús de Nazareno se reunieron el 12 de febrero de 1815 en la capilla adjunta a la iglesia del barrio Santa Bárbara. Por la portada del libro encontrado en la Biblioteca Nacional sabemos que era miércoles. La hermandad solía «juntarse» cada miércoles, semana tras semana, y venía haciéndolo desde el lejano año de 1670. No era una reunión sin trascendencia, ya que en ella se iban a elegir algunos oficiales. En medio del nerviosismo de los asistentes ante la perspectiva de las elecciones o simplemente por la emoción que producía participar en una reunión con carácter decisorio, los cofrades se pronunciaron. Resultaron elegidos el presbítero Juan Agustín Matallana para tesorero, con 29 votos; fray Diego Silva para custodio, con 35 votos; fue elegido el cofrade Manuel del Socorro para secretario, con 19 votos; Francisco Copete y Francisco Lozada para alcaldes, como fiscal el cofrade Joaquín Rivera y como escribano Pedro Joaquín Maldonado. La reunión estuvo presidida por el comisionado de los gobernadores del Arzobispado, José Manuel Castillo, por el alcalde ordinario Luis Otero y por el prior de los agustinos calzados, fray Agustín de las Casas.[5] En 1815 la cofradía de Jesús de Nazareno contaba con 145 años de existencia; su prolongada edad la consagraba como institución. Durante su larga permanencia había sobrevivido a reyes y virreyes, crisis económicas y políticas, períodos de tranquilidad y de zozobra.

---

5. Biblioteca Nacional, Raros y Curiosos, libro 135, Libro de la cofradía de Jesús de Nazareno, pieza única, fls. 1 a 86.

Pero la memoria de las cofradías no debió de ser tan nítida y fiel como sus miembros hubieran deseado. Para cumplir a cabalidad con el compromiso de recordar a los fallecidos año tras año, parecía necesario contar con una memoria escrita organizada, característica que estuvo ausente del funcionamiento de esta hermandad. Al revisar el libro que se conserva en la Biblioteca Nacional se encuentran anotaciones esporádicas e incompletas intercaladas con un número grande de páginas en blanco. Tales espacios se quedaron esperando aquellas actas de reuniones que no fueron escritas o las cuentas que debieron ser registradas pero que fueron abandonadas a la memoria frágil de los tesoreros. El apunte de la carátula, así como el tipo de escritura, dejan ver que este libro se inició con la cofradía en 1670. En el interior se observan anotaciones esporádicas correspondientes a diversos años: figuran una visita a la cofradía por el vicario general del arzobispado en 1704; la reunión del cabildo en 1815; apuntes de limosnas dadas por los hermanos en dos o tres ocasiones. ¿Cómo lograba perdurar la hermandad si carecía de libros de cuentas y de la constancia escrita de sus reuniones? En la elección de oficiales realizada en 1815, antes de proceder a la votación se hizo alusión a «libros perdidos, actas desaparecidas y declaraciones no presentes». Es posible que cada uno de los oficiales de la cofradía, al iniciar su labor, diera comienzo a un libro propio de apuntes, y que al ser reemplazado lo conservara con él en una especie de archivo personal.

La acogida de las cofradías en la época colonial y durante el período de la Independencia se deduce de la lectura de los documentos que se conservan. Se sabe que a los indios les fue permitido hacer parte de estas organizaciones, aunque no se encuentran indicios de la participación de esclavos en las cofradías de Santafé.[6] Un aspec-

---

6. Natalia Silva, historiadora de la universidad del Valle, en ponencia presentada al Congreso de Historia de Bucaramanga de 1992, hace referencia a la participación de esclavos en una cofradía de Popayán durante el siglo XVIII: la hermandad de San José situada en el convento de religiosos de La Encarnación, constituida por monjas, hijas de los prestigiosos terratenientes payaneses, por sus familiares y esclavos.

to no aparece claro en los documentos: el relacionado con las formas de vinculación y participación en las cofradías: ¿existían gradaciones en la participación, determinadas por el prestigio social de sus integrantes?

A la reunión efectuada el 12 de febrero de 1815 por la cofradía de Jesús de Nazareno para elegir oficiales asistieron cuarenta miembros, al parecer los de mayor prestigio dentro de la organización, personas que conformaban el círculo de los elegibles. En otros folios del libro de la hermandad aparece una lista de personas que dio limosna para la celebración de una fiesta religiosa. Allí figuran los nombres de ciento noventa personas: ¿hermanos de la cofradía? Al leer el documento se tiene la impresión de que estas personas poseían algún grado de vinculación con la hermandad. Otro aspecto a considerar es el de la preparación intelectual que requerían los cargos directivos de estas instituciones; saber leer y escribir parecían ser requisitos mínimos iniciales, así como el manejo de algunas nociones de matemáticas. Tal vez debido al alto nivel de analfabetismo reinante en la época, algunas de estas funciones fueron desempeñadas por presbíteros, comerciantes y funcionarios.

Véase Natalia Silva, *De hombres y santos: las cofradías en el siglo XVIII*, 1992, 22 págs, documento en computador.

Acerca de las cofradías de negros y esclavos vale la pena mencionar el trabajo de Joao José Reis, historiador del Brasil, quien destaca la existencia de hermandades de africanos en Bahía a comienzos del siglo XIX. Estas organizaciones se subdividían de acuerdo con las etnias de origen. Reis señala cómo las celebraciones de estas cofradías yuxtaponían lo sagrado y lo profano. Cuenta cómo en las fiestas efectuaban comilonas y mascaradas y que en las ceremonias entronizaban reyes y reinas negros debidamente aparatados. Véase Joao José Reis, *A morte e uma festa. Ritos fúnebres e revolta popular no Brasil do século XIX*, Sao Paulo, Companhia das letras, 1995, p. 55.

En su interesante trabajo sobre cofradías en Nueva Granada, Gary Wendell Graff señala cómo no es posible encontrar documentos que hablen de cofradías compuestas exclusivamente por negros. Al parecer los neogranadinos negros hacían parte de hermandades junto con miembros de otros grupos étnicos. Véase Gary Wendell Graff, *Cofradías in the New Kingdom of Granada: Lay Fraternities in a Spanish American Frontier Society, 1600-1755*, Michigan, U.S.A., University of Wisconsin, material fotocopiado en poder de la Biblioteca Luis Ángel Arango, 1973, pp. 1 a 8.

Para 1802 es posible encontrar tres cofradías mixtas en Bojacá: la de Nuestro Amo Sacramentado, la de Nuestra Señora y la de Las Ánimas. Indios y españoles se reunieron el 2 de mayo por iniciativa del cura fray Diego Francisco Padilla. Corregidor, jueces, alcaldes de españoles, teniente, alguaciles y fiscales fueron invitados para certificar la elección de mayordomos para las cofradías. Se nombraron tres mayordomos por los españoles y tres por los indios. Cada mayordomo debía cobrar la «limosna» de las tres cofradías en su parcialidad. La cofradía de Nuestro Amo Sacramentado era la encargada de organizar la misa y la procesión del primer domingo de cada mes en honor de su santo. La cofradía de Nuestra Señora organizaba misa a la Virgen todos los sábados del mes y la cofradía de Las Ánimas era responsable de misa y procesión todos los lunes por las almas. Además, las tres debían organizar cada jueves una misa para rogar por el rey, cuya cera se costeaba con una manada de ovejas destinada a ese fin por el vecindario.[7]

La actividad social y religiosa de los habitantes de Bojacá era intensa, como se deduce del documento mencionado anteriormente. Tres días a la semana se celebraban misas y procesiones: lunes, jueves y sábado. El primer domingo de cada mes estaba acompañado de una mayor solemnidad; era la fiesta de Nuestro Amo Sacramentado. Indios y españoles compartían ceremonias y procesiones y contribuían con sus limosnas al sostenimiento de las fiestas. La iglesia era punto de encuentro semanal y algunas veces diario. Y es posible suponer que aunque cada hermandad respondía por una fiesta, había libertad para asistir a las diversas celebraciones. La misa de los jueves para rogar por el rey estaba a cargo de la comunidad, es decir, de las tres cofradías.

La celebración regular de misas y procesiones exigía un respaldo económico para los implementos y actividades que ellas demandaban, y a la vez agregaba ocupaciones no religiosas a los miembros de

7. A.G.N., Conventos, tomo II, fls. 364r a 368.

las cofradías. Para la realización de la fiesta de los jueves, la comunidad destinó «una manadita de cincuenta y dos ovejas con el objeto de sufragar gastos de cera». Los habitantes de Bojacá sabían que el producto de la manada no se podía invertir en otra cosa, «de manera que crezca el número de luces como fuere creciendo el hato». A su vez, cada cofradía disponía de terrenos o animales para sostener las celebraciones. La hermandad de Nuestro Amo Sacramentado contaba con algunos terrenos; la de Nuestra Señora contaba con diez novillas, y la de Las Ánimas con «un hato de 74 reses».[8] El cuidado de los animales, así como la siembra y recolección del trigo en los pedazos de tierra disponibles, planteaban a los miembros de las hermandades responsabilidades que sobrepasaban los compromisos religiosos. Es preciso recordar que ellas se encargaban de los funerales de sus miembros, actividad que se sumaba al abigarrado paisaje de tareas cotidianas que nos sugiere el documento sobre las tres cofradías de Chocontá.

Entre los estudiosos de estas organizaciones se les ha atribuido una característica que no podemos ignorar: los aspirantes tenían libertad para establecer el vínculo.[9] Al parecer, para que se hiciera efectiva la condición de la vinculación voluntaria, era necesario el respeto o la indiferencia frente a factores como la situación socioétnica, el oficio, la situación económica y cualquier otra cualidad del aspirante distinta a la voluntad de pertenecer. Pero en el caso de la América española, no se sabe si las cofradías permitieron el libre acceso a sus filas, ni si bastaba que un indio expresara su deseo de pertenecer para que se le abriera la puerta. También se ignoran las condiciones de participación de los esclavos.

---

8. *Ibid.*, fl. 368r.

9. Philippe Aries señala cómo las cofradías surgidas en Europa entre los siglos XIV y XVIII, eran sociedades de laicos voluntarios, sociedades de las que nadie era miembro por su función, edad u oficio. Estaban presididas y administradas por laicos, aunque era posible encontrar eclesiásticos haciendo parte de ellas. Véase Philippe Aries, *El hombre ante la muerte*, Madrid, Ediciones Taurus, 1983, pp. 157, 158 y 159.

En el caso examinado de las cofradías de Chocontá, se tiene la impresión de que la vinculación de los indios era comunitaria e impuesta por las autoridades indígenas y españolas.[10] No fue posible establecer si ocurría lo mismo con otros grupos sociales como, por ejemplo, el grupo de españoles pobres. Habría que preguntarse también cómo percibían los indios su vinculación a las hermandades, si participaban en las celebraciones por coacción o si el tipo de nexo les era indiferente, aunque también cabía la posibilidad de que se vincularan por imposición de las autoridades y que terminaran participando con interés.

Tres meses después del conocido suceso del 20 de julio de 1810, cuando los criollos santafereños declaraban su independencia con respecto a la metrópoli española, un grupo de ciento cincuenta hombres y mujeres indios se reunía en la plaza de Chipaque. Transcurría la noche del 28 de octubre. Expresaban su descontento porque continuaban viviendo bajo los abusos de autoridades eclesiásticas y civiles, a pesar de haber tenido noticia de que en Santafé se había producido una rebelión contra los españoles. Se quejaban porque los curas intentaban apoderarse de sus tierras, porque sacaban ganancias de los dineros de la cofradía y porque forzaban a los indios a trabajar como cocineros y cortadores de leña y a laborar en la construcción de la iglesia. Agregaban que las indias eran tratadas como

---

10. Para el caso de Nueva España (México), Gibson señala cómo las cofradías representaron una respuesta indígena tardía al cristianismo. Las cofradías eran de diversos tamaños y grados de complejidad. Un ejemplo de organización relativamente simple lo constituye la cofradía de La Veracruz en Xochimilco, que durante el siglo XVII se limitó al pago de una misa cantada al mes a un costo de tres pesos. El ingreso era recibido en granos de cacao, reales y medios reales que aportaban los miembros. En 1610, en un mes, la cofradía recibía un promedio de 680 granos de cacao y ocho y medio reales en efectivo. Este ingreso era pagado a los franciscanos de Xochimilco. Aceptaban 400 granos de cacao por peso. No siempre emitían certificados por lo recibido. Los visitadores de las cofradías, eclesiásticos de Ciudad de México, criticaban la manera náhuatl de llevar los registros. Por largo tiempo la cofradía sólo registraba un ingreso de tres pesos al mes y un egreso por la misma cantidad. Véase Charles Gibson, *Los aztecas bajo el dominio español*, Siglo XXI Editores, México, segunda edición en español, 1975, pp. 130 a 133.

sirvientas. Todo ello debían realizarlo sin remuneración y era aprobado por los jueces indios. Dos días más tarde un grupo de trece hombres y mujeres envió representación a la Junta Suprema de Santafé; en ella solicitaban la remoción de los jueces, el traslado del cura Moya, la restitución de tierras y la exención de demoras.[11]

Este interesante documento permite percibir el descontento de los indios por las situaciones que allí se describen: los curas asaltaban los bienes de la cofradía y el trabajo que realizaban para la Iglesia era percibido como forzado. Aunque no es claro cómo se producía el robo de las tierras, se sabe que para los indios estaba sucediendo tal abuso y que éste era permitido por los jueces indios. No se explicaban por qué continuaban viviendo en ese oprobioso estado si en otros lugares como Santafé habían ocurrido sucesos que podían resultarles favorables.

Uno de los aspectos que vale la pena destacar con respecto al documento de los indios de Chipaque es el tono con el que defienden los dineros y propiedades de la cofradía. Acusaban a un cura por atentar contra un bien del que también se sentían dueños y consideraban injusto que un bien comunitario fuera usufructuado de manera particular. Para ellos los sucesos del 20 de julio constituían la oportunidad de hacerse respetar como comunidad y de hacer valer sus derechos.

A partir del mes de octubre de 1805 la corona española había decidido reglamentar la organización interna de las cofradías. ¿Por qué el repentino interés del rey por estas organizaciones, cuyas actividades competían más a la esfera religiosa? Es preciso recordar que desde 1798 la corona empezó a observar con detenimiento las propiedades de las obras pías tanto en España como en América.

---

11. Este documento es citado por Margarita Garrido en su trabajo *Reclamos y Representaciones. Variaciones sobre la política en el Nuevo Reino de Granada. 1770-1815*. Fue encontrado por la historiadora en el A.H.N.(hoy A.G.N.), anexo, tomo 1, fl. 403. Véase Margarita Garrido, *Reclamos y representaciones. Variaciones sobre la política en el Nuevo Reino de Granada. 1770-1815*, Bogotá, Colección Bibliográfica Banco de la República, 1993, p. 305.

Dado que la metrópoli atravesaba por una profunda crisis económica, le era preciso recibir una inyección financiera, y debido a ello decidió ordenar la enajenación de las propiedades de obras pías, primero en España, en 1798, y luego en América, en 1804.

Las cofradías empezaron a funcionar en la América española desde el siglo XVII. La estructura organizativa, así como las tareas a realizar, debieron de ser propuestas por las autoridades eclesiásticas a partir de los modelos europeos que se conocían. Una junta de oficiales compuesta por los miembros más distinguidos ejercía el gobierno de cada hermandad. Como lo pudimos apreciar en la reunión efectuada por la de Jesús de Nazareno, en 1815 fueron elegidos cofrades para los siguientes cargos: tesorero, custodio, secretario, dos alcaldes, un fiscal y un escribano.[12]

Inspirada en la idea de ejercer un mayor control sobre las cofradías, organizaciones que parecían tener tanta acogida en las colonias, la corona expidió el 15 de octubre de 1805 una real cédula referida a su reglamentación interna. En adelante los mayordomos no pagarían fianza al asumir el cargo, y serían elegidos «hermanos de confianza» para desempeñarlo. Las hermandades debían funcionar en un templo y sólo con permiso especial podían trasladarse a otro. Un asunto que interesaba bastante a la corona era el de los bienes de la cofradía, por lo que advertía que no podían «espiritualizarse». En la real cédula se recordaba a las hermandades que debían satisfacer los derechos reales, y se insistía en la necesidad de que presentaran cuentas a las autoridades pertinentes. Como cada cofradía disponía de un arca para guardar sus objetos de valor —dineros, escrituras, alhajas, etc.—, el rey ordenaba que tres personas manejaran las llaves del cofre: el mayordomo, el hermano mayor o rector y el tesorero. Este baúl se abría una vez al mes, tanto para guardar las ganancias como para extraer lo necesario para los gastos.[13]

---

12. Biblioteca Nacional, Raros y Curiosos, libro 135, pieza única, 86 fls.
13. A.G.N., Conventos, tomo 66, fls. 815r a 818v.

Si se examina con detenimiento la real cédula se encontrará que su contenido estaba orientado, casi en su totalidad, a reglamentar el manejo de los bienes de las hermandades. En ella se prohibía continuar con la espiritualización de las propiedades, cuestión que en esos momentos no resultaba conveniente para la metrópoli. Tal espiritualización significaba que las cofradías continuaban manejando sus bienes sin rendir cuentas a la corona. Resulta oportuno preguntar por el grado de conocimiento que tenía esta última, en 1805, sobre el manejo de los bienes de las cofradías en la América española, así como indagar hasta qué punto creía el rey que las hermandades eran poseedoras de propiedades y de inmensos legados cedidos por aquellos cofrades que habían muerto.

Aunque el funcionamiento económico de las cofradías será tratado con detenimiento en un aparte posterior de este capítulo, interesa hacer alusión a este aspecto en cuanto toca con la organización general de las hermandades. El testimonio de Francisco Cháves, mayordomo de la cofradía de Nuestra Señora de la Concepción, adscrita a la Catedral, proporciona información valiosa. En su testamento de julio 23 de 1807 declara haber desempeñado el cargo durante 36 años, a partir de 1781, sin rendir cuentas a las autoridades eclesiásticas durante todo ese tiempo; señala en su defensa que «los señores arzobispos no han hecho visitas».[14] Varias dudas surgen a partir de su declaración con respecto al grado de autonomía de las cofradías. Sorprende el hecho de que las autoridades eclesiásticas encargadas de supervisar las cuentas no cumplieran con su función. Al parecer, ante la ausencia de formas de control externas sobre el manejo de los bienes, los tesoreros-mayordomos gozaban de poderes ilimitados dentro de las hermandades.

Movido por la solemnidad que inspiraba la redacción del testamento, Francisco Cháves decidió rendir cuentas sobre su cargo como mayordomo. Durante treinta y seis años había ejercido sus funciones bajo la supervisión de su conciencia, y ante la proximidad de la muer-

---

14. A.G.N., Notaría Segunda, año 1807, tomo 212, fls. 703v a 706r.

te declaró que todo estaba consignado en los libros de cuentas, que se sentía satisfecho por el buen manejo de los escasos bienes de la cofradía y que invitaba a los interesados a la revisión de sus cuadernos.[15]

Al examinar los testamentos se encuentran menciones referentes a legados, terrenos, ganados e inmuebles que se dejaban a sacerdotes, conventos, cofradías y fundaciones piadosas, a condición de que se hicieran sufragios por las almas u obras de caridad tendientes a ganar indulgencias en la otra vida. A partir de esta información es posible decir que la Iglesia ejercía un severo control sobre la tierra y las propiedades; sin embargo, el panorama informativo es incompleto si sólo se hace alusión a ese dato. Es conveniente formular preguntas relacionadas con la capacidad de la Iglesia para el manejo de los bienes, interrogantes que pocas veces se plantean, pero para no caer en especulaciones sin sentido resulta prudente recurrir a testimonios como el del mayordomo de la cofradía de Nuestra Señora de la Concepción o a declaraciones como la del virrey Mendinueta en 1803, porque sólo ellos proporcionan destellos de luz en el horizonte poco conocido de las finanzas eclesiásticas coloniales. Las reveladoras palabras del virrey Mendinueta consignadas en la Relación del Estado del Nuevo Reino de Granada, que dirige a su sucesor Amar y Borbón, contribuyen a minar los cimientos del mito acerca de la omnipotencia económica de la Iglesia colonial. En opinión de Mendinueta, «el manejo de caudales confiado a manos muertas ha sido aquí generalmente desgraciado, y exceptuando a los regulares de la extinguida Compañía de Jesús, únicos que por medio de una sabia economía conservaron y aumentaron sus temporalidades, todos los demás religiosos han perdido cuanto han podido adquirir, que ha sido mucho».[16]

---

15. *Ibid.*, fl. 706r.

16. Véase Germán Colmenares, *Relaciones e informes de los gobernantes de la Nueva Granada*, tomo III, volumen 136, Bogotá, Biblioteca Banco Popular, 1989, pp. 26 y 27.

Era corriente entre los santafereños que disfrutaban de cierto bienestar económico establecer vínculos con varias cofradías a la vez, ya que por lo general se trataba de hermandades que pertenecían a parroquias distintas. Por otra parte, se daba cierta división del trabajo entre las cofradías existentes en la ciudad: se distribuían la preparación y celebración de fiestas religiosas y compartían entre sí el abigarrado ceremonial que se desencadenaba a partir del deceso de un cofrade.

¿Cómo afectaba la vida de un habitante de Santafé el hecho de pertenecer a varias cofradías? Francisco Gregorio Peralta y Rojas llevaba una vida tranquila en el aspecto material, libre de los vaivenes producidos por la carencia de recursos. Era propietario de una hacienda de ganado, bestias y ovejas en el pueblo de Serrezuela, era un hombre sin mayores compromisos familiares, viudo y con un hijo menor de edad. Hacia 1810 era miembro de tres hermandades: la de Nuestra Señora de la Concepción, la de Nuestra Señora del Rosario y la de Nuestra Señora del Carmen: asistía a sus reuniones, asumía responsabilidades en la preparación de las festividades y estaba dispuesto a brindar compañía y oración en la hora de la muerte a sus hermanos. Se sabe por su testamento que a veces descuidaba sus deberes de cofrade: al momento de su muerte declaró estar en deuda con dos de las hermandades a las que pertenecía: ocho reales de limosnas[17] atrasadas a la cofradía de Nuestra Señora de la Concepción y dos reales a la de Nuestra Señora del Rosario; sin embargo, y como no quería perder los favores espirituales que recibiría de las cofradías a la hora de fenecer, ordenó a sus albaceas cubrir las deudas del quinto de sus bienes.[18]

El estilo de vida de Francisco Gregorio Peralta hace referencia a ese grupo de santafereños que no se enclaustraba en la rutina de su parroquia, sino que establecía vínculos con personas que habitaban en distintos puntos de la ciudad. La firmeza y variedad de los contac-

17. El término «limosna» designaba el aporte monetario que el cofrade entregaba a su hermandad cada cierto tiempo.

18. A.G.N., Notaría Primera, testamento de abril 3 de 1810, tomo 229, f. 44r.

tos creaban y afianzaban lealtades de diversos tipos, originadas en vínculos religiosos que debieron de ser a la vez encuentros en otros aspectos de la vida: económicos, políticos, afectivos, etc. Adicionalmente, la abundante oferta de cofradías, era otro de los elementos que facilitaba a los habitantes la vinculación simultánea a varias de ellas. Un examen rápido a los documentos existentes para el período de 1800 a 1830 permite elaborar una lista de hermandades. Las parroquias estaban autorizadas a auspiciar varias de ellas al mismo tiempo: en la de Santa Bárbara funcionaban tres cofradías: la de Jesús de Nazareno, la de Las Almas y la del Santísimo Sacramento. A la iglesia parroquial de la Catedral estaban adscritas cuatro: Nuestra Señora de la Misericordia, Benditas Almas, Nuestra Señora de la Concepción y la de San Pedro Apóstol. Se sabe de la existencia de la cofradía de Nuestra Señora de las Nieves en la parroquia de ese nombre. Por las menciones en los testamentos se tiene una idea de la acogida con que contaba la cofradía del Espíritu Santo, que se reunía en la iglesia del convento de San Juan de Dios. La hermandad de La Veracruz era la encargada de auxiliar espiritualmente a los condenados a muerte y de acompañarlos a la hora de su fallecimiento. En ciertos casos no fue posible establecer la parroquia a la que estaban adscritas cofradías que eran mencionadas por los testadores, y un ejemplo de ello lo constituyen las hermandades de Nuestra Señora del Topo, Nuestra Señora del Rosario, Nuestra Señora del Carmen y Nuestra Señora de Chiquinquirá. A partir de los documentos localizados fue posible encontrar catorce cofradías en una ciudad de 22 mil habitantes, distribuidas en ocho barrios y organizadas en cuatro parroquias. Estos catorce núcleos diseminados en el espacio de la ciudad se desempeñaban como catalizadores de la vida social y religiosa e imprimían movimiento durante todo el año con la abigarrada lista de celebraciones que poblaban el calendario de los bogotanos.[19]

---

19. Una idea sobre la distribución del tiempo y el espacio sagrados que se daba en Santafé puede obtenerse a partir de la consulta del *Calendario manual y guía de forasteros*, elaborado en 1806 por Antonio Joseph García de la Guardia, contador

Otro de los aspectos que es preciso considerar para evaluar el tipo de tejido social que se generaba a partir de las cofradías es el de la coordinación de tareas en las parroquias a la hora de la celebración de ciertos funerales. En ocasiones, ante el deceso de un cofrade, sus compañeros de organización se encargaban de coordinar un número de misas por el alma del difunto que podían celebrarse en diversos templos y debían realizarse en el día de las exequias. El libro de cuentas de la cofradía de Las Ánimas, adjunta a la parroquia de Santa Bárbara, cuyos apuntes se refieren al lapso comprendido entre 1815 y 1820, permite ver la labor conjunta de los sacerdotes de las cuatro parroquias en el funeral de uno de sus cofrades: mientras el cura de Santa Bárbara efectuó la ceremonia principal con misa, vigilia, procesión y sermón, los curas de las tres parroquias restantes celebraron misas el mismo día. La cofradía pagó a los cuatro sacerdotes por su tarea.[20] Corría el año 1815.

En los casos de la Nueva Granada y la Gran Colombia, las cofradías cumplían dos funciones centrales: permitir la preparación para el deceso de sus afiliados y acompañar al muerto y a sus parientes durante el funeral. Como se apreciará en las páginas siguientes, las hermandades eran instituciones que giraban en torno al hecho de la muerte, evidenciando así la importancia que tenían para los santafereños los últimos momentos de sus vidas.

Cofrades: un pacto de compañía a la hora de la muerte

Hacia 1800 los habitantes de Santafé creían con fuerza en la existencia de tiempos y espacios intangibles pero no menos reales; po-

---

general de diezmos, e impreso por Bruno Espinosa de los Monteros. Edición conmemorativa de los 450 años de la fundación de Bogotá. Tomado del libro original, propiedad de la Biblioteca Nacional de Colombia, Banco de la República, Bogotá, 1988.

20. A.G.N., Conventos, tomo 23, libro de cuentas de la cofradía de Las Ánimas, parroquia de Santa Bárbara, fls. 218r a 220r.

seían la firme convicción de que la vida no terminaba con la muerte física. El cuerpo culminaba su recorrido en el cementerio, pero el alma seguía un camino largo y tortuoso. Después de la vida terrenal continuaba una existencia espiritual, la cual era imaginada tomando prestados elementos de la experiencia vivida.

Las representaciones terroríficas del más allá, herencia del catolicismo español, habían logrado bastante arraigo entre los habitantes de la Nueva Granada. Al finalizar la vida material, casi siempre propensa a la debilidad, el alma debía afrontar el juicio y la expiación por las faltas cometidas.[21]

La fuerza de la creencia en el más allá puede leerse en los testamentos y en los documentos sobre cofradías y capellanías. Los santafereños atravesaron el período de Independencia con una profunda convicción acerca de la existencia de una vida después de la muerte y de un lugar para expiar los pecados: el purgatorio. Las convulsiones políticas, las guerras, el período del terror implantado por Morillo, la derrota de los españoles y el inicio de las nuevas repúblicas estuvieron acompañados de oraciones por las almas. Las misas, que eran responsabilidad de cada capellanía, se efectuaban por la salvación de un grupo de almas. El sentimiento religioso que impregnaba la atmósfera de la ciudad se unió a las ideas y reacciones políticas de sus habitantes. Religiosidad y política mezclaron sus esferas infundiéndose mutuo aliento.

---

21. Con anterioridad al siglo XII, las imágenes sobre un más allá en el que existían pocas oportunidades de salvación eran terroríficas. Después de la muerte física venía un juicio implacable en que el individuo se iba al cielo o se condenaba. Pero a partir del siglo XII ocurre una transformación en el imaginario cristiano: después de complejos y oscuros procesos de las sociedades, surgió la idea de un tercer lugar en el más allá: el purgatorio. Jacques Le Goff sitúa el nacimiento de la idea del purgatorio entre los años 1150 y 1250. Según este historiador, la cristiandad occidental imagina un más allá intermedio, en el que algunos difuntos sufren una prueba que puede acortarse por los sufragios, es decir, la ayuda espiritual de los vivos. Dice Le Goff que para llegar hasta el purgatorio se necesitó un largo pasado de ideas e imágenes, de creencias y actos, de debates teológicos y, probablemente, de movimientos en las profundidades de la sociedad que sólo con dificultad podemos percibir. Véase Jacques Le Goff, *El nacimiento del purgatorio*, Madrid, Ediciones Taurus, 1981, p. 14.

Las concepciones de tiempo y espacio existentes en la época proporcionan indicios sobre la manera de vivir la religiosidad. Se cuenta con un valioso documento que permite asomarse un poco a la vida cotidiana de Santafé: el *calendario manual y guía de forasteros en Santafé de Bogotá, Capital del Nuevo Reino de Granada*. Este calendario fue elaborado para 1806 por Antonio José García de la Guardia, contador general de diezmos y colector administrador de anualidades del Arzobispado. Su diseño fue encargado por el virrey y su impresión realizada por Bruno Espinosa de los Monteros en la Imprenta Real.[22]

Para los santafereños de comienzos del siglo XIX, los días y los meses poseían un sentido especial. Era preciso estar atentos al significado religioso del día y a los comportamientos que correspondían: se utilizaban diversas voces y signos para indicar las conductas adecuadas. Había tiempos de misa, tiempos de fiesta, tiempos de indulgencia, días de ánimas, feriados y, por supuesto, días laborables. El calendario de 1806 estaba poblado de instrucciones sobre las indulgencias. Al parecer, las ideas de pecado y de necesidad y posibilidad de obtener perdón rondaban con insistencia el imaginario de los santafereños. Otra imagen con bastante arraigo era la del purgatorio. El almanaque señala los «días en que se sacan almas del purgatorio», es decir, tiempos propicios para orar por las almas con el objeto de que obtengan el perdón. Pero la expresión «días en que se sacan almas del purgatorio» deja ver que este lugar era imaginado como sitio de castigo espiritual de donde la salida dependía en gran parte de acciones externas, es decir, de las oraciones o sufragios de los vivos[23] (véase cuadro 1).

---

22. Véase Antonio José García de la Guardia, *Calendario manual y guía de forasteros en Santafé de Bogotá*, Bogotá, Ediciones Banco de la República, 1988.

23. Con bastante frecuencia se encuentran en los testamentos solicitudes de «sufragios por el alma». ¿Qué significaba la palabra sufragio en el lenguaje religioso de la época? Para el historiador Jacques Le Goff los sufragios eran expresión de solidaridades entre vivos y muertos. Suponían la existencia de vastas solidaridades de una y otra parte de la muerte, relaciones estrechas entre vivos y difuntos y la

CUADRO 1

CALENDARIO DE VISITAS A IGLESIAS PARA OBTENER INDULGENCIAS Y PARA SACAR ALMAS DEL PURGATORIO

SANTAFÉ, 1806

	Indulgencias						
Meses	Días de indulgencia plena. Visitas a cinco altares o iglesias	Días de indulgencia por visita a iglesias de Santo Domingo	Días de indulgencia por visita a iglesias Orden San Francisco	Días de indulgencia por visita a iglesias Orden San Agustín	Días de indulgencia por visita a iglesias Capuchinos	Días de indulgencia por visita a San Juan de Dios	Días en que se sacan ánimas del purgatorio
Enero	6	23	16	19	14, 19, 31	19	
Febrero	2, 9, 16, 20, 21, 23, 25, 26, 27 y 28	13	5, 22	10	1, 4, 13 y 22		2, 25
Marzo	Todo el mes						8, 9, 16, 28, 29
Abril	1 al 13, 25	20, 29, 30			24		9
Mayo	12, 13, 15, 24, 25, 27, 28 a 31	5, 10	13, 17 y 20	4, 5 y 17	18		31
Junio			13 y 19	12			
Julio			9, 14, 24	26	7		
Agosto		4, 16 y 30	2, 12,19 y 25	13, 16, 23 y 28	16	15	
Septiembre	17 y 19		4, 17	10 y 18	11 y 18	24	
Octubre		5 y 10	4, 13, 19 y 23	16	12 y 26		
Noviembre	30	9	12, 19, 28 y 29	13, 20 y 24		4 y 28	
Diciembre	7, 14, 17, 19, 20, 21, 25, 26, 27 y 28		8	16			

Fuente: Elaborado a partir del *Calendario manual y guía de forasteros en Santafé de Bogotá, capital del Nuevo Reino de Granada,* para el año de 1806.

Era posible obtener indulgencias a través de la visita a determinadas iglesias en fechas señaladas, cuestión que hace pensar que la vida religiosa del habitante de Santafé no se circunscribía a su parroquia. Aun contra su voluntad, los preceptos religiosos lo obligaban a movilizarse por la ciudad, a visitar distintas iglesias, a orar frente a diversos altares. Por ejemplo, el calendario de 1806 señala cómo la visita a cinco iglesias o altares en días especiales sería recompensada con indulgencia plena (véase cuadro 1). Por otra parte, frecuentar determinadas iglesias en fechas señaladas también concedía perdón.

Si bien la propuesta organizativa de las cofradías fue transmitida a los americanos por los españoles, no es probable que el resultado de ese proceso de transplante haya sido un producto idéntico al modelo vigente en Europa. Tres motivos estaban en el origen de la formación de las cofradías en el Nuevo Reino de Granada: uno, asegurar el servicio de pompas fúnebres de las parroquias; dos, garantizar solidaridad para después de la muerte, de tal manera que los cofrades vivos contribuyesen con sus oraciones a salvar el alma de quien había sido su compañero de grupo; y, tres, desarrollar una vida social activa participando a través de la hermandad en una variedad de celebraciones religiosas. Sin embargo, la asistencia a los pobres, tarea central de las cofradías europeas entre los siglos XIV y XVIII, no lo fue, en el mismo grado, en el caso de las hermandades de la América española.[24]

---

existencia entre unos y otros de instituciones de vinculación que financien tales sufragios. Los testamentos, las cofradías y las capellanías serían ejemplos de tales instituciones. Los sufragios de la Iglesia valen no para obtener la vida eterna sino para liberarse de la pena. Existían cuatro tipos de sufragios: la oración, el ayuno, la limosna y la misa. Véase Jacques Le Goff, *El nacimiento del purgatorio,* pp. 22 y 306.

24. Philippe Aries señala cómo las cofradías europeas entre los siglos XIV y XVIII cumplían tres tareas: brindar seguridad en el más allá, asistir a los pobres y asegurar el servicio de pompas fúnebres de la parroquia. Una obra de misericordia se agregó a la lista que existía a fines de la Edad Media: enterrar a los muertos. Las cofradías asumieron el cumplimiento de esta tarea piadosa. Las otras obras de misericordia eran: dar de comer al hambriento, hospedar a los peregrinos, vestir a los desnudos, visitar a los enfermos y a los prisioneros. Véase Philippe Aries, *El hombre ante la muerte,* pp. 157, 158 y 159.

Entre 1800 y 1831 un grupo de testamentos de bogotanos corresponde a cofrades. Es por ello usual encontrar en medio de las instrucciones para el funeral las especificaciones relativas a mortaja, lugar de sepultura y detalles de la ceremonia, que son características de la hermandad a la cual se pertenece. En testamento de 1807, Francisco Cháves, mayordomo de la cofradía de Nuestra Señora de la Concepción, adscrita a la iglesia de la Catedral, solicita como mortaja el hábito de san Francisco y como sepultura «la iglesia Catedral delante del altar de Nuestra Señora de la Concepción».[25] De igual manera, un miembro de la cofradía del Espíritu Santo, Gervacio Caycedo, corregidor de los partidos de Cáqueza, en testamento de junio 16 de 1810, pide ser sepultado con el hábito de san Francisco en la bóveda del Espíritu Santo, localizada en la iglesia de San Juan de Dios.[26] Un tercer caso es el de Catalina Murcia, propietaria de casa y tienda de licor en San Victorino y hermana de la cofradía del Espíritu Santo por doce años. En 1823 solicita que le sea colocada como mortaja el hábito de las monjas de Nuestra Señora del Carmen y pide como sepultura la bóveda de la hermandad en la iglesia del convento de San Juan de Dios.[27]

Las capellanías: singular relación entre casas, curas y almas del purgatorio

La capellanía era una institución socio-religiosa que complementaba las tareas de la cofradía. Las oraciones y misas por el alma que se celebraban después de los funerales y en los años siguientes corrían por cuenta de la capellanía. A pesar de su deseo, los pobres no podían fundarlas, pues se necesitaba de algunos recursos económicos

---

25. A.G.N., Notaría Segunda, testamento de julio 23 de 1807, tomo 212, fls. 703v a 706r.

26. *Ibid.*, testamento de junio 16 de 1810, tomo 216(1), f. 438r.

27. A.G.N., Notaría Primera, testamento de febrero 24 de 1823, tomo 243, fs. 63v y 64r.

para garantizar las memorias de misas.[28] En primer lugar, había que dejar algún bien que proporcionara una especie de salario permanente al capellán, en caso de que éste fuera sacerdote; de no serlo, éste debía contratar curas para la celebración de las misas. Por lo general se destinaban casas, tiendas, terrenos, haciendas, ganado o dinero para la institución de las capellanías.

Al contrario de lo que se ha creído, su objetivo central era religioso y espiritual, no económico. El aspecto material que las sustentaba constituía un medio para lograr el fin: hacer sufragios por las almas del purgatorio hasta lograr su total absolución. Para salvar el alma se requería de la oración permanente de los vivos; pero esta última sólo se podía garantizar si el recuerdo del muerto permanecía en la memoria de algunos miembros de la comunidad a la que el «finado» había pertenecido. El moribundo pagaba por el recuerdo. Los réditos que recibía el capellán por el arriendo de una casa que le había sido otorgada por el testador tenían el efecto de un repique de campana que recordaba el compromiso contraído: ese dinero se pagaba a cambio de misas por el alma.

La institución de una capellanía podía efectuarse por dos caminos: el laico y el eclesiástico. En el primero se nombraba como patronos a personas de confianza que no tuvieran vínculos con la Iglesia, aunque de todas maneras debían contratar sacerdotes para cumplir con la tarea de las misas. En el segundo caso se nombraba como patrono a un eclesiástico, y era éste quien percibía los réditos de la fundación. Al primero se le denominó patronato de legos y al segundo capellanía canónica o eclesiástica.

---

28. Como lo señala Le Goff, la liturgia cristiana se interesó por recordar a los difuntos más allá del canon de la misa y del día de los funerales. Durante la época carolingia en ciertos monasterios se inscribía en unos registros a los vivos y a los muertos, listas que eran leídas en el canon de la misa. Luego se separó a los muertos de los vivos. Hubo una evolución de la época carolingia desde los siglos IX y X hasta la época gregoriana hacia finales del siglo XI: se pasó de una mención colectiva a una individual. Véase Jacques Le Goff, *El nacimiento del purgatorio*, Madrid, Ediciones Taurus, 1981, pp.145 y 146.

Por lo general, la voluntad de fundar una capellanía se expresaba a través del testamento, aunque además era preciso formalizar la institución por medio de otro documento escrito y legalizado ante las autoridades competentes. En los testamentos elaborados entre 1800 y 1831 se encuentran cláusulas destinadas a impartir instrucciones a los albaceas acerca del modo de fundar las capellanías. En testamento de 1803 Feliciana Florián, residente en el barrio La Catedral, viuda, dejó instrucciones para fundar dos capellanías sobre la casa en que vivía: un patronato de legos y una capellanía eclesiástica. La señora Florián encargó a sus albaceas para que hicieran un avalúo y para que por el valor de cien pesos instituyeran un patronato de legos. El patrón era Joaquín García, quien debía conseguir sacerdote que celebrara las misas solicitadas por la testadora o nombrar capellán para que asumiera ese encargo. Según las instrucciones de la testadora, a la muerte del primer patrono asumía esta función el alcalde ordinario y de ahí en adelante todos los que ocupasen este cargo público; los patronos se encargaban de mandar decir cinco misas cada año: una al Señor del Despojo, en la capilla de Las Cruces, el día 13 de septiembre, por el alma de Feliciana y de sus ascendientes, y cuatro cantadas en marzo, una cada viernes, dedicadas a la reliquia del Señor de Las Cruces, también por la intención de su alma y la de sus familiares muertos. En las misas se alumbraba la reliquia con ocho luces de cera.[29]

Para los patronatos de legos administrados por personas sin vínculos eclesiásticos se nombraba como patronos a funcionarios públicos, instituciones públicas o laicos de reconocida seriedad y honestidad. El patrono cumplía una labor administrativa con respecto a la capellanía: debía velar por la prosperidad económica de la fundación y garantizar que la voluntad piadosa del fundador se cumpliera a cabalidad; a cambio recibía algunas ganancias: el dinero sobrante después de pagar las misas y de encargarse de las reparaciones de

---

29. A.G.N., Notaría Tercera, testamento del 1 de febrero de 1803, tomos 334 y 335, fls. 4v. y 15r.

los inmuebles en los cuales se había invertido el capital sobre el cual descansaba la fundación.

Durante la Colonia y en las primeras décadas del siglo XIX existía una relación estrecha entre almas del purgatorio, casas, tiendas, terrenos y ganado. La salvación de las almas dependía del funcionamiento de las capellanías, y estas últimas garantizaban si los inmuebles en los cuales se había invertido el dinero se mantenían en buen estado. El deterioro de casas y tiendas conspiraba contra la salvación de las almas, por cuanto se dejaban de decir misas para hacer reparaciones a las construcciones o se dejaba de percibir arriendos porque era imposible vivir en inmuebles inservibles. Si no se decían las misas por las almas penitentes, éstas permanecían estáticas en el purgatorio. Por lo tanto, la prosperidad y la conservación arquitectónica de Santafé dependían en gran parte de la devoción de los santafereños hacia las almas de los difuntos; entre más intensa fuera la devoción por ellas y la preocupación por su salvación, la inversión en inmuebles y el cuidado de los mismos crecían. Aunque por muy grande que fuera la devoción de los pobres por las almas del purgatorio, este sentimiento no se traducía en la prosperidad de construcciones porque carecían de ellas.[30]

Si bien en páginas posteriores se hará referencia al funcionamiento económico de las capellanías, es pertinente mencionar aquí un aspecto relacionado con su administración. Al parecer, aquellos habitantes que poseían una habilidad más desarrollada para los negocios alcanzaban a percibir que los funcionarios públicos se desempe-

---

30. En su trabajo sobre capellanías en Pamplona y el valle de Cúcuta, Carmen Adriana Ferreira señala que los fundadores de capellanías eran personas laicas o clérigos pertenecientes a los estratos más altos de la sociedad. Examina 52 casos, en los cuales es posible apreciar que las fundaciones fueron hechas por eclesiásticos, comerciantes, hacendados, militares, etc. Véase Carmen Adriana Ferreira, «Capellanías y censos: una conceptualización necesaria para el estudio del crédito colonial», en *Ensayos de historia regional de Santander*, Bucaramanga, Colección de Historia Regional, Escuela de Historia, Universidad Industrial de Santander, 1995, p. 45.

ñaban con mayor eficacia como administradores de capellanías que los sacerdotes o las instituciones religiosas. He ahí uno de los motivos por los cuales algunos santafereños preferían fundar un patronato de legos a una capellanía eclesiástica. Pero es preciso advertir cómo, en la mayoría de los casos, la puesta en práctica de esta habilidad económica no se hacía pensando tan sólo en la prosperidad material como un fin; por el contrario, se consideraba un medio para garantizar la oración permanente por las almas del purgatorio.

El virrey Mendinueta poseía un olfato para los negocios más aguzado que el de buena parte de los habitantes de Santafé. Su posición privilegiada le permitía tomar distancia al evaluar algunos fenómenos de la ciudad desde la cual gobernaba. En 1803, al finalizar su mandato, en el informe que dejó a su sucesor, se refería a la inexperiencia y escasas dotes de los religiosos para manejar los asuntos económicos, y a ese factor atribuía el decaimiento de obras pías y capellanías.[31]

La capellanía era una institución cuyo funcionamiento dependía de un patrono, un capellán y un sacerdote; además, requería de un

---

31. Refiriéndose al manejo de los hospitales que en la época funcionaban como obra pía a cargo de religiosos, decía Mendinueta: «Los fondos de los hospitales consisten, o en haciendas de ganados, o en posesiones urbanas que producen un arrendamiento; en capitales procedentes de donaciones u otros títulos que se dan a censo redimible; en la parte de diezmos que les está asignada y perciben en metálico, y en las limosnas y agencias honestas de los religiosos. Este último artículo es poca cosa en el día. La administración de las haciendas, sus mejoras y adelantamientos, la conservación de las posesiones urbanas y el cobro de sus arriendos, la imposición de los capitales, sus seguros y la recaudación de sus réditos, exigen cierta actividad y disposición que no es presumible en los religiosos, como tampoco es de esperar tengan los conocimientos necesarios para la mejor inversión, que no consisten sólo en mantener a los pobres enfermos, sino en mantenerlos bien y con economía, procurando hacer los acopios en tiempo oportuno, ocurrir a la provisión de varios artículos por medio de contratas, y finalmente haciendo un verdadero estudio de adelantamientos de los fondos y de las mejoras en la asistencia, cosas que ciertamente pueden ignorar los hijos de San Juan de Dios, sin dejar por eso de ser hospitalarios». Véase Germán Colmenares, *Relaciones e informes de los gobernantes de la Nueva Granada*, tomo III, Bogotá, Biblioteca Banco Popular, volumen 136, 1989, p. 27.

altar en una iglesia o capilla para celebrar las misas encargadas por el testador. No obstante, el sostenimiento de la capellanía no era posible sin una inversión económica, que por lo general consistía en dinero, tierras, casas o tiendas. El dinero se «colocaba a censo», es decir, se prestaba a interés a una persona que pudiera respaldarlo con una propiedad. Las casas y tiendas se arrendaban y los dueños de haciendas o casas sobre las cuales se había fundado una capellanía pagaban «réditos». El rédito era una suma de dinero anual[32] que se le cancelaba al patrono o al capellán por el derecho a usufructuar una propiedad perteneciente a una capellanía.

El patrono era designado por el testador y cumplía funciones administrativas. Debía garantizar el desenvolvimiento económico de la fundación, así como vigilar el cumplimiento del encargo piadoso hecho por el testador. Por lo general el patrono estaba al tanto de la capellanía porque tenía intereses económicos en ella: podía recibir dinero mensual de arriendos o dinero anual de réditos. Era propietario de un bien o compartía la propiedad con otras personas, en caso de que hubiese fundado una capellanía sobre parte de una propiedad. Los patronos eran herederos del testador, quien había hecho manifiesta en su testamento la voluntad de legar una propiedad a una persona y a su familia. A la muerte del primer patrono por lo general lo sucedía un hijo. Había quedado claro en la última voluntad del fundador de la capellanía que se debía preferir para el cargo de patrono a los hijos del primer patrón que fuesen mayores y varones.

---

32. En comentario a la recopilación y transcripción de documentos escritos en la segunda mitad del siglo XVIII por el presbítero venezolano Fernando Manuel del Bastardo y Loayza, Constantino Maradei Donato, obispo de Barcelona, Venezuela, define las capellanías en los siguientes términos: «la capellanía viene a ser aquí como un beneficio o renta a favor de una persona física (sacerdote) o moral (parroquia, hospital). Era como una fundación para misas u obras pías.... Era costumbre, antes de morir, dejar cierta cantidad de dinero o bienes inmuebles para que éstos produjeran rentas y con ellos hacer sufragios a los difuntos, o pagar los gastos de ciertas festividades de los misterios de Cristo, de la Virgen o de los santos». Véase Fernando del Bastardo y Loayza, *Noticias historiales de Nueva Barcelona,* Caracas, Biblioteca de la Academia Nacional de Historia, núm.179, 1985, p. 81.

Cuando el patronato recaía sobre una institución religiosa, convento, comunidad, cofradía, hospital, etc., el cargo era desempeñado por un sacerdote de alto rango en la jerarquía de esa comunidad, organización o institución. El patrono, a su vez, designaba a un sacerdote de menor rango para que asumiera las funciones de capellán, es decir, para que tomara en sus manos el cumplimiento de las tareas piadosas solicitadas por el testador. En algunos casos, el capellán asumía la celebración de las misas, y en otros contrataba a un sacerdote para que las dijera.

El estado sacerdotal tenía acogida por esos días, aunque era un camino reservado a familias e individuos con cierta prosperidad económica. La formación intelectual y eclesiástica de los sacerdotes requería una inversión material que sólo un reducido grupo de familias podía costear. Las capellanías fueron una vía que contribuyó al sostenimiento de sacerdotes en formación y que les garantizó un sustento. Por ejemplo, en marzo de 1810 los curas de San Victorino usufructuaban una capellanía de sesenta años de existencia, cuya tarea central consistía en decir las misas de doce en los días festivos por el alma del fundador y de sus ascendientes. Una de las intenciones del fundador había sido legar algunas propiedades a un hijo natural, quien se encontraba próximo a recibir el estado sacerdotal. Dado que los hijos naturales eran repudiados en la época y que carecían de derechos, las capellanías constituían una vía para reconocerlos y asegurar su sostenimiento. El valor de las «fincas», bienes sobre los cuales se fundaba la capellanía, ascendía a 4.100 patacones en el año de 1749. Por voluntad del fundador, a la muerte de su hijo natural los bienes de la capellanía pasarían a los curas de San Victorino y serían distribuidos así: 2.000 patacones a los curas y 2.000 para el seguro de las misas de doce.

En 1810 un bisnieto del fundador de la capellanía se presentó ante el cura rector de la parroquia de San Victorino, José Antonio Forte, a reclamar sus derechos. Aunque no fue posible obtener documentos que permitieran hacer el seguimiento al pleito que se entabló entre los curas y el bisnieto, no es aventurado afirmar que debió de ser encarnizado, dada la cantidad y el valor de los bienes que estaban en juego: media estancia poblada con cinco mil árboles de cacao y platanales en Mariquita; media estancia de pan y ganado mayor en el valle de Chipaque; una estancia de ganado menor en el valle de Fucha; un solar grande de cerca de tapia con su casa de teja baja en el barrio San Victorino y una casa de tapia y teja baja en Las Nieves.[33]

Cinco años más tarde ocurrió un caso contrario al que se acaba de exponer: un testador solicitó cancelación de la capellanía a un hijo natural de su esposa. Francisco Hernández, alférez retirado, puso en cuestionamiento el derecho a capellanía que disfrutaba el hijo natural de su esposa, hijo que ella concibió mientras él prestaba servicio militar en Cartagena. En 1815 el testador se mostró arrepentido de haberlo reconocido y de alguna manera, aunque tarde, reprochó a su esposa por haberle sido infiel.[34] A través de esta declaración es posible apreciar cómo la condición de los hijos naturales era desventajosa en la época. El primer caso se refiere al hijo natural de un testador, el segundo al hijo natural de la esposa de otro testador. El primero corrió con suerte porque el tribunal social fue menos duro con él, obtuvo reconocimiento de su padre y pudo disfrutar de algunos bienes; el segundo debió soportar la indefinición y el resentimiento de un padrastro que ante la proximidad de la muerte cambió de opinión.

Quienes podían fundar capellanías a comienzos del siglo XIX abrigaban ciertas dudas sobre el tipo de fundación a realizar; ante sus ojos se desplegaba la opción: eclesiástica o patronato de legos. Si escogían la primera estaban casi seguros del cumplimiento de sus encargos piadosos. Al fin y al cabo, una de las tareas centrales de los sacerdotes era decir misas. En cambio, experimentaban cierta desconfianza con respecto a la capacidad de los eclesiásticos para administrar los bienes de los cuales dependía el encargo espiritual, pues ese no era el oficio de los curas. Si escogían la vía del patronato

---

33. A.G.N., Miscelánea, tomo 52, fls. 1002 a 1007v.

34. A.G.N., Notaría Primera, testamento del 23 de noviembre de 1815, tomo 233, f. 205v.

de legos tenían mayor seguridad acerca del manejo de los bienes materiales, pero desconfiaban del celo que pudiera tener un patrón laico con respecto al cumplimiento de un mandato piadoso. En este último caso, se aseguraba el bien pero corría peligro el alma.

Feliciana Florián se curó en salud cuando dejó consignada en su testamento la voluntad de fundar los dos tipos de capellanías: patronato de legos y eclesiástica. Sobre una parte de la casa en la cual vivía instituyó el patronato de legos y sobre el resto de la vivienda, la mayor parte, instituyó la capellanía eclesiástica. Feliciana había advertido la inhabilidad de los curas como administradores de bienes materiales y por ello optó por hacer algunas recomendaciones en el texto relativo a la capellanía eclesiástica: encargaba la celebración de algunas misas por su alma y las de sus ascendientes, pero enfatizaba en que, a la hora de los gastos, se diera prioridad a las reparaciones de la propiedad para que no desapareciera. A la testadora le preocupaba que las goteras terminaran volviendo inservibles la casa y su respectiva tienda.[35]

Los primeros años del siglo XIX estuvieron acompañados de cierta desconfianza a la hora de fundar capellanías. Existía el temor de que la corona española iniciara un proceso de enajenación de obras pías similar al que estaba vigente en España desde 1798. Los apuros económicos de la corona, así como los efectos de las ideas liberales irradiadas por la Revolución Francesa, animaron a la monarquía a echar un vistazo sobre propiedades que en otro tiempo hubieran sido intocables: obras pías y capellanías. El préstamo forzoso empezó en España y continuó en las colonias. La orden era vender los bienes raíces de obras pías y guardar el dinero en la Real Caja de Amortización. La corona pagaría un interés anual a los «prestamistas». Los temores se hicieron realidad cuando en los últimos días del mes de

35. A.G.N., Notaría Tercera, testamento de febrero 1 de 1803, legajos 334 y 335, fls. 4v y 15r.

noviembre de 1804 se expidió la real cédula de enajenación para los reinos de Indias e islas Filipinas.[36]

Hasta 1798, los bienes materiales pertenecientes a obras pías habían gozado de una protección especial frente al Estado: se les consideraba espiritualizados. Eran propiedades que circulaban libremente y sin ningún tipo de gravamen, pues sus fines piadosos y caritativos eran mirados con respeto aun por las autoridades laicas. Durante la Colonia y aun a comienzos del siglo XIX se movilizó un volumen considerable de propiedades y dinero, dinero que era intocable para la monarquía porque estaba espiritualizado.[37] Es preciso llamar la atención sobre la expresión «bienes espiritualizados».Tal expresión fue inherente al funcionamiento de las capellanías eclesiásticas, por lo menos hasta 1824, cuando el gobierno republicano promulgó un decreto cuyo objetivo central era abolir el carácter espiritual de los bienes que las respaldaban.[38]

La enajenación de obras pías decretada en 1804 no dio resultado en las colonias españolas. Para los eclesiásticos era injusto que se les obligara a declarar acerca del estado de sus obras pías; no entendían por qué se les presionaba a vender y a entregar el producto del negocio a una junta que prometía pagarles un 3% de réditos al año. Por los documentos encontrados se sabe que los curas de la provincia de Neiva se demoraron en enviar informes sobre el estado de cofradías y capellanías a la Junta Central de Enajenación, ubicada en Santafé. En 1808 la Junta de Enajenación disponía de una lista de los sacerdotes que se rehusaban a rendir cuentas. Se mencionan los nombres de trece sacerdotes y de sus respectivos curatos.[39]

---

36. El contenido de esta real cédula se abordará con mayor detenimiento en páginas posteriores. Véase A.G.N., Miscelánea, tomo 46, fls. 582 a 593.

37. Se recomienda al lector, hacer a un lado por un momento la mirada prevenida del habitante de finales del siglo XX, que ve intereses materiales subrepticios en los eclesiásticos de esos días, ocultos tras un manto de piedad y de temor por el más allá.

38. El historiador Juan Pablo Restrepo menciona la ley sobre fundación de capellanías expedida por el gobierno republicano el 10 de julio de 1824. Véase Juan Pablo Restrepo, *La Iglesia y el Estado en Colombia*, Bogotá, Biblioteca Banco Popular, Fondo de Promoción de la Cultura del Banco Popular, tomo 1, 1987, p. 502.

39. A.G.N., Miscelánea, tomo 131, fls. 201 y 202.

A manos de Fernando VII llegaron «representaciones» colectivas e individuales solicitando la suspensión de las enajenaciones. A oídos del rey debió de llegar, también, noticia sobre los altos niveles de inconformidad generados en las colonias por su decreto. Durante cuatro años que duró el intento de poner en práctica esta medida, se realizaron unas pocas enajenaciones; pero en general, el clero se resistía a transformar tanto sus costumbres religiosas como la estructura económica sobre la cual descansaban.[40] La enajenación ordenada por la corona implicaba el desmonte de un sistema económico bastante antiguo y, posiblemente, el final de las obras piadosas. De repente la Iglesia sintió atacados su poder y sus privilegios.

Un sacerdote que se desempeñara como capellán tenía dos preocupaciones centrales: cumplir con las misas que le habían sido encargadas en la capellanía y supervisar el estado físico y económico de las propiedades que habían permitido la fundación de la obra pía presidida por él. Como se podía ser capellán de varias fundaciones al mismo tiempo, el trabajo tanto piadoso como administrativo se multiplicaba. A través de un informe que se pidió a los eclesiásticos en 1823, con el objeto de que dieran cuenta sobre capellanías a su cargo, fue posible comprobar que en pleno período republicano seguían vigentes estas instituciones piadosas. José María Bustamante, presbítero domiciliario, reportó la existencia de cuatro capellanías a su cargo: una de dos mil pesos; otra de mil pesos, fincados en tres casas al respaldo de Belén; una tercera de trescientos pesos, fincada en una tienda, y una cuarta de 1.300 pesos, fincados en una casa. Además de las obligaciones piadosas contraídas por este presbítero, las cuales consistían en celebrar un número de misas cada año, estaban las responsabilidades administrativas con las fincas de sus capellanías. Bustamante se quejaba porque la capellanía de mil pesos había ocasionado más gastos en reparaciones que ganancias para pagar las misas y para su propia subsistencia.[41]

---

40. *Ibid.*, f. 205.
41. *Ibid.*, fls. 605 y 606.

Para el tribunal eclesiástico se trataba de evaluar el cumplimiento de las tareas piadosas y el estado de los bienes que las sustentaban. Dado que la supervisión eclesiástica de las capellanías no era frecuente, el anuncio de este repentino examen debió de sorprender a los clérigos sin apuntes para probar lo que les exigían. Al parecer, cada capellán supervisaba su trabajo y esta situación de ausencia de control externo dio pie a irregularidades.

Ante la exigencia de presentar papeles que probaran el cumplimiento de las tareas piadosas de las capellanías, Carlos Joaquín Urisarri entregó en febrero de 1824 quince documentos por medio de los cuales probaba «haber mandado celebrar doscientas cuarenta misas al respecto de ocho en cada año de los treinta corridos desde 1793 hasta el presente».[42] Frente al tipo de constancias presentadas no quedaba más remedio que confiar en la sinceridad del declarante. Por lo general los capellanes elaboraban a mano una especie de cuadernillo en el cual llevaban el registro de las misas que se decían por año para cada capellanía, y cuando administraban varias de estas fundaciones, destinaban unas hojas del cuaderno a las cuentas de cada una. En una página colocaban el año y frente a éste indicaban mediante rayas verticales, una por misa, el cumplimiento de su labor.[43] Eran libretas de apuntes y de cuentas personales que servían de documento a la hora de presentar pruebas frente al tribunal eclesiástico.[44] Si las tareas piadosas rara vez se supervisaban, era posi-

---

42. A.G.N., Miscelánea, tomo 131, f. 611.

43. Como lo señala Andrew Brown en su trabajo sobre sociabilidad en torno a la muerte en Inglaterra, entre 1250 y 1550, el número de capellanías era directamente proporcional a la prosperidad económica de las poblaciones. En parroquias más industrializadas y populosas hubo acumulación de almas y dotaciones. A su vez, estas diferencias se traducían en mayor o menor trabajo para los sacerdotes. Véase Andrew D. Brown, *Popular Piety in Late Medieval England. The Diocese of Salisbury 1250-1550*, Oxford, Oxford Historical Monographs, 1995, p. 96.

44. En la sección de Raros y Curiosos de la Biblioteca Nacional reposa un cuadernillo de apuntes de un capellán, que permite apreciar la manera como algunos eclesiásticos llevaban las cuentas de sus tareas piadosas. Un cura al que no fue posible identificar presenta las cuentas de tres capellanías administradas entre los años

ble que existiesen otras formas de control sobre estas instituciones. Una de tales formas de supervisión se ejercía a través de la compra y la venta de las casas en las que estaban fincadas las capellanías o por intermedio de los frecuentes pleitos entre presbíteros, suscitados por la sucesión de capellanías y por los bienes que correspondían a cada una de ellas.

¿Se fundaron nuevas capellanías entre 1800 y 1830? Para responder esta pregunta fue preciso revisar los testamentos escritos en el período. Se encontró que la mayor parte de las capellanías existentes durante esos años eran instituciones que habían sido fundadas en décadas anteriores, y que la mención que se hace en los testamentos se refiere al traspaso, al legado, al nombramiento de nuevos patronos y capellanes. Parece pertinente saber si hubo institución de «memorias de misas» en esos años. La expresión «memoria de misas» era una forma de referirse a las capellanías entre 1819 y 1830. A partir de la lectura de testamentos fue posible apreciar cómo el número de fundadores se hizo un poco más escaso en estos años, tal vez por la desconfianza que pudo generar la confusión que reinaba en la nueva república con respecto a las relaciones entre Iglesia y Estado y al manejo que se le daría a las obras pías. Aunque el gobierno republicano expidió un decreto sobre fundación de capellanías en 1824, en el cual prohibía la espiritualización de los bienes,[45] esos fueron años de incertidumbre, tanto para el destino de las antiguas capellanías como para las condiciones en que se harían las nuevas fundaciones. Los cambios políticos ocurridos a raíz del proceso de

---

1779 y 1833. Una capellanía de mil pesos fundada en Ibagué para aplicar veinticinco misas al año, cuyas cuentas hacen referencia al período 1779 y 1801. Una segunda capellanía fundada en Cogua para celebrar diez misas por año y la cuenta va desde 1789 hasta 1798. Por último, una tercera capellanía por un valor de mil cuatrocientos pesos, que se inició en 1788 y que termina en 1833, por la cual se debían celebrar treinta y cinco misas anuales. Véase Biblioteca Nacional, Raros y Curiosos, libro 157, pieza 1, folios 1 al 5.

45. Véanse los artículos 8, 9, 10 y 11, del mencionado decreto. Juan Pablo Restrepo, *La Iglesia y el Estado en Colombia*, Bogotá, Biblioteca Banco Popular, volumen 132, tomo I, 1987, p. 502.

independencia produjeron, además, el rompimiento de relaciones entre la Santa Sede y las nuevas repúblicas. Mientras se aguardaba el restablecimiento del contacto, el gobierno republicano tomó las riendas del manejo de los asuntos eclesiásticos.[46]

Unos pocos santafereños se arriesgaron a continuar con la tradición, a pesar de la incertidumbre existente en materia de legislación eclesiástica. Manuel Gauna fue uno de ellos. Viudo, propietario de una casa en San Victorino y sin hijos, decidió fundar en 1825 una capellanía perpetua sobre su casa de habitación. El 28 de mayo, ante escribano y testigos, dictó su última voluntad:

> Declaro: que en el barrio de San Victorino de esta ciudad tengo una casa de mi pertenencia, cuya propiedad y demás consta de la escritura que mantengo en mi poder: es mi voluntad dejarla al Convento de Agustinos Descalzos, para que se aplique semanalmente una misa por mi alma y demás del purgatorio perpetuamente: encargo a mis albaceas que luego que yo fallezca la entreguen para que el convento cumpla con esta disposición.[47]

Las capellanías libraron varias batallas a nombre de su supervivencia: el intento de enajenación sucedido entre 1804 y 1809; las

46. Los orígenes del Real Patronato, acuerdo entre la Iglesia católica y la corona española, se remontan al año de 1255. Allí se estipulaba que el deán y el cabildo eclesiástico debían dar cuenta al rey de la muerte del obispo. Además debían tener en cuenta la opinión del monarca para la elección del sucesor. A cambio, la corona estaba obligada a dotar y a defender los derechos de las iglesias sujetas a su patronato. Las excepciones relativas a los reinos de Granada e Indias existentes en el patronato, estaban basadas en las bulas de los papas Inocencio VIII de 1480 y julio II del 28 de Julio de 1508. Por esta última concedió el papa a los reyes de España el derecho de patronato de las iglesias de Indias. En dicha bula se dispuso que ninguna iglesia metropolitana, catedral, colegial, abacial, parroquia, monasterio, convento, hospital, hospicio, ni otro lugar pío y religioso de la clase y graduación que fuese se pudiese en todo el Estado de Indias erigir, instituir, fundar, dotar, construir sin que precediese el permiso de sus majestades. El derecho de patronazgo incluía los de presentar arzobispos, obispos, prebendados y beneficiados idóneos y la designación de otros cualesquiera oficios eclesiásticos. Véase Juan Pablo Restrepo, *La Iglesia y el Estado en Colombia,* pp. 89, 103, 105 y 106.

47. A.G.N. , Notaría Primera, testamento del 28 de mayo de 1825, legajo 245, f. 352v.

convulsiones políticas ocurridas en diversos momentos de ese período: 1810, 1816, 1819; la incertidumbre ante el rompimiento de relaciones entre la Santa Sede y el gobierno republicano y el decreto sobre fundación de capellanías promulgado en 1824 crearon un estado de zozobra que colocaba los bienes de las capellanías al arbitrio de las reglas del mercado.

La fundación de obras pías era privilegio de personas que disfrutaban de una situación económica holgada: propietarios de casas, tiendas, terrenos, ganado, etc. Sin embargo, entre 1800 y 1831 los testadores se inclinaron por invertir sus propiedades en la institución de capellanías, es decir, de memorias de misas por las almas del purgatorio. Unos pocos propietarios decidieron dejar legados para realizar obras caritativas, y uno de ellos fue María de Jesús Rubiano, quien creía en la efectividad de las obras de caridad como medio para obtener indulgencias en el más allá. En su condición de viuda y propietaria de estancias, decidió fundar dos obras pías en 1824. Legó cuatro mil pesos para que fueran colocados a rédito, con el objeto de que todos los años, a partir de su fallecimiento, se hicieran «ejercicios espirituales» para «personas pobres». Agregaba que el fruto de las obras buenas que se hicieran en estos ejercicios, y las misas que se dijeren en ellos, se aplicarían por las almas de la fundadora, y su marido José Delgado, y demás del purgatorio, y participarían de ellas en vida, y en muerte del dicho patrono y sus sucesores».[48] Para las obras pías, al igual que en las capellanías, el testador nombraba un patrón y establecía un orden de sucesión. El patrón velaba por la administración tanto económica como piadosa de la fundación y recibía a cambio ganancias tanto en la vida como en la muerte.

A partir de las últimas tres décadas del siglo XVIII, tal vez por influencia de la nueva manera de ver el mundo introducida por las revoluciones francesa y norteamericana, y además como efecto de las tensiones creadas por las crisis fiscales de la corona española,

48. A.G.N., Notaría Segunda, testamento de enero 9 de 1824, legajo 224, fls. 323v y 324r.

empezaron a circular ideas que cuestionaban el carácter de los llamados «bienes espiritualizados» con los cuales funcionaban las capellanías y las obras pías. Se produjo entonces un enfrentamiento entre aquel sector de la sociedad para el cual los «bienes espiritualizados» seguían siendo intocables, y aquel otro que empezaba a percibir un cambio en la manera de concebir el más allá. Para algunas esferas de la sociedad se estaba produciendo una disminución del temor hacia la condenación en el juicio final y hacia los horrores de la vida de expiación en el purgatorio. En las siguientes páginas se apreciará la magnitud de los movimientos ocurridos, primero en la Nueva Granada y luego en la Gran Colombia, en torno al intento por despojar de su carácter sagrado a los bienes espiritualizados.

Bienes espiritualizados, almas del purgatorio y desamortización

Los bienes sobre los cuales se fundaban las capellanías adquirían el carácter de «espiritualizados», lo que quería decir que no eran enajenables. No podían venderse ni desligarse del objeto piadoso al cual habían sido atados en el momento de la fundación. Ningún poder civil o eclesiástico podía disponer de ellos. En cambio, disfrutaban del derecho a la protección de las autoridades de ambas esferas.

Aquí se presenta un fenómeno curioso y complejo. La lectura de testamentos deja ver la preferencia de los testadores por vincular sus legados a la fundación de capellanías: haciendas, casas, tiendas y dinero eran destinados a la fundación de memorias de misas. La situación se torna un tanto confusa a la comprensión de un investigador de nuestros días. En algunos casos, se aprecia claramente el predominio del motivo religioso sobre el económico en la intención del fundador, pero en otros parece como si coexistieran dos intereses: uno, asegurar la conservación de bienes materiales dentro de una familia o de un círculo de personas allegadas y, dos, trabajar por la salvación del alma propia y de la de los familiares a través de la celebración «perpetua» de misas.[49]

A partir de 1798 se expresa claramente un cuestionamiento a la razón de ser de los bienes espiritualizados. Con la real cédula expedida para España en la cual se ordena la desamortización de los bienes de obras pías se inicia un proceso de distanciamiento entre las esferas económica y religiosa, así como entre los poderes de la Iglesia católica y del Estado. Sin embargo, esta iniciativa real se demoró en llegar a las colonias españolas. Los habitantes de Indias e islas Filipinas fueron sorprendidos con una real cédula en el año de 1804 que decretaba la enajenación de los bienes pertenecientes a obras pías. El rey dispuso la conformación de juntas, cargos y funciones y reglamentó el proceso de desamortización a través de su decreto.[50]

Aunque la desamortización empezó a marchar en las colonias en 1805, hubo resistencia de algunos grupos de eclesiásticos a cumplir la orden del rey. Para sacerdotes, conventos y órdenes religiosas, la real cédula implicaba el estremecimiento de su seguridad económica. Un sistema que había subsistido por siglos se derrumbaba en un momento.[51] Aunque no fue posible medir la reacción de los sectores no eclesiásticos de la sociedad, la lectura de fuentes permite ver que la medida causó conmoción, sobre todo en aquellos grupos de propietarios que estaban planeando fundar capellanías, así como en

49. En una aproximación al estudio de las capellanías, los historiadores Germán Colmenares y Carmen Adriana Ferreira realizan descripciones del funcionamiento económico de estas instituciones, ensayos que constituyen un aporte a la comprensión de este fenómeno. Sin embargo como se señala en el presente trabajo, la visión estrictamente económica proporciona una idea incompleta y un tanto distorsionada de las capellanías. Al respecto véanse Carmen Adriana Ferreira, «Capellanías y censos: una conceptualización necesaria para el estudio del crédito colonial», en *Ensayos de historia regional de Santander*, Bucaramanga, Colección de Historia Regional, Escuela de Historia, U.I.S., 1995, pp. 37 a 79. Germán Colmenares, «Censos y capellanías: formas de crédito en una economía agrícola», en *Cuadernos Colombianos*, vol. 1, núm. 2, marzo-junio de 1974, pp.123 a 144.

50. A.G.N. , Miscelánea, tomo 46, fls. 582 a 593.

51. *Ibid.*, tomo 131, fls. 201 y 202.

aquellos otros que habían heredado el beneficio económico y espiritual de una memoria de misas fundada en décadas anteriores. La resistencia a la medida alcanzó tal magnitud que Fernando VII se vio obligado a expedir, en 1809, un decreto mediante el cual deshacía las órdenes dadas en la cédula de 1804. Entre 1805 y 1809 algunas propiedades de capellanías fueron vendidas y su dinero confiado a la Junta Superior Gubernativa para la enajenación de obras pías y capellanías. Estas ventas se hicieron con el compromiso de que la corona pagaría un interés del 3% anual a los patronos de dichas fundaciones. Entre 1809 y 1824 los bienes raíces pertenecientes a capellanías conservaron su carácter de espiritualizados, y en 1824 un decreto del gobierno republicano acabó con la protección especial de que gozaban los bienes materiales de estas memorias de misas.

La real cédula de 1804 no tomó por sorpresa a los habitantes de las colonias; en realidad, esperaban la medida desde 1798, momento en el cual tuvieron noticia de lo que estaba ocurriendo en España. Sin embargo, a pesar de que habían imaginado la trascendencia de la medida, su aplicación trastornó la tranquilidad cotidiana de los neogranadinos. Si los bienes de cofradías, órdenes terceras, santuarios, hospitales y casas de misericordia cumplían con sus funciones piadosas, no serían afectados por la enajenación. Los bienes raíces pertenecientes a iglesias y comunidades y que no estaban vinculados a obras piadosas no serían tocados por el decreto. Es bastante curioso el tratamiento que se dio en la real cédula a las cofradías de indios. Al parecer, a diferencia del resto de hermandades existentes en la Nueva Granada, en algunos casos las cofradías de indios poseían bienes materiales, tal factor hizo que la corona volviera su mirada hacia esas organizaciones a la hora de la enajenación. El decreto real recomendaba examinar si las cofradías de indios poseían «caudales sobrantes», cuestión que debía consultarse con los jueces de indios para que éstos autorizaran el traslado de tales bienes a la Junta de Enajenación.[52]

---

52. *Ibid.*, véanse los parágrafos 12, 13 y 14.

Entre 1804 y 1809 hubo revuelo general en la Nueva Granada. Los interrogatorios sobre la existencia de capellanías y sobre los bienes que les pertenecían fueron frecuentes. Escribanos, mayordomos, administradores, arrendatarios, curas párrocos, prelados regulares y síndicos de monasterios de ambos sexos fueron sometidos a intensas pesquisas.[53] Algunos curas propietarios de capellanías, sobre todo de las provincias, aprovecharon la distancia que los separaba de la junta constituida en Santafé para ocultar la existencia de sus fundaciones; sin embargo, a pesar de ello, se les conminó a reportarse a través de las autoridades civiles. Resulta oportuno recordar el caso de los curas de la provincia de Neiva mencionado en páginas anteriores.

Para la corona era evidente la inexperiencia de los eclesiásticos en la administración de los bienes raíces, y ese fue uno de los argumentos que esgrimió a la hora de aplicar la real cédula de 1804: facilitar las tareas piadosas de los eclesiásticos librándolos del engorroso trabajo de administrar los bienes materiales. La enajenación era una orden real que debía ejecutarse a pesar de la negativa de los propietarios de bienes de capellanías; peritos en albañilería y carpintería debían avaluar las construcciones. Luego de establecido su valor se organizarían subastas públicas para rematar las propiedades, las cuales se pagarían «en efectivo», cubriendo en la primera cuota las tres cuartas partes del valor del bien raíz.[54]

La real cédula de 1804 proporciona una idea del valor monetario de las propiedades pertenecientes a capellanías cuando dedica los parágrafos 23 a 27 a establecer los plazos y cantidades en que debían pagarse las propiedades según su valor en dinero. El valor de las «fincas» de las capellanías oscilaba entre cien y cien mil pesos. Por ejemplo, el pago de las propiedades cuyo valor sobrepasaba los cien mil pesos debía hacerse en cuotas que no bajaran de doce mil pesos en un plazo no mayor a diez años. Para las que tenían un valor

53. *Ibid.*, véase parágrafo 11.
54. *Ibid.*, véanse los parágrafos 18, 19 y 20 de la real cédula de 1804.

entre cincuenta mil y cien mil, la primera cuota equivaldría a la quinta parte y las restantes se pagarían en un plazo no mayor a seis o siete años. Aquellas cuyo valor oscilaba entre veinte mil y cincuenta mil debían pagarse en cinco años y la primera cuota no podía ser inferior a la cuarta parte del valor total de la propiedad. Si su valor estaba entre diez mil y veinte mil se pagarían en dos años y la primera cuota no podía ser inferior a la tercera parte. Para las propiedades cuyo valor estuviera por debajo de los diez mil pesos habría un plazo de un año a partir de la entrega de la primera cuota. Esta primera cuota no podría ser inferior a la mitad del valor total de la propiedad.

La decisión tomada por la corona en 1798 presenta implicaciones que van más allá del argumento que justifica la acción por una crisis fiscal de la monarquía. Para llegar a ese paso había sido necesario un cambio notorio en la religiosidad de ciertas esferas de la sociedad. El peso de la creencia en la existencia de un mundo después de la muerte debió de hacerse más liviano, mientras los intereses materiales de la vida cotidiana cobraban mayor valor. Este cambio llenó de argumentos a la corona para iniciar el proceso por el cual se despojaban los bienes materiales de su aura espiritual. En esta real cédula se aprecian los inicios de una separación entre la esfera religiosa y la esfera civil, transformación que en el plano de las mentalidades se operó de manera desigual entre los diferentes grupos de la sociedad, tanto de la metrópoli como de las colonias.

Es indudable que tanto las ideologías como los acontecimientos que acompañaron las revoluciones norteamericana y francesa irradiaron su influjo sobre las sociedades de ese tiempo. La Revolución Francesa sacudió con fuerza a la vecina España. En la real cédula de 1798 se aprecian destellos de la ideología que inspiró la convulsión francesa, ocurrida casi diez años atrás, aunque no se puede afirmar que esta nueva política de la corona española obedeciera a una simple reacción por imitación. Las ideas viajan y el efecto de los acontecimientos también, pero son precisos períodos de asimilación para la sociedad receptora. Y el resultado final de esos intercambios será un producto totalmente nuevo, impensado para todos.[55]

De haber ocurrido la desamortización de los bienes pertenecientes a capellanías ordenada en 1804, la estructura económica y la vida religiosa de la Nueva Granada hubieran cambiado de manera radical. El dinero obtenido por la venta de inmuebles, haciendas, solares, etc., a partir del cual se sostenían capellanías y capellanes, reposaría en cajas reales bajo la promesa de que se pagaría un interés del 3% anual a los patronos; ese 3% serviría para cumplir con los encargos piadosos y para pagar al administrador de la fundación. Comunidades religiosas, conventos, sacerdotes, personas laicas estarían desembarazadas del cuidado de los bienes raíces o de los dineros que alimentaban sus capellanías. A su vez, los bienes raíces, al perder su carácter de espiritualizados, entrarían al mercado a participar en el libre juego de la compra y de la venta. Las memorias de misas por el alma entrarían a depender de tres factores: uno, el pago cumplido del interés anual prometido por la corona; dos, del beneficio material que el interés anual pudiera reportarle al administrador de la capellanía y, tres,

---

55. El historiador Fernán González ahonda en el análisis de los efectos producidos por las revoluciones francesa y norteamericana sobre la relación Iglesia-Estado en España y sus colonias. En el prólogo al libro de Juan Pablo Restrepo, Fernán González señala cómo «la Revolución Francesa había significado la superación del orden feudal en nombre de las nociones burguesas de libertad, igualdad y fraternidad: esto implicaba la supresión de los privilegios y poderes del estamento clerical y el distanciamiento de la Iglesia frente al Estado, que alcanzaba ahora plena conciencia de sí y reivindicaba la plena soberanía y autonomía, que lógicamente se traducía en sentimientos hostiles frente a la Iglesia. Las nuevas ideas traían consigo una tendencia creciente a la secularización, que se traducía en el fin de toda soberanía territorial de clérigos y la expropiación de los bienes eclesiásticos por parte de príncipes y gobernantes regionales o nacionales. Obviamente, para el observador moderno, esta despolitización de la Iglesia representa una ganancia para ésta: obispos y pastores pueden reorientarse hacia sus tareas espirituales al ser liberados de funciones políticas y administrativas. Además, la nueva situación iba a obligar a la Iglesia a buscar subsistir y mantener su influjo por sus propios medios y en virtud de su naturaleza y misión específicas sin depender de la ayuda del brazo temporal del Estado.» Véase Juan Pablo Restrepo, *La Iglesia y el Estado en Colombia*, tomo 1, Bogotá, Biblioteca Banco Popular, volumen 132, 1987, pp. 9 y 10.

del grado de piedad y de lealtad que el administrador de la capellanía pudiera sentir por las almas de los fundadores.

¿Por qué las capellanías ejercieron una influencia importante sobre la economía de la Nueva Granada? Entre algunos estudiosos del fenómeno existe la idea, no sustentada aún, de que las capellanías fueron una invención consciente de la Iglesia católica para monopolizar propiedades y dinero. Noción prejuiciada, por cierto. En realidad, una de las posibles respuestas a la pregunta formulada es que la creencia en la existencia del más allá y el temor por los juicios y castigos que ocurrían después de la muerte ocupaban un espacio significativo en la vida cotidiana de los habitantes de la época, hasta el punto de que los bienes materiales terminaban siendo instrumentos para lograr bienestar espiritual en el más allá. El fenómeno se fue dando sin que pudiera ser pensado o planeado previamente. Tanto el poder económico de las capellanías como el reconocimiento del mismo fueron producto del proceso de consolidación de esta institución, pero las cofradías y las capellanías como instancias que hacían las veces de puente entre la vida y la muerte de los santafereños no podían prescindir de las exigencias de la vida material en la cual se desenvolvían, para funcionar debían tener en cuenta el aspecto de las fuentes de financiación de acuerdo a sus tareas y al manejo de los bienes materiales que estaban a su cargo. Las siguientes páginas harán referencia a la manera como las cofradías y las capellanías enfrentaron estos delicados e interesantes asuntos.

Cofradías y capellanías: expresiones del mundo económico colonial

Es indudable la importancia económica que poseían las capellanías como sistema de administración e intercambio de inmuebles y dinero aun durante las dos primeras décadas del siglo XIX. No obstante, ¿hasta qué punto es posible explicar este sistema si se le considera independiente de las concepciones y necesidades religiosas de la época? Existía un vínculo estrecho entre economía y religiosidad, difícil de entender desde la mirada de un observador que contempla el fenómeno doscientos años después. Por eso parece pertinente dejar planteadas algunas preguntas antes de proseguir: ¿qué significado tenían los bienes materiales para los santafereños? En un mundo que concedía un grado de importancia alto a la vida sobrenatural, ¿qué lugar ocupaba lo material? ¿La creencia en el más allá actuaba sobre la organización y regulación de la economía? ¿Poseían los santafereños una noción de economía tan distinta a la nuestra que no parecen apropiadas las comparaciones, sobre todo si se hacen tomando como punto de referencia el sistema económico actual?[56]

Al examinar los ingresos de la cofradía de Las Ánimas (véase cuadro 2),[57] se observa cómo el promedio anual de entradas en dinero estaba alrededor de los 75 pesos. El año de 1816 fue catastrófico para esta hermandad, tal vez por efectos de la represión ejercida por Pablo Morillo, represión que tuvo que incidir en la vida social de los santafereños. En cambio, el año de 1820 trajo prosperidad a la cofradía, pues sus entradas casi se duplicaron. El porcentaje mayor de ingresos se obtenía por concepto del arriendo de unas pocas casas y tiendas heredadas. Las entradas por concepto de «limosnas» —así se denominaba la cotización de los hermanos— eran inferiores a las que se obtenían a partir de los arriendos: un promedio de 35 pesos al año por concepto de limosnas, mientras que se recibía en promedio cincuenta pesos anuales por concepto de arriendos. Como se señaló anteriormente, en 1816 ocurrió un colapso en la cofradía: no se percibió dinero por arriendos y las limosnas sólo alcanzaron los once

56. Aunque no constituye objeto de investigación del presente estudio, vale la pena llamar la atención sobre el cuestionamiento del tipo o tipos de pensamiento que pudieron existir en la Santafé de comienzos del siglo XIX. La lectura del libro *El otoño de la Edad Media* de Johan Huizinga proporciona algunas luces a la presente reflexión. Para los casos de Francia y de los Países Bajos, durante los siglos XIV y XV, Huizinga habla de la existencia de dos tipos de pensamiento: el simbólico y el genético causal. ¿Predominaban en la Santafé del siglo XIX formas de pensamiento distintas a las reconocidas hoy, guiadas por lógicas incomprensibles en nuestros días? Véase Johan Huizinga, *El otoño de la Edad Media*, Madrid, *op. cit.*, pp. 317 y 331.

57. Para esta investigación fueron examinados los libros de cuentas de la cofradía de Las Ánimas, adscrita a la parroquia de Santa Bárbara y la de San Pedro Apóstol, adscrita a la iglesia de La Catedral. El primero contiene apuntes para el período comprendido entre 1815 y 1820, el segundo, entre 1827 y 1831.

pesos. El cuadro 3 muestra los gastos de la hermandad entre 1815 y 1820. Si se compara el total de ingresos que aparece en el cuadro 2 con el total de los egresos enunciado en el cuadro 3, es posible ver cómo el mayordomo o tesorero «salió alcanzado» en casi sesenta pesos. ¿De dónde salía el dinero para cubrir las deudas de la cofradía? Al parecer era función del mayordomo conseguirlo, y además debía esperar con paciencia a que la hermandad pudiera pagarle.

Las finanzas de la cofradía de San Pedro Apóstol entre 1827 y 1831 estuvieron en crisis. Los ingresos ascendieron a 250 pesos, véase cuadro 4, mientras que los egresos por año superaban ese valor, véase cuadro 5. El libro de la cofradía no proporciona información sobre lo ocurrido con sus cuentas entre julio de 1829 y julio de 1830.

Los dos libros de cuentas examinados coinciden en presentar una desproporción entre ingresos y gastos: los segundos superan a los primeros. ¿Hasta qué punto preocupaba a las hermandades obtener una relación equilibrada entre gastos e ingresos? ¿En qué medida la desproporción mencionada podría explicarse por incapacidad de los tesoreros-mayordomos para orientar las finanzas de las cofradías? ¿Los principios que guiaban la racionalidad económica de las hermandades estaban supeditados a sus funciones religiosas? Por lo que se puede apreciar en los apuntes contenidos en los libros, era corriente que los mayordomos terminaran alcanzados en las cuentas y que asumieran la tarea de conseguir el dinero para cubrir las deudas. Todo indica que la hermandad no culpaba al mayordomo por la desproporción de las cuentas; simplemente asumía este hecho como una consecuencia normal de la actividad de la organización, y tal vez por eso el mayordomo tomaba con tranquilidad el desequilibrio financiero, se preocupaba por encontrarle una solución y esperaba con paciencia a que la cofradía le retornase el dinero conseguido.

Cuadro 2
Cofradía de Las Ánimas. Parroquia de Santa Bárbara
Libro de cuentas 1815 a 1820

INGRESOS

	Rubros		
Años	Limosnas	Réditos y arriendos por propiedades	Total
1815	• 6 pesos, limosnas de los lunes de 3 meses. • 8 reales, limosnas de los lunes • 10 pesos, 3 reales un cuartillo, limosna anual de los hermanos. • 10 pesos, lunes de todo el año.	• 10 reales, arriendo de tienda. • 39 pesos, 4 reales arriendo de una casa • 3 pesos arriendo de una tienda • 6 pesos arriendo de una tienda	77 pesos, 1 real y 1 cuartillo
1816	• 11 pesos, 3 1/2 reales, limosna lunes		11 pesos, 3 y 1/2 reales
1817	• 2 pesos, 3 1/2 reales de limosna de los lunes que dan los hermanos.	• 54 pesos arrendamiento de casa.	66 pesos, 3 y 1/2 reales
1818	• 18 pesos, 7 reales y 3 cuartillos, limosna lunes • 18 pesos, limosna lunes • 8 reales limosna	• 18 pesos, arriendo de casa • 10 pesos, arriendo de casa • 8 reales, arriendo de casa • 4 pesos arriendo de solar • 3 pesos arriendo tienda	75 pesos, 3 y 1/2 reales
1819	• 18 pesos limosna lunes • 17 pesos, 1 y cuartillo de limosna	• 6 pesos, 4 reales arriendo casa • 3 pesos arriendo casa • 7 pesos arriendo de tienda • 27 pesos arriendo casa	78 pesos, 5 reales y 1 cuartillo
1820	• 18 pesos limosna lunes • 20 pesos limosna	• 54 pesos arriendo de casa • 8 pesos arriendo solar • 10 pesos arriendo tienda • 12 pesos réditos de casa • 5 pesos arriendo	8 pesos, 5 reales y 1 cuartillo
	Total		436 pesos, 1 y cuartillo reales

Fuente: Elaborado a partir del libro de cuentas de la cofradía de Las Ánimas. AGN., Conventos, tomo 23. folios 218r a 220r

Cuadro 3

Cofradía de Las Ánimas. Parroquia de Santa Bárbara.

Libro de cuentas 1815 a 1820.

EGRESOS

	Rubros				
Años	Misas, novenas, procesiones	Funerales	Cera, paños negros y hacheros	Sacerdotes y comunidades	Otros gastos
1815			• 4 pesos, 4 reales cera • 1 real al peón por transporte de cera	• 3 pesos, cura de La Catedral • 3 pesos, cura de Las Nieves • 3 pesos, cura de San Victorino • 12 pesos, cura Santa Bárbara (misa, vigilia, procesión, sermón)	• 3 pesos cantores y organistas • 3 pesos limeta de vino para la misa. • 4 reales de 2 monaguillos
1816	• 13 pesos misas realizadas		• 7 pesos, 5 reales cera, paños y hacheros • 9 pesos de 4 libras de cera • 8 pesos de 4 libras de cera • 4 pesos de 2 libras de cera • 18 reales alquiler de cera	• 15 pesos a comunidades	• 2 pesos de diáconos • 2 pesos de sacristán • 12 pesos, 4 reales de vino • 4 pesos de harina, 6 pesos 4 reales cantores y músicos • 1 real al monaguillo • 2 reales a peones conductores • 7 pesos impresión de 200 patentes
1817	• 6 pesos de misa, vigilia y procesión • 6 pesos de sermón • 7 pesos misas rezadas • 15 pesos misa de los lunes	• 8 reales al músico para un funeral	• 6 pesos, 4 reales en cera	• 9 pesos a curas en parroquias	• 4 pesos de 2 cantores y 2 músicos • 1 peso al sacristán • 12 pesos al pintor para componer altar • 6 pesos de 1 puerta para casa.

Años	Misas, novenas, procesiones	Funerales	Cera, paños negros y hacheros	Sacerdotes y comunidades	Otros gastos
	• 9 pesos novenario				• 6 pesos de pan para hermanos • 10 reales de 1 botella de vino • 3 reales de monaguillos
1818	• 9 pesos de misas y vigilia de tres parroquias • 15 pesos misas rezadas	• 6 pesos, misa de funeral	• 7 pesos, 4 reales de 6 libras de cera • 9 reales, alquiler de 6 cirios y paños negros		• 12 reales limeta de vino • 5 pesos, 4 reales pan para hermanos • 6 pesos, 3 reales músicos y cantores • 2 pesos al sacristán • 3 reales al monaguillo
1819	• 9 pesos novenario • 12 pesos de misa, vigilia y sermón • 10 pesos misas rezadas • 2 pesos de 2 misas de los lunes		• 4 pesos alquiler de cera • 40 pesos de un «cabo de bayeta» para dos paños	• 12 pesos a curas de parroquias	• 3 pesos botella de vino • 5 pesos pan hermanos • 5 pesos músicos y cantores • 2 pesos al sacristán
1820	• 53 pesos misas de lunes (desde 25 de octubre de 1819 a 18 de octubre de 1820) • 30 pesos de sermón misas y vigilias • 4 pesos, cinco reales misas de 10, 11 y 12		• 4 pesos, dos y medio reales alquiler cera		• 8 pesos de pan y vino • 2 pesos al sacristán • 5 pesos, 2 reales de músicos y controles • 2 reales de monaguillos
	Total				491 pesos, $6^{1/2}$ reales

Fuente: Elaborado a partir del libro de cuentas de la cofradía de Las Ánimas. AGN., Conventos, tomo 23, folios 218r a 220r.

CUADRO 4
LIBRO DE CUENTAS COFRADÍA DE SAN PEDRO APÓSTOL
IGLESIA DE LA CATEDRAL
1827 A 1831

INGRESOS

Rubros			
Años	Réditos por propiedades	Otros	Total
Julio 1827 a julio 1828	• 30 pesos de réditos de una casa. Cubren dos años • 15 pesos por réditos de una casa	• 114 pesos de saldo entregados por tesorero anterior	159 pesos
Julio 1828 a julio 1829	• 15 pesos réditos de casa • 15 pesos réditos de casa		30 pesos
Julio 1830 a julio 1831	• 30 pesos réditos de casa • 15 pesos réditos de casa		45 pesos
	Total		234 pesos

Fuente: Elaborado a partir del libro de cuentas de la cofradía de San Pedro Apóstol. AGN., Conventos, tomo 64, folios 860r a 865r.

Hacendados y comerciantes recurrían a las cofradías y capellanías cuando necesitaban préstamos en dinero para invertir en sus negocios. Quien solicitaba el préstamo debía demostrar su solvencia económica a través de escrituras y testigos. Se averiguaban otros detalles de la vida del solicitante —haber tenido pleitos con las autoridades era mal visto— y se indagaba por su comportamiento con respecto a deudas anteriores. Los procesos resultaban lentos y engorrosos, pero no había otro camino.[58] Cuando el préstamo era

58. Por el virrey Mendinueta se sabe que no existía en la época, 1803, otra vía para que comerciantes y hacendados obtuvieran préstamos en dinero. En opinión de este virrey «es cosa rara ver que estas dos apreciables profesiones casi se desconocen aquí mutuamente; que el comerciante sólo busca por lo común el oro y la plata; que el hacendado, ya sea criador o agricultor, no tiene otro recurso cuando trata de adelantar sus crías o cosechas, que el de solicitar de las manos muertas un capital, con

otorgado, el beneficiado reconocía el dinero sobre una propiedad suya y pagaba una cantidad de dinero anual por réditos. Cuando estaba listo para cancelar la deuda devolvía el dinero, y en caso de hallarse al día en el pago de los réditos se le hacía una escritura como constancia del pago de la deuda. El 26 de enero de 1796 el administrador de los Reales Hospicios, Antonio de las Cajigas, consignó seiscientos pesos pertenecientes a una capellanía, cantidad que estaba impuesta en casa y tiendas compradas por los Reales Hospicios. El dinero fue depositado en la curia en manos del regidor depositario general. Al administrador se le otorgó una certificación que cancelaba la escritura de obligación, y el promotor fiscal, defensor general de obras pías, fue el encargado de devolver el dinero al capellán.[59]

En 1796 Lucas de Erazo y Mendigaña, doctor y don dueño de hacienda, al enterarse de la existencia de seiscientos pesos pertenecientes a una capellanía solicitó le fueran otorgados a censo redimible para el «fomento de mi hacienda». El préstamo estaba respaldado en la misma propiedad, cuyo valor ascendía a 20.700 pesos. El anotador de hipotecas, después de averiguar la situación del solicitante en cuanto a préstamos y redenciones, informó que aún debía 350 pesos. En este punto el documento se interrumpe y no es posible saber si el censo le fue otorgado,[60] pero en todo caso, los censos redimibles se otorgaban por lo general a término indefinido, es decir, hasta cuando el acreedor decidiera cancelar el dinero. En realidad, tanto a las capellanías como a las cofradías les interesaba el pago puntual de réditos y la certeza de que su dinero no se perdería, porque se halla-

---

que queda gravado para siempre, y que si no todas, la mayor parte de las negociaciones de una y otra profesión se hacen por sus respectivos principales, punto menos que exclusivamente. Así es que se resienten de una pequeñez y lentitud asombrosas, que no pueden prosperar por falta de recursos, no habiendo reunión de intereses que se los facilite , y que el oro y la plata pagan todos los consumos de fuera con absoluta ruina de la agricultura». Véase Germán Colmenares, *Relaciones e informes de los gobernantes de la Nueva Granada*, tomo III, Bogotá, Biblioteca Banco popular, volumen 136, 1989, p.114.

59. A.G.N., Miscelánea, tomo 32, f. 279, censo redimible, enero 26 de 1796.

60. *Ibid.*, tomo 24, fls. 4 a 9 .

CUADRO 5
LIBRO DE CUENTAS COFRADÍA DE SAN PEDRO APÓSTOL.
IGLESIA DE LA CATEDRAL
1827 A 1831

EGRESOS					
	Rubros				
Años	Misas, novenas y vigilias	Funerales y misas de ánimas	Oficios y gastos varios	Otros	Total
Julio 1827 a julio 1828	• 102 pesos por 52 misas de los martes • 2 pesos por 1 misa • 18 pesos por 9 misas de novena de san Pedro • 18 reales por leer la novena	• 40 pesos por misa del alma	• 4 pesos al sacristán • 18 reales a los acólitos • 4 ½ reales al fuellero • 13 reales al campanero • 8 pesos al sacristán menor • 2 pesos al perrero • 18 reales al organista • 5 pesos alquiler de cirios • 4 pesos componer andas de san Pedro • 3 pesos al pintor • 12 reales un palo de las andas • 3 pesos por un tornillo	• 16 pesos por 200 patentes	• 213 pesos
Julio 1828 a julio 1829	• 18 pesos por misas de novena de san Pedro • 18 reales al que lee la novena.	• 4 pesos misa en funeral • 14 pesos misas día del funeral	• 2 pesos a diáconos • 1 peso a organista • 2 pesos a dos cantores	• 144 pesos, 6 reales y ½ , deuda al tesorero	• 240 pesos 7 reales

Años	Rubros				
	Misas, novenas y vigilias	Funerales y misas de ánimas	Oficios y gastos varios	Otros	Total
			• 1 pesos a sacristán • 4 reales al campanero • 12 reales a los acólitos • 1 real al fuellero • 4 pesos al sacristán • 18 reales a los acólitos • 4 ½ reales al fuellero • 13 reales al campanero • 8 pesos al sacristán menor • 2 pesos al perrero • 5 pesos al cerero • 25 pesos al tesorero de cofradía		
Julio 1830 a julio 1831	• 18 pesos misa de la novena • 18 reales lector de novena		• 18 reales acólitos • 18 reales organista • 4 ½ reales al fuellero • 13 reales al campanero • 8 pesos sacristán • 2 pesos perrero • 11 pesos 6 ½ reales al cerero	• 270 pesos 7 ½ reales al tesorero de cofradía • 25 pesos al tesorero	• 367 pesos 5 ½ reales

* El libro de la cofradía no proporciona información sobre el período comprendido entre julio de 1829 y julio de 1830.

Fuente : Elaborado a partir del libro de cuentas de la cofradía de San Pedro Apóstol. A. G. N., Conventos, tomo 64, folios 860r a 865r.

ba repaldado en una propiedad. El término indefinido de los censos hacía que el dinero disponible para préstamos circulara con excesiva lentitud y, como decía el virrey Mendinueta, las inversiones de hacendados y comerciantes dependían en gran medida de tal ritmo.

Dado que las cofradías disponían de un volumen más reducido de propiedades y dinero que las capellanías, otorgaban censos redimibles con menor frecuencia. A pesar de ello, se veían expuestas al incumplimiento de las condiciones establecidas en los contratos por parte de algunos de sus acreedores. En julio 18 de 1796 el mayordomo de la cofradía de Las Benditas Almas, adscrita a La Catedral, se quejó al provisor vicario general porque el presbítero Hermenegildo Vanegas, cura de la parroquia de Umbita, debía doscientos pesos a la cofradía de diez años de réditos, a razón de un censo de cuatrocientos pesos reconocidos sobre una casa situada en la colación de Las Nieves. El cura sugería pagar los réditos por cuotas para no perder la casa. Como se le adeudan seiscientos pesos de los novenos por el curato de Umbita, se ofreció a saldar los cuatrocientos pesos del principal y el resto del dinero correspondiente a réditos de esa cantidad. En vista de que no se cancelaba la deuda, la curia nombró avaluadores para la propiedad y la colocó en subasta pública.[61]

Podría pensarse que tanto las cofradías como las capellanías desempeñaron funciones de prestamistas en la Colonia y en las primeras décadas del siglo XIX, por una decisión consciente: sacar provecho material de las propiedades y del dinero que obtenían para la realización de obras pías. Sin embargo, varios factores contradicen esta presunción: el inadecuado manejo de las finanzas de las cofradías evidenciado en sus libros de cuentas, y la ineficacia de los curas para administrar las propiedades que dejaban caer por falta de reparaciones. Resulta más adecuado señalar cómo estas organizaciones terminaron cumpliendo de manera casual una labor de prestamistas, dada la desconexión existente entre los sectores productivos de la

61. *Ibid.*, tomo 119, fls. 271 a 283.

sociedad colonial: hacendados y comerciantes. Este aspecto fue señalado por el virrey Mendinueta en 1803.

Comparadas con las capellanías, las cofradías fueron propietarias de un reducido número de casas, por lo común recibidas por legado para celebración de algunas fiestas religiosas. En el año de 1821 existía una casa en el barrio de Las Nieves cuya construcción estaba deteriorada y cuyos arrendatarios se habían ido sin pagar. Desde 1768 dicha construcción pertenecía a tres cofradías y había sido legada por Tomás de la Cruz. Del cincuenta por ciento era propietaria la cofradía de Nuestra Señora de la Concepción y la otra parte la compartían las cofradías de Las Nieves y de Chiquinquirá. En vista de la ruina de la construcción y de los problemas que habían tenido para administrarla, los mayordomos de esas tres hermandades se reunieron en 1821 para solicitar la venta de la casa a las autoridades correspondientes. La autorización les fue concedida.[62]

Las personas interesadas en comprar casas que pertenecieran a cofradías o a capellanías, en aras de realizar el negocio argumentaban que a través de la venta se aseguraban los réditos y que a la vez se evitaba la pérdida del «principal» por la ruina del edificio. Los compradores intentaban persuadir a los eclesiásticos de que con la venta se evitarían los costos de reparación de las construcciones. Estas voces cobraron fuerza después de 1824, cuando el gobierno republicano prohibió la espiritualización de los bienes de capellanías. El carácter de bien espiritualizado era un impedimento real que dificultaba los negocios con construcciones, terrenos o dineros que estuvieran asociados a fines piadosos. Los procesos de compra y venta se hacían eternos por la cantidad de trámites que era necesario salvar. Dada la fuerza material y espiritual que aún conservaban las cofradías y capellanías en 1824, el decreto fue una medida tomada para inducir un cambio de actitud desde arriba; sin embargo, no pa-

62. *Ibid.*, tomo 32, fls. 549 a 554r.

rece acertado interpretarlo como respuesta a un sentimiento generalizado proveniente de diferentes sectores de la sociedad.

En 1826 Gregorio Tanco quiso comprar una casa a la cofradía de Las Ánimas de La Catedral. Era una casa baja en la calle de San Bruno, número 20. Ofrecía adquirirla a censo redimible o de contado. Acudió al provisor gobernador del Arzobispado para solicitar permiso y pidió concepto a los curas rectores de La Catedral sobre la venta y el avalúo. También fue consultado el promotor fiscal defensor general de obras pías. La venta se autorizó luego del correspondiente avalúo. El proceso se alargaba porque el mayordomo de la cofradía, Juan de Dios Torres, solicitó la anulación de la venta argumentando que la hermandad se había perjudicado en cuatrocientos pesos. La casa fue vendida a Gregorio Tanco en dos mil pesos. Al pleito se agregó el reclamo del arrendatario, quien alegó que había hecho «mejoras» a la construcción y que deseaba ser tenido en cuenta como posible comprador, y el 30 de enero de 1827 el proceso no había llegado a su fin: las partes interesadas continuaban reclamando.[63]

Los conflictos entre presbíteros por la propiedad y el usufructo de bienes de capellanías fueron usuales en las primeras décadas del siglo XIX. Casi siempre se originaban a partir de la sucesión obligada por la muerte del capellán. Aunque los fundadores se preocupaban por establecer con claridad en los testamentos el orden de sucesión de patronos y capellanes, ello no fue condición suficiente para evitar pleitos, sobre todo cuando las capellanías quedaban en manos de conventos u órdenes religiosas. Luego de la muerte de un capellán se nombraba un interino o capellán provisional, quien desempeñaba las funciones mientras se designaba la persona que asumiría el cargo de manera definitiva. Una vez nombrado el capellán permanente, casi siempre surgían pleitos con el interino. Otro motivo de pleito eran las designaciones simultáneas de varios capellanes para una misma capellanía, hechas por diferentes instancias eclesiásti-

---

63. *Ibid.*, tomo 37, fls. 765 a 785.

cas. Como resultado de la confusión de funciones y de la mutua desautorización, varios presbíteros se vieron involucrados en largos y engorrosos pleitos.

Entre 1807 y 1815, por ejemplo, se desarrolló un pleito entre dos presbíteros por las capellanías de misas de diez y once de la mañana en la iglesia de San Carlos. Javier Serrano Gómez habitaba una de las casas que pertenecía al «principal» de su capellanía y le había hecho «mejoras». Rudesindo López decía ser el capellán y reclamaba al primero la casa y el valor de los arriendos por ocho años: 768 pesos a razón de ocho pesos mensuales. De este pleito existen numerosos folios y no fue posible establecer a favor de quién se definió. La capellanía estaba fundada sobre tres casas localizadas en la plazuela de San Carlos.[64]

Aunque las cofradías eran propietarias de algunas casas y tiendas, su sostenimiento dependía en gran parte de las «limosnas» de los hermanos. El contenido de los testamentos permite apreciar la preocupación de los cofrades por saldar las deudas pendientes con sus respectivas hermandades, y en su última voluntad escrita encargaban a sus albaceas de entrar en contacto con las cofradías para cancelar los dineros que adeudaban. ¿Qué motivos animaban la preocupación de estos santafereños en torno a las deudas con las hermandades a la hora de testar: un sentido de pertenencia y lealtad hacia la organización, una presión explícita de las hermandades sobre los deudores, una presión sutil manifiesta en la menor atención dada por las cofradías a los funerales de los finados deudores?

Dos casos ilustran la manera como los cofrades solían referirse a sus deudas en los testamentos: en 1810 Francisco Gregorio Peralta y Rojas, dueño de hacienda de ganado, bestias y ovejas en el pueblo de Serrezuela, viudo y con un hijo menor de edad, declaró en su última voluntad que debía ocho reales «de limosnas atrasadas» a la cofradía de Nuestra Señora de la Concepción y dos reales a la de Nuestra

64. A.G.N., Conventos, tomo 31, fls. 252r a 264r.

Señora del Rosario. Ordenó a sus albaceas cubrir las deudas del quinto de sus bienes.[65] En testamento de noviembre 12 de 1813 José Santana, hijo natural de María Micaela Santana, dueño de casa de tapia y teja en la parroquia de Santa Bárbara, declaró tener una deuda de veintitrés pesos con la cofradía de Las Ánimas de La Catedral y ordenó a su albacea cancelar de sus bienes.[66]

Como se pudo observar a lo largo de este capítulo, la presencia de cofradías y capellanías durante las tres primeras décadas del siglo XIX proyecta nuevas imágenes acerca de las formas como se desarrollaba la vida cotidiana de los santafereños durante el denominado período de la Independencia. En el presente caso, las fuentes permitieron comprobar la existencia de tales instituciones y proporcionaron indicios acerca de las tareas cumplidas por ellas. En las siguientes páginas se verá cómo las diversas formas en que los santafereños se preparaban para la muerte hacían que el testamento cobrara un significado especial para los grupos sociales. Además, se abordará la pregunta por el lugar que los habitantes de la ciudad concedían a los funerales y a los sitios de sepultura.

---

65. A.G.N., Notaría Primera, tomo 229, f. 44r., testamento abril 3 de 1810.

66. A.G.N., Notaría Tercera, tomo 354, f. 127r., testamento de noviembre 12 de 1813.

Testadores y finados[1]: miembros activos de la sociedad independentista

> Me puse a estudiar otra vez anatomía, como en mi juventud, pero ya no lo hacía para considerar la estructura del cuerpo. Habíase despertado en mí la curiosidad por esas regiones intermedias donde el alma y la carne se confunden, donde el sueño responde a la realidad y a veces se le adelanta, donde vida y muerte intercambian sus atributos y sus máscaras. Hermógenes, mi médico, desaprobaba esos experimentos, pero acabó haciéndome conocer a ciertos colegas que se ocupaban de esas cosas. A su lado traté de localizar el asiento del alma, de hallar los lazos que la atan al cuerpo, midiendo el tiempo que tarda en desprenderse de ellos.[2]

En el momento de iniciar el presente estudio era pertinente preguntar por la incidencia que tuvieron los diversos acontecimientos políticos y militares ocurridos a lo largo de este convulsionado perío-

1. El verbo «finar», vigente en el lenguaje corriente de la época, fue empleado por fray Diego Silva, clérigo que asistió a Nariño en sus últimos momentos. Este clérigo escribió una carta el 21 de diciembre de 1823 al padre Francisco Quevedo, para comentar el comportamiento de Nariño en su agonía. Fray Diego Silva dice lo siguiente: «Le asistí hasta que *finara* (s.n.)., que fue el sábado 13, a las cinco de la tarde. Me pidió le auxiliase con salmos, lo que ejecuté escogiéndole lo más a propósito, para aquellos momentos terribles, y varios textos de la escritura sagrada... Mostraba mucha devoción, y varios me los repetía, de lo que me llenaba de mucha confianza. Murió en su silla, en sus sentidos y habla; mucha conformidad, resignación y obediencia, y sobre todo la humildad, pues le incomodaba cuando le trataban con respeto. En fin, mi hermano todas sus demostraciones hasta *finar* (s.n.) , no sólo fueron de cristiano sino de cristianísimo. Tuvo desde el comienzo un pleno conocimiento de su muerte.¡Oh!, ¡qué consuelo para toda la familia y para todos nosotros!». Véase Biblioteca Nacional, Raros y Curiosos, libro 331, pieza 1, folio 5.

2. Marguerite Yourcenar, *Memorias de Adriano*, Bogotá, Planeta Colombiana Editorial, S.A., 1985, p. 139.

do en las costumbres y prácticas relacionadas con la muerte y, por supuesto, por la repercusión de tales acontecimientos sobre el tipo de relaciones sociales y sobre las formas de organización social. El análisis de un conjunto de 320 testamentos escritos entre 1800 y 1831 mostró cómo no ocurrieron cambios profundos ni bruscos en las prácticas y costumbres funerarias durante esas tres décadas: los santafereños dieron instrucciones en sus testamentos sobre mortaja y lugar de sepultura e hicieron referencia a algunos detalles sobre el funeral. Durante esos treinta y dos años las mortajas fueron hábitos religiosos y la sepultura se efectuó en los suelos de las iglesias.[3]

¿Hasta dónde reflejan los testamentos el proceso vivido por los bogotanos entre 1800 y 1831 con respecto a las prácticas y costumbres funerarias? Mi conclusión es que señalan una tendencia, lo que ocurrió a lo largo del período examinado; sin embargo, no alcanzan a expresar los estremecimientos acaecidos ante sucesos como la epidemia de viruela de 1801-1802, los conflictos por la desamortización de bienes espiritualizados sucedidos entre 1804 y 1809, las convulsiones políticas de 1810, 1816 y 1819 y, por último, las presiones del gobierno republicano entre 1823 y 1830 para suspender la inhumación en iglesias.

Aunque se hizo una primera lectura de testamentos con el objeto de valorarlos como fuente, para esta investigación se tuvieron en cuenta aquellas partes relacionadas con expresiones de religiosidad y cláusulas referentes a la muerte y al más allá. Por lo tanto, este trabajo considera el testamento en uno de sus aspectos, es decir, en cuanto expresión de la preparación para la muerte.

La lectura de testamentos fue descubriendo la importancia de los funerales como acontecimientos que movilizaban al conjunto de la

---

3. Treinta años no constituyen un lapso suficiente para apreciar cambios en las mentalidades de un grupo humano; sin embargo si consideramos la característica del período examinado en este trabajo, ser una etapa intensa en los aspectos político y militar por los motivos ya conocidos, resulta oportuno evaluar hasta dónde los sucesos ocurridos pudieron afectar las creencias y prácticas relacionadas con la enfermedad y la muerte.

población. Parroquias, comunidades religiosas, cofradías, pobres, vecinos y familiares del muerto participaban de manera activa. Un abanico de tareas se desplegaba con el fallecimiento de un habitante: los santos óleos, el velorio, el traslado del cadáver a la iglesia, las ceremonias religiosas con el cuerpo presente, la inhumación, el novenario, el cabo de año y, cuando se habían fundado capellanías, las misas por el alma año tras año. Era tanta la energía consumida en torno a las ideas y a las prácticas funerarias en estos años que sería imperdonable pasar por alto la trascendencia social de los últimos momentos de la vida de los santafereños. Al fin y al cabo se trataba de observar tres décadas bastante agitadas de nuestra historia en las cuales ocurrieron sucesos de índole variada: epidemias, convulsiones políticas prolongadas, enfrentamientos militares y cambios de gobierno. Pero a pesar de ello, existía la inquietud por averiguar hasta qué punto los remezones sucedidos habían afectado las formas de concebir la muerte y el más allá, concepciones que venían de varios siglos de existencia. Me preguntaba por el peso que habían tenido las creencias y prácticas relacionadas con la muerte en la actividad social de los habitantes de la ciudad, y, por lo mismo, en la actividad política ocurrida en esos años; hasta dónde las ideas liberales incidieron en las prácticas religiosas relacionadas con la muerte y el más allá, y hasta qué punto la religiosidad con su bagaje de ideas, creencias, prácticas y organizaciones repercutió en la agitada vida política y social de estas tres décadas.

Durante treinta y dos años los santafereños experimentaron presiones sutiles y abiertas encaminadas a obtener un cambio en las costumbres relacionadas con la inhumación de los cadáveres. Hechos como la epidemia de viruela de 1801-1802 los forzaron a aceptar una transformación temporal. Una vez superado el contagio, la resistencia a la inhumación en campo abierto apareció de nuevo solicitando el retorno de los cadáveres a los suelos de las iglesias. Los últimos años de la década de 1820 sorprendieron a los habitantes de la ciudad pidiendo sepultura en los templos, mientras el gobierno republicano intentaba vender la idea de las inhumaciones en campo abierto. La construcción de un cementerio público se anunció en 1830, pero dada la periodización establecida para este trabajo, no fue posible saber cómo reaccionaron los pobladores ante esta medida.

Testar, actividad social más allá de la declaración notarial

La lectura seriada de testamentos pertenecientes a un período determinado del pasado permite al historiador introducirse en mundos extraños y a la vez fascinantes. La imaginación va reconstruyendo, como en una película, escenas de la vida cotidiana de la época a partir de lo que allí se describe. Costumbres, creencias, nociones y sentimientos se hacen tangibles a medida que se recorren los parágrafos de la última voluntad escrita de un habitante de la Santafé de comienzos del siglo XIX. Pero el observador de hechos pasados sabe que no puede quedarse con una lectura, pues su oficio le ha enseñado cómo el encuentro con documentos de otras épocas está permeado por mediaciones que le hacen ver variedad de imágenes. Es como mirar a través de un caleidoscopio: las figuras se entrecruzan, los colores se confunden. Una y otra vez el investigador vuelve sobre los documentos, examina frases, palabras, párrafos. Finalmente, encuentra fisuras, realidades borrosas, imágenes contradictorias. La película resulta menos clara de lo que se creía al comienzo, y es en ese momento cuando toma una de las decisiones más sensatas: preguntar.[4]

---

4. Historiadores como Alberto Flores Galindo y Joao José Reis han recurrido al análisis de conjuntos de testamentos con el objeto de aproximarse a las formas de pensar y de sentir de los habitantes del Perú y del Brasil. Estos investigadores intentaron caracterizar las condiciones económicas y sociales de algunos grupos de población en el período comprendido entre 1770 y 1840. El estudio de Flores Galindo se hizo a partir de 230 testamentos elaborados entre 1770 y 1810 por habitantes de Lima. Joao José Reis realizó una observación sobre un conjunto de 220 testamentos escritos por habitantes de Bahía entre 1830 y 1836. Véase Alberto Flores Galindo,

Como fuente «masiva y anónima»,[5] el testamento posibilita el estudio de la mentalidad de grupos sociales, aunque presenta la desventaja de que excluye a sectores de población desposeídos de bienes materiales o segregados por su condición étnica: entre los 320 testamentos examinados para este trabajo, elaborados entre 1800 y 1831, se encontraron los de algunos blancos pobres y el de un manumiso. Al parecer los indios no tenían la posibilidad de escribir su última voluntad, y los esclavos aparecen mencionados haciendo parte de los bienes materiales de los blancos propietarios.[6]

Testar hacía parte del conjunto de preparativos para la muerte. La última voluntad se declaraba frente a escribano y testigos. Significaba evaluar la vida en muchos sentidos: confesar faltas, ponerse al día en deudas, declarar afectos y desafectos, imaginar la propia muerte y preparar los detalles del funeral, disponer actos piadosos y distribuir los bienes. El testamento era entonces más que un documento notarial: expresaba creencias y sentimientos religiosos, ponía en evidencia el tipo de relaciones familiares de la época, describía la vida material de los habitantes y dejaba al descubierto temores y sentimientos de culpa que acosaban a hombres y mujeres de esos días.

Cuando un habitante de Santafé consideraba oportuno escribir su última voluntad, convocaba testigos —amigos, allegados o vecinos—

Aristocracia y plebe. Lima 1760-1830. Estructura de clases y sociedad colonial, Lima, Mosca Azul Editores, primera edición, 1984, pp. 55, 60, 61 y 122 ; Joao José Reis, *A Morte É Uma Festa. Ritos Fúnebres e Revolta popular No Brasil Do Século XIX*, Sao Paulo, Companhia Das Letras, Editora Schwarcz Ltda., 1995, pp. 93 y 116.

5. En su trabajo *Ideologías y mentalidades*, el historiador Michel Vovelle destaca la importancia del testamento como fuente histórica para el estudio de las mentalidades, porque posee tres características: ser escrito, ser masivo y ser anónimo. Véase Michel Vovelle, *Ideologías y mentalidades*, Barcelona, Ariel, 1985, p. 39.

6. Según refiere Charles Gibson, en el México del siglo XVIII algunos indígenas hacían testamento. En su última voluntad mencionaban sólo pequeñas parcelas de tierra o especificaban la renta o liquidación de alguna propiedad menor, legados que dejaban para la celebración de misas. Gibson recuerda que los indígenas no eran propietarios en el sentido español. Véase Charles Gibson, *Los aztecas bajo el dominio español. 1519-1810*, México, Siglo XXI Editores, segunda edición, 1975, p. 129.

para que estuvieran presentes en el momento de dictar sus disposiciones a un escribano. Se pensaba en la propia muerte aun antes de contraer una enfermedad grave. Un grupo representativo de personas decidía testar por previsión. Otros, en cambio, dictaban su última voluntad cuando se veían enfrentados a situaciones extremas de la vida: expedición militar, un parto, la vejez o una enfermedad grave. Aun entre los propietarios no era corriente saber escribir, y por ello los servicios del escribano eran solicitados con frecuencia. *No firma por no saber* era una frase bastante conocida que colocaba el escribano al finalizar el testamento. En algunas ocasiones, quienes sabían leer y escribir consignaban por escrito su voluntad en hojas sueltas, que luego eran cosidas, selladas con lacre y recomendadas a una persona de confianza, el albacea. Se sabe de algunos casos en los cuales las personas no alcanzaron a dejar escrita su voluntad, y de ellas se decía que morían *intestadas*. ¿Qué significaba testar para aquellas personas no propietarias, cuya condición étnica las colocaba al margen de ciertas actividades sociales? ¿Expresaban su última voluntad a los allegados en forma verbal? Son preguntas necesarias pero difíciles de contestar por cuanto no disponemos de fuentes al respecto.

Familiares, amigos y personas con prestigio social eran escogidos por los testadores como sus albaceas. Debían ser personas de confianza y con cierta habilidad para enfrentar los posibles pleitos que pudieran surgir a la hora de hacer efectivo el testamento. Con cierta frecuencia aparecían hijos naturales que no habían sido reconocidos en la última voluntad o parientes que reclamaban sus derechos. Otro tipo de reclamos provenía de acreedores del difunto, personas que exigían el pago de alguna deuda. En todos esos casos el albacea representaba los intereses del finado, razón por la cual debía tener el olfato suficiente para diferenciar los pleitos justos de los que no lo eran. No faltaban los pleitos familiares por herencias, hermanos o hijos que se disputaban el derecho a la propiedad de algún inmueble u objeto del finado.

En testamento escrito el 6 de junio de 1800, Joaquín Diego López y Ospina, viudo y con hijos, residente en Nóvita, nombró a su hijo como albacea asignándole cuatrocientos pesos como recompensa por esta labor. Don Joaquín evaluó su propio desempeño como albacea en dos casos, el de una doña y el de su difunto padre. Con respecto a éste último dijo no haber podido cumplir su voluntad «por varios pleitos y enredos que han resultado».[7] Francisco Javier de Benavides, soltero y sin hijos, propietario de dos casas, una en San Victorino y otra en La Catedral, el 9 de marzo de 1810 nombró como albacea a Ignacio de Herrera, doctor y don, a quien le encargó arreglar su última voluntad «sin estrépito de juicio y extrajudicialmente».[8]

Los casos mencionados señalan dos situaciones comunes al oficio de albacea: en la primera se reconoce la responsabilidad y complejidad de la labor desempeñada hasta el punto de recompensarla con una suma de dinero; en la segunda se nombra como albacea a una persona de reconocido prestigio, ante la seguridad que brinda en el cumplimiento de las disposiciones, y se le recomienda arreglar la distribución de los bienes sin recurrir a procedimientos judiciales, tal vez porque los procesos eran costosos, demorados y a veces complicaban el cumplimiento de la última voluntad de los finados.

Por lo general, los testamentos eran documentos cuya extensión no sobrepasaba los tres folios. Estaban escritos siguiendo un protocolo conocido por los escribanos. Constaban de encabezamiento, cláusulas sobre disposición de funeral, mandas forzosas, legados piadosos, distribución de bienes, nombramiento de albacea, fecha y firmas. En el encabezado se invocaba a Dios y se protestaba fidelidad a la Iglesia católica, a la Virgen y a los santos. Se declaraba el temor por la muerte y el más allá, y se expresaba el motivo por el cual era redactada la última voluntad.

---

7. A.G.N., Notaría Segunda, testamento de junio 6 de 1800, tomo 198, fls. 95r y v.
8. *Ibid.*, testamento de marzo 9 de 1810, tomo 216(1), f.17r.

La primera lectura de un conjunto de testamentos puede resultar árida por la impresión que proviene del orden y del lenguaje con el cual están escritos. Suenan tan protocolarios los juramentos de fe y fidelidad a la Iglesia que en un primer momento se duda de su sinceridad; sin embargo, el contraste con encabezados que prescinden de esas declaraciones y que las reemplazan por palabras propias muestra cómo el lenguaje y la estructura no eran del todo una camisa de fuerza.[9] Para un sector de la sociedad, el testamento era un acto de preparación para la muerte. Varias cláusulas de estos documentos se referían al destino del cuerpo y del alma de quien escribía la última voluntad. Con anticipación a enfermedades graves los habitantes escogían mortaja y lugar donde deseaban ser sepultados, y de acuerdo a sus posibilidades económicas disponían los detalles del tipo de funeral, novenario, cabo de año y misas por el alma. Para aquellos habitantes miembros de una cofradía, estos asuntos estaban arreglados a partir del momento de su vinculación a la hermandad. La preocupación por el destino del alma ocupaba un lugar central en los testamentos: en una cláusula se encargaban misas por el alma del difunto, dejando parte de los bienes para su ejecución. En otros

9. Andrew Brown realiza un estudio sobre las actitudes frente a la muerte y su incidencia en la actividad social en tres condados ingleses para el período comprendido entre los años 1250 y 1550. Examina un conjunto de 1.600 testamentos y concluye que este tipo de documento sólo habla de gentes prósperas. Para Brown, los testamentos no son una adecuada medida de piedad porque constituyen «espejos de la convención social y, no tanto, ventanas del alma.» Véase Andrew Brown, *Popular Piety in Late Medieval England. The Diocese of Salisbury. 1250-1550,* Oxford, Oxford Historical Monographs, *1995,* pp. 21, 22 y 93.

Véase el interesante estudio del sociólogo panameño Alfredo Figueroa Navarro en el que analiza un conjunto de 2.500 testamentos escritos a finales del siglo XVIII y a lo largo del XIX por habitantes de Panamá. Aunque descriptivo y enumerativo este trabajo deja ver la riqueza del testamento como fuente documental. Alfredo Figueroa Navarro, *Testamento y sociedad en el Istmo de Panamá, Siglos XVIII y XIX*, Panamá, Impresora Roysa, 1991, 207 páginas. Al respecto de los testamentos como fuente documental para el período comprendido entre 1800 y 1830, en Santafé, véase Ana Luz Rodríguez, «La sociedad santafereña en los testamentos. 1800-1830» en *Cuadernos de Trabajo de la Facultad de Ciencias Humanas*, Bogotá, núm. 6, Universidad Nacional de Colombia, 1993, pp. 50 a 63.

casos los testadores creían más efectivo fundar una capellanía, memoria de misas por el alma, para lo cual dejaban parte de sus bienes, nombraban patrono y capellán y elaboraban escritura de institución. Llegaba a tal grado la preocupación por la salvación del alma que decidían nombrarla como «heredera universal» de sus bienes o disponían que compartiera sus propiedades con los familiares. Legar bienes al alma significaba invertir su producto en misas por la propia salvación, cuestión que estaba a cargo del albacea. [10]

A pesar de las convulsiones políticas y militares ocurridas entre 1800 y 1830 tanto en la Nueva Granada como en la Gran Colombia, el temor a la muerte y a la condenación perpetua no sufrió graves alteraciones. Así lo muestra la lectura del grupo de testamentos examinado para este trabajo. La costumbre de nombrar heredera universal a la propia alma se mantuvo aún después de 1819. Tres casos ubicados en fechas distantes entre sí dentro del período ilustran esta situación: Rita Angulo en 1802; Miguel Alfonso en 1815, y Rosa Laso de la Vega en 1828.

Rita Angulo, viuda y dueña de una casa, nombró a su alma heredera «por no tener como no tengo en el día heredero forzoso, que repita derecho contra mis bienes».[11] Miguel Alfonso, casado y sin hijos, propietario de una estancia, casas de bahareque y ganado, nombró por herederas únicas y universales a las almas del purgatorio: «para que reducido aquel residuo a dinero se invierta en misas por las almas del purgatorio y así hayan herencia con la bendición de Dios y la mía».[12] Por último, Rosa Laso de la Vega, vecina de la parroquia de Las Nieves, nombró por heredera universal a su alma

10. Según Philippe Aries entre los siglos XII y XVI, en Francia, el testamento constituía un acto religioso impuesto por la Iglesia, el cual se convirtió en acto privado con el objeto de reglamentar la transmisión de los bienes. Véase Philippe Aries, *El hombre ante la muerte*, Madrid, Ediciones Taurus, 1983, p. 161.

11. A.G.N., Notaría Segunda, testamento de abril 26 de 1802, tomo 203, f. 84v.

12. A.G.N., Notaría Primera, tomo 233, testamento de marzo 10 de 1815, fls. 26v y 26r.

«para que del remanente que sobrare, cumplido todo lo que dejo dispuesto se me manden decir misas hasta donde alcance».[13]

Frente a los pobres había un sentimiento ambivalente en la Santafé de 1800. Se los despreciaba por su carencia de bienes materiales y de prestigio social, pero a la vez eran considerados intercesores ante el tribunal que presidía el juicio final. Su desprendimiento forzoso o voluntario de los bienes terrenales los hacía acreedores a una pureza de alma obtenida a fuerza de privaciones.[14] En los testamentos se dejaba limosnas a cambio de oraciones por el alma o del acompañamiento en el funeral, o simplemente se hacían legados en la seguridad de que las obras piadosas serían recompensadas en la otra vida.

Miguel de Isla, médico de Santafé, escribió su testamento en 1801, aunque su muerte se produjo en 1807. El afecto que sentía por el hospital San Juan de Dios y su generosidad hicieron que nombrara por herederos a los pobres enfermos de esa institución. La única pariente del galeno era una prima que vivía en Tunja, monja del convento de la Concepción de esa ciudad. De Isla legó parte de sus bienes a la prima y el resto lo dejó a los «pobres enfermos».[15] En 1804 Manuel Díaz de Hoyos, soltero y comerciante, dispuso que durante su novenario se dieran diez limosnas de a cien pesos a «pobres vergonzantes prefiriendo a las mujeres», y ordenó veinticinco vestidos a un valor de veinticinco pesos cada uno a los más necesita-

---

13. A.G.N., Notaría Segunda, tomo 229, testamento de diciembre 31 de 1828, f. 224v.

14. Para Michel Mollat, el pobre es aquel que de manera permanente o temporal se encuentra en una situación de debilidad, de dependencia, de humillación, caracterizada por estar privada de los medios, variables según las épocas y las sociedades. Para Mollat los medios tienen que ver con la consideración social, el dinero, las relaciones, la influencia, el poder, la ciencia y la honorabilidad del nacimiento. Viviendo al día no tiene oportunidad de levantarse sin la ayuda ajena. Véase Michel Mollat, *Pobres, humildes y miserables en la Edad Media*, México, Fondo de Cultura Económica, primera edición en español, 1988, p. 12.

15. A.G.N., Notaría Primera, tomo 224, testamento de diciembre 12 de 1801, fl. 351v.

dos.[16] En 1806 José Miguel Rivas, propietario de minas y esclavos en el Chocó, viudo y sin hijos, ordenó «limosnas a viudas, huérfanos y vergonzantes a discreción y juicio de mis albaceas».[17]

Los grados de desprendimiento y generosidad variaban de uno a otro testador. Algunos, como Miguel de Isla, legaban sus bienes a los pobres; otros, como José Miguel de Rivas, se limitaban a repartir limosnas en el día del funeral y del novenario. Se sabe que los escribanos estaban forzados a recordar a los testadores su obligación de tener en cuenta a los pobres en su última voluntad.[18] Para los habitantes que hacían testamento existían dos tipos de pobres: los vergonzantes y los de oficio. Los primeros eran personas honradas y trabajadoras que habían caído en desgracia, y los segundos vivían de la limosna. A los vergonzantes se les estimaba y eran vistos con cierta consideración por quienes escribían testamento.

La última voluntad escrita, por otra parte, era vista como la posibilidad de reconocer frente a la sociedad aquellas faltas ocultas por muchos años. A partir de la lectura de testamentos es posible apreciar que concebir un hijo natural era una falta grave para el conjunto de la sociedad. Con diversos grados de arrepentimiento, hombres y mujeres confesaban la existencia de ellos. Algunos expresaban culpa; otros, en cambio, desafiando el sentir general, legaban parte de sus bienes a sus hijos ocultos. ¿Por qué los santafereños decidían confesar en su testamento la existencia de hijos naturales? Puede creerse que los movía únicamente el deseo de evitar pleitos a la hora de distribuir los bienes, bien fuera porque les negaban todo derecho o porque los incluían como herederos. Sin embargo, los motivos de la confesión superaban los intereses económicos y se

16. A.G.N., Notaría Tercera, tomo 338, testamento de diciembre 29 de 1804, f. 126r.

17. A.G.N., Notaría Primera, tomo 231, testamento de abril 25 de 1806, f. 52v.

18. A.G.N., Colonia, Policía, tomo 5, real cédula que reglamenta la constitución de los hospicios en Santafé de Bogotá, junio 10 de 1777, fls. 190 a 201. Véanse parágrafos 6 y 7.

situaban en el plano de obtener tranquilidad de conciencia.[19] Por ejemplo, en 1806 Francisco Javier de Silva, dueño de una pulpería y casado dos veces, reconoció a una hija natural a la que ruega se le dé parte de sus bienes a la hora de «tomar estado». De Silva declaró que «en el tiempo que fui casado la primera vez tuve por mi hija bastarda a Ignacia». Otro caso es el de una viuda, propietaria de casa en Las Nieves y de tres tiendas en la calle de San Miguel, quien en 1827 declaró que, «habiendo sufrido disgustos con mi marido, por cuya causa duramos separados como mujer frágil, y sin mayor reflexión, viéndome desunida caí en la desgracia de tener un hijo, que aunque se ha querido tener por legítimo del citado mi esposo, en la realidad no lo es, sino de Vicente Posadas, y éste se llama Félix, lo cual así declaro en desahogo de mi conciencia».[20]

En los inicios de este estudio, el primer acercamiento a los testamentos estuvo precedido por la suposición de que su redacción había sufrido alteraciones como consecuencia de las convulsiones políticas ocurridas entre 1800 y 1831. Se esperaba encontrar cambios en la forma del documento y en el lenguaje; sin embargo, luego de hacer una observación detenida, se llegó a la conclusión de que no habían ocurrido transformaciones bruscas ni profundas. Por ejemplo, un grupo de testadores no dejó instrucciones para el funeral sino que encargó a su albacea de los preparativos. De todas maneras, los

19. Como lo señala el historiador Pablo Rodríguez, el amancebamiento era visto como un atentado contra el Estado. Los amancebados al romper con la norma de conducta matrimonial se hacían objeto de censura; iniciado como simple cotilleo y convertido en chisme, el escándalo no se hacía esperar. Su delito no sólo era visto como afrenta a la moral cristiana, sino como agresión al Estado. En el sistema colonial las jerarquías sociales poseían un carácter político; de ahí que todo acto de insubordinación que empañara el prestigio de las jerarquías sociales, afectaba en la misma medida la autoridad política. Véase Pablo Rodríguez, «El amancebamiento en Medellín, siglos XVIII y XIX», en *Anuario colombiano de historia social y de la cultura*, Bogotá, números 18 y 19, 1990-1991, Universidad Nacional de Colombia, Facultad de Ciencias Humanas, Departamento de Historia, pp. 42 y 46.

20. A.G.N., Notaría Segunda, tomo 212, testamento de 24 de septiembre de 1806, folio 273v. y Notaría Primera, tomo 247, testamento de julio 13 de 1827, folio 347v.

cambios no se produjeron en un momento específico, sino que se localizaron a lo largo de las tres décadas.

¿Qué puede significar el hecho de que los testamentos hayan permanecido intactos, tanto en la forma como en el contenido, durante esos treinta y dos años? En primer lugar, que las concepciones y sentimientos frente a la muerte y al más allá no cambiaron de manera radical, a pesar de que algunas circunstancias ejercieron presión sobre las costumbres y las concepciones religiosas. Para citar un caso, el temor frente a la epidemia de viruela de 1801-1802 hizo que se prohibiera la sepultura de contagiados en los suelos de las iglesias y creó la necesidad de los cementerios en campo abierto, localizados en las afueras de la ciudad. Tal circunstancia colocó contra la pared las creencias religiosas de los habitantes de Santafé y de la Nueva Granada, porque las nociones de lo sagrado y lo profano se vieron alteradas de manera brusca. El espacio ocupado por el cementerio en campo abierto no se consideraba sagrado, por lo cual resultaba que sepultar a los deudos en necrópolis era desprotegerlos en su paso hacia el más allá y profanar el cuerpo del muerto. Pero tan pronto cesó el peligro de la epidemia, los neogranadinos buscaron la manera de recuperar el suelo de las iglesias como lugar de sepultura. *Gaceta de Colombia*, periódico oficial de la Gran Colombia entre 1821 y 1831, inició en 1823 una serie de publicaciones para persuadir a los habitantes de la benignidad de los cementerios en campo abierto. A pesar de ello, el grueso de testadores continuó solicitando inhumación en iglesia y sólo unos pocos pidieron sepultura en cementerio.

Aunque el grueso de los testadores señala una tendencia hacia la permanencia de creencias y costumbres religiosas, resulta pertinente mencionar algunos casos que, por lo excepcionales, anuncian el advenimiento de nuevas formas de expresión con respecto a la muerte. Uno de ellos es el testamento del general Mariano Montilla escrito en 1831, quien decidió escribir una última voluntad rompiendo con los esquemas tradicionales. Mientras la mayoría de los colombianos aún no se atrevía a alterar las formas convencionales de escribir un testamento heredadas de la Colonia, este general decía en las cláusulas referentes a instrucciones sobre su funeral:

> ...lo primero encomiendo mi alma al diablo para que la destine al infierno donde no haga más daños ni origine más perjuicios de los que hasta ahora ha causado, y el cuerpo mando a Jamaica que investido del hábito de Santiago y de todas las insignias y decoraciones que me corresponden, es mi voluntad sea conducido en el paquete de S.M.B.
> Item: mando que el día de mi fallecimiento marchen las tropas de la libertad, se repiquen las campanas, se haga salva triple de artillería y todas las demás exequias que son consiguientes, y que a las mandas forzosas, santo oficio de la inquisición y tribunal de pesquisa, se les den mil maravedíes por una sola vez, desistiéndolas y apartándolas de toda acción que puedan intentar contra mis pobres bienes.[21]

Fue voluntad de este general convertir su testamento en instrumento de propaganda política, haciéndole variaciones en el contenido y en la forma. Incluso solicitó su impresión. Este último detalle transformó el carácter anónimo del testamento, convirtiéndolo en panfleto político.

Pero los testadores santafereños también dejaban consignadas en su última voluntad las instrucciones sobre el tipo de funeral deseado, las características de la mortaja preferida y los detalles del lugar de sepultura, y determinaban el número de misas por el alma que debían decirse en los días siguientes a la inhumación. Con el objeto de establecer las preferencias de los habitantes en estos aspectos, en el siguiente aparte se analiza el contenido de 320 testamentos.

---

21. Biblioteca Nacional, Fondo Quijano Otero, Hojas sueltas 1830-1834, volumen 259, fls. 55r y v. Este testamento fue otorgado en Cartagena el 25 de abril de 1831 y aparece impreso en hojas sueltas.

Gustos funerarios de los santafereños

Con frecuencia se ha creído que el testamento era un documento escrito por individuos y grupos de prestigio social; sin embargo, la lectura de 320 de ellos, escritos por habitantes de Santafé entre 1800 y 1831, mostró cómo un sector de no propietarios y de analfabetos tuvo acceso a la manifestación de su última voluntad. Al lado de dueños de haciendas, casas y ganados fueron encontradas personas carentes de bienes inmuebles que sólo declararon como propiedades sus ropas de uso cotidiano, algunos muebles y herramientas. La última voluntad de indios y esclavos no aparece en los testamentos examinados, tal vez porque la discriminación étnica de que eran objeto lo impedía.

Hombres y mujeres redactaban su última voluntad, aunque en proporciones desiguales: un 60% para los primeros y un 40% para las segundas (véase cuadro 1). Una posible explicación a esta disparidad puede provenir del hecho de que los hombres ocupaban un lugar más ventajoso en la sociedad de esos días y participaban más activamente en la vida económica y política. Para las mujeres estaba reservado el espacio de la vida doméstica, aunque esta afirmación sería inexacta si no se introdujera una observación complementaria. Habría que establecer diferencias y referirse a su comportamiento según su situación socioeconómica. Entre los sectores con menor poder económico y social se encuentran grupos familiares en los cuales las mujeres eran jefes de hogar y cumplían funciones tanto en la vida pública como en la privada: sostener económicamente a sus hijos, educarlos, proporcionarles afecto, etc.[22]

---

22. Véase Guiomar Dueñas, «Sociedad, familia y género en Santafé a finales de la Colonia», en *Anuario colombiano de historia social y de la cultura*, Bogotá, núm. 21, Universidad Nacional de Colombia, Facultad de Ciencias Humanas, Departamento de Historia, 1993, pp. 63 a 113.

Cuadro 1
Habitantes de Santafé que hicieron testamento, según sexo 1800-1831

	Sexo				
Años	Hombres	%	Mujeres	%	Total
1800 - 1801	11	55	9	45	20
1802 - 1803	11	55	9	45	20
1804 - 1805	12	60	8	40	20
1806 - 1807	12	60	8	40	20
1808 - 1809	9	45	11	55	20
1810 - 1811	10	50	10	50	20
1812 - 1813	13	65	7	35	20
1814 - 1815	16	80	4	20	20
1816 - 1817	10	50	10	50	20
1818 - 1819	4	20	16	80	20
1820 - 1821	12	60	8	40	20
1822 - 1823	11	55	9	45	20
1824 - 1825	15	75	5	25	20
1826 - 1827	14	70	6	30	20
1828 - 1829	13	65	7	35	20
1830 - 1831	14	70	6	30	20
Total	187	58.43	133	41.5	320

Fuente: Muestra de 320 testamentos, tomada del A. G. N., Notarías 1ª, 2ª y 3ª, para el período comprendido entre 1800 y 1831.

Gráfica 1
Habitantes de Santafé que hicieron testamento, según sexo, 1800-1831

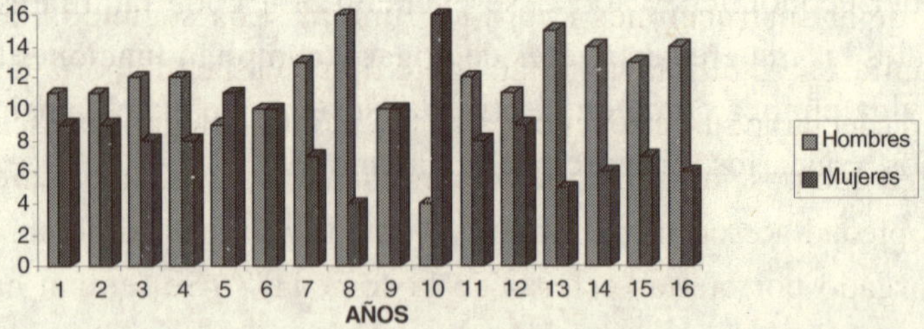

1. 1800 - 1801. 2. 1802 - 1803. 3. 1804 - 1805. 4. 1806 - 1807. 5. 1808 - 1809. 6. 1810 - 1811. 7. 1812 - 1813. 8. 1814 - 1815. 9. 1816 - 1817. 10. 1818 - 1819. 11. 1820 - 1821. 12. 1822 - 1823. 13. 1824 - 1825. 14. 1826 - 1827. 15. 1828 - 1829. 16. 1830 - 1831.

Fuente: muestra de 320 testamentos tomada en el A.G.N., Notarías 1ª, 2ª y 3ª, para el período comprendido entre 1800 y 1831.

Como se aprecia en la gráfica 1, entre 1800 y 1831 el grupo de hombres testó en mayor cantidad con respecto al grupo de mujeres. En 24 de los 32 años incluidos en la muestra los hombres escribieron un mayor número de testamentos que las mujeres; durante cuatro años el grupo de mujeres superó al de los hombres, mientras que en un lapso semejante, cuatro años, se colocaron al mismo nivel.

Pertenecer a una parroquia era una condición generadora de identidad para los individuos por cuanto estos espacios religiosos constituían centros de intensa actividad social. Por lo general se hacía parte de cofradías adscritas a la iglesia parroquial y allí mismo se tenía derecho a sepultura. Dadas las dimensiones de la ciudad, ocho barrios y cuatro parroquias, sus habitantes estaban en capacidad de imaginar el conjunto y de establecer contrastes entre los cuatro territorios eclesiásticos que la componían: Las Nieves, La Catedral, Santa Bárbara y San Victorino. Aunque para un 42.8% de los testadores no fue posible identificar la parroquia a la que pertenecían, se sabe que el más alto porcentaje de ellos se ubicaba en La Catedral (20.3%), seguido por el grupo de Las Nieves (17.5%). Un tercer puesto lo ocupaba Santa Bárbara con un 11.56%, y el último lugar San Victorino con un 7.81% (véase cuadro 2).

El testamento tenía significados diferentes para propietarios y no propietarios.[23] Los primeros se hallaban interesados en organizar la distribución de sus bienes a través de ese documento, pero además en dejar instrucciones sobre su funeral. Los segundos deseaban manifestar su última voluntad sobre tipo de funeral, mortaja y sepultura, declarar su pertenencia a la fe católica y legar los escasos enseres que poseían ¿Qué razones movían a los habitantes carentes de propiedad a escribir su última voluntad? ¿Hacer uso de un derecho otorgado por ciertas esferas de la sociedad? ¿Se sentían haciendo parte de grupos sociales con prestigio y poder, a pesar de su caren-

23. Para el presente estudio se asignó el calificativo de « propietarios» a los dueños de inmuebles, tierras o ganado.

CUADRO 2

TESTADORES SANTAFEREÑOS PERTENENCIA A PARROQUIAS.

1800 - 1831.

	Parroquias				
Años	Catedr.	Sta. Bárbara	Nieves	San Victorino	Sin identificar
1800 - 1801	11	55	9	45	20
1800 - 1801	5	3	5	2	5
1802 - 1803	6	1	3	2	8
1804 - 1805	4	4	3	0	9
1806 - 1807	5	1	2	3	9
1808 - 1809	7	2	3	1	7
1810 - 1811	5	0	4	4	7
1812 - 1813	2	2	2	2	12
1814 - 1815	3	1	0	0	16
1816 - 1817	2	4	3	0	11
1818 - 1819	1	2	3	2	12
1820 - 1821	3	3	3	1	10
1822 - 1823	7	5	3	0	5
1824 - 1825	7	3	6	0	4
1826 - 1827	1	3	5	1	10
1828 - 1829	3	3	7	3	4
1830 - 1831	4	0	4	4	8
Total	65	37	56	25	137
	20.3%	11.56%	17.5%	7.81%	42.8%

Fuente: Muestra de 320 testamentos, tomada del A. G. N., Notarías 1ª, 2ª y 3ª, para el período comprendido entre 1800 y 1831.

cia material? ¿Buscaban afirmarse frente a otros sectores e individuos que, además de su pobreza material, eran segregados por razones étnicas? El 17% de habitantes pobres que hacía testamento (véase cuadro 3) permite apreciar cómo las funciones de este documento iban más allá del aspecto económico.

CUADRO 3

SITUACIÓN ECONÓMICA DE TESTADORES SANTAFEREÑOS

1800 - 1831

Situación económica					
Años	Propietar.	%	No propietarios	%	Sin identificar
1800 - 1801	16	80	4	20	0
1802 - 1803	16	80	3	15	1
1804 - 1805	17	85	2	10	1
1806 - 1807	15	75	5	25	0
1808 - 1809	17	85	3	15	0
1810 - 1811	19	95	1	5	0
1812 - 1813	18	90	2	10	0
1814 - 1815	19	95	1	5	0
1816 - 1817	17	85	3	15	0
1818 - 1819	16	80	4	20	0
1820 - 1821	16	80	4	20	0
1822 - 1823	17	85	3	15	0
1824 - 1825	17	85	3	15	0
1826 - 1827	14	70	6	30	0
1828 - 1829	15	75	5	25	0
1830 - 1831	15	75	5	25	0
Total	264	82.5	54	16.8	2

Fuente: Muestra de 320 testamentos, tomada del A. G. N., Notarías 1ª, 2ª y 3ª, para el período comprendido entre 1800 y 1831.

Redactar el testamento hacía parte de los preparativos para la muerte. Escribir la última voluntad significaba pensar y disponer la distribución de los bienes, pero además implicaba imaginar la propia muerte. Los habitantes aducían cinco motivos para redactar su última voluntad: previsión, enfermedad, embarazo, campaña militar y pena de muerte. El 65.3% testaba por enfermedad y el 32.5% lo hacía por previsión (véase cuadro 4). Llama la atención ese 32.5% que escribía su última voluntad estando en perfectas condiciones de salud y cuya motivación principal era empezar a prepararse para la muerte. El embarazo constituía otro de los motivos para testar. El riesgo de morir en el parto era bastante alto en la época, y debido a ello las mujeres embarazadas se anticipaban a lo que pudiera suceder. Algunos hombres próximos a salir en campaña militar consideraban oportuno hacer lo mismo, dado que se exponían a perder la vida en el combate. Por último, otro de los motivos encontrados tiene que ver con el caso de un condenado a muerte que decide escribir su última voluntad mientras espera el ajusticiamiento.

Si bien eran los propietarios quienes tenían mayor iniciativa a la hora de escribir testamento (véase gráfica 2), se encontró que un porcentaje de personas carentes de bienes materiales también optaba por redactar su última voluntad. Me interesa destacar a este último grupo de testadores por cuanto, con su actitud, señalan cómo el testamento superaba el carácter de documento notarial.

GRÁFICA 2
HABITANTES DE SANTAFÉ QUE HICIERON TESTAMENTO, SEGÚN SITUACIÓN ECONÓMICA, 1800-1831

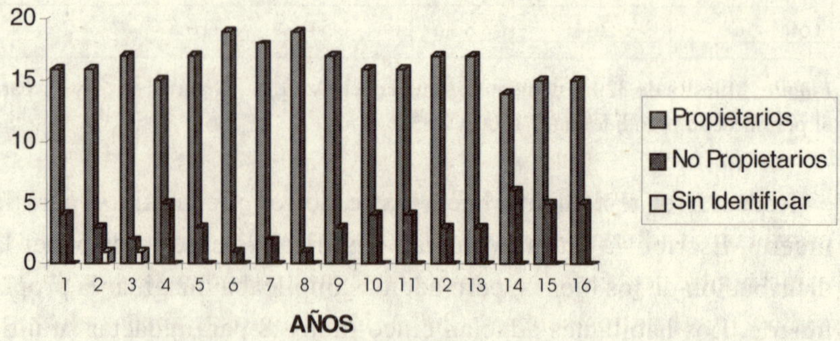

1. 1800 - 1801. 2. 1802 - 1803. 3. 1804 - 1805. 4. 1806 - 1807. 5. 1808 - 1809. 6. 1810 - 1811. 7. 1812 - 1813. 8. 1814 - 1815. 9. 1816 - 1817. 10. 1818 - 1819. 11. 1820 - 1821. 12. 1822 - 1823. 13. 1824 - 1825. 14. 1826 - 1827. 15. 1828 - 1829. 16. 1830 - 1831.

Fuente: Muestra de 320 testamentos tomada en el A.G.N., Notarías 1ª, 2ª y 3ª, para el período comprendido entre 1800 y 1831.

CUADRO 4

MOTIVOS PARA TESTAR. 1800 - 1831.

Años	Motivos					
	Previsión	Enfermed.	Embarazo	Campaña militar	Pena de muerte	Sin identificar
1800 – 1801	4	16	0	0	0	0
1802 – 1803	8	10	0	0	0	2
1804 – 1805	5	15	0	0	0	0
1806 – 1807	5	14	1	0	0	0
1808 – 1809	3	17	0	0	0	0
1810 – 1811	7	13	0	0	0	0
1812 – 1813	6	14	0	0	0	0
1814 – 1815	10	8	0	1	0	1
1816 – 1817	7	13	0	0	0	0
1818 – 1819	8	12	0	0	0	0
1820 – 1821	7	13	0	0	0	0
1822 – 1823	7	13	0	0	0	0
1824 – 1825	7	13	0	0	0	0
1826 – 1827	6	14	0	0	0	0
1828 – 1829	8	11	0	0	1	0
1830 – 1831	6	13	1	0	0	0
Total	104 32.5%	209 65.3%	2	1	1	3

Fuente: Muestra de 320 testamentos, tomada del A. G. N., Notarías 1ª, 2ª y 3ª, para el período comprendido entre 1800 y 1831.

Casados por primera o segunda vez, viudos, solteros y religiosos escribían su última voluntad. El porcentaje más alto de testadores estaba entre los casados (36.5%), seguido por el de los viudos (30.6%) y el de los solteros (20%). Los religiosos apenas alcanzaban un 5.6% (véase cuadro 5). Entre solteros, viudos y religiosos se localizaba el porcentaje más alto de testadores que dejaban a su «propia alma» como heredera universal de sus bienes.

CUADRO 5

ESTADO CIVIL DE TESTADORES SANTAFEREÑOS.

1800 - 1831.

Años	Estado civil					
	Solteros	Casados	Viudos	Casados 2ª vez	Religios.	Sin identificar
1800 – 1801	3	5	5	2	2	3
1802 – 1803	4	7	5	2	1	1
1804 – 1805	4	7	6	0	3	0
1806 – 1807	5	6	5	2	1	1
1808 – 1809	4	7	9	0	0	0
1810 – 1811	3	5	11	0	0	1
1812 – 1813	6	6	6	1	0	1
1814 – 1815	6	9	4	1	0	0
1816 – 1817	4	9	6	0	0	1
1818 – 1819	8	7	5	0	0	0
1820 – 1821	1	4	9	1	4	1
1822 – 1823	2	8	8	0	2	0
1824 – 1825	4	7	3	0	2	4
1826 – 1827	4	11	3	0	1	1
1828 – 1829	4	9	5	0	2	0
1830 – 1831	2	10	8	0	0	0
Total	64	117	98	9	18	14
	20%	36.5%	30.6%	2.8%	5.6%	4.3%

Fuente: Muestra de 320 testamentos, tomada del A. G. N., Notarías 1ª, 2ª y 3ª, para el período comprendido entre 1800 y 1831.

Una primera lectura de los testamentos escritos entre 1800 y 1831 sugirió la idea de que los acontecimientos políticos ocurridos entre 1810 y 1824 habían modificado las formas de expresión frente a la muerte y al más allá: aquellos casos en los cuales el testador guardaba silencio con respecto a los detalles de su funeral y prefería delegar esa tarea a sus albaceas, plantearon la pregunta por el cambio de actitud frente a la muerte.[24]

24. Michel Vovelle, estudioso de los testamentos franceses, advierte un cambio en las expresiones frente a la muerte entre 1730 y 1770, detectado a partir de variaciones en las cláusulas de devoción y en la desaparición del discurso religioso que

Para establecer el grado de alfabetismo se tuvo en cuenta la última parte del testamento, es decir, la cláusula referente a las firmas de testador, escribano y testigos. «No firma por no saber» o «no firma por enfermedad» constituían frases aclaratorias colocadas por el escribano cuando el declarante no estaba en capacidad de escribir su nombre. De los 320 testadores examinados, el 57% sabía escribir y el 43% era analfabeto (ver cuadro 6).

CUADRO 6

NIVEL DE ALFABETIZACIÓN DE TESTADORES SANTAFEREÑOS.
1800 - 1831.

Nivel de alfabetización				
Años	Alfabetos	%	Analfabet.	%
1800 – 1801	11	55	9	45
1802 – 1803	11	55	9	45
1804 – 1805	10	50	10	50
1806 – 1807	13	65	7	35
1808 – 1809	8	40	12	60
1810 – 1811	9	45	11	55
1812 – 1813	10	50	10	50
1814 – 1815	17	85	3	15
1816 – 1817	11	55	9	45
1818 – 1819	9	45	11	55
1820 – 1821	13	65	7	35
1822 – 1823	12	60	8	40
1824 – 1825	14	70	6	30
1826 – 1827	13	65	7	35
1828 – 1829	9	45	11	55
1830 – 1831	12	60	8	40
Total	182	56.8%	138	43.12

Fuente: Muestra de 320 testamentos, tomada del A. G. N., Notarías 1ª, 2ª y 3ª, para el período comprendido entre 1800 y 1831.

antes figuraba en los testamentos. Vovelle denominó a esta variación «descristianización», mientras que para Philippe Aries tal transformación constituía un cambio de «convención», reflejo de una sensibilidad modificada. «Interiorización más que cambio». Véase Michel Vovelle, *Ideologías y mentalidades*, Barcelona, Ariel ,1985, pp. 33 y 35.

¿Hasta qué punto incidía el grado de alfabetización del habitante en su actitud hacia la redacción de testamento? Como lo muestra la gráfica 3, en veinte de los 32 años considerados el porcentaje de alfabetos que escribía testamento fue superior al de habitantes iletrados. Sólo durante ocho años el grupo de testadores iletrados superó al de alfabetos, mientras que para un período de cuatro años los dos estuvieron al mismo nivel.

GRÁFICA 3
HABITANTES DE SANTAFÉ QUE HICIERON TESTAMENTO, SEGÚN NIVEL DE ALFABETIZACIÓN, 1830-1831

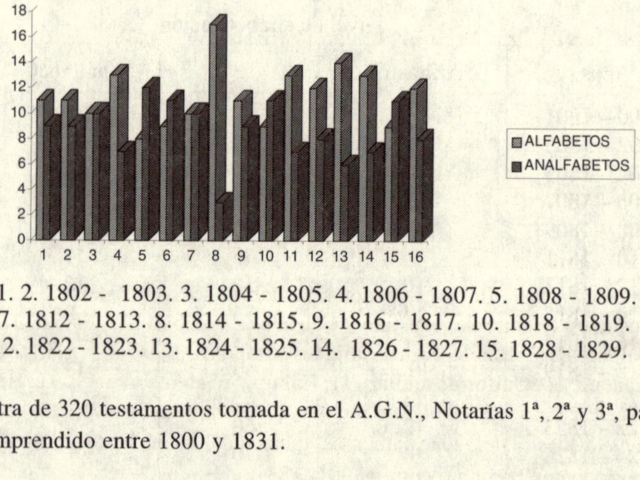

1. 1800 - 1801. 2. 1802 - 1803. 3. 1804 - 1805. 4. 1806 - 1807. 5. 1808 - 1809. 6. 1810 - 1811. 7. 1812 - 1813. 8. 1814 - 1815. 9. 1816 - 1817. 10. 1818 - 1819. 11. 1820 - 1821. 12. 1822 - 1823. 13. 1824 - 1825. 14. 1826 - 1827. 15. 1828 - 1829. 16. 1830 - 1831.

Fuente: muestra de 320 testamentos tomada en el A.G.N., Notarías 1ª, 2ª y 3ª, para el período comprendido entre 1800 y 1831.

Era corriente que los testadores, como ya se dijo, dejaran por escrito el tipo de mortaja con la cual esperaban ser inhumados. Hábitos de santos, uniformes militares y sacerdotales y lienzos hacían parte de la lista mencionada por los santafereños en su última voluntad. Un grupo de 253 testadores solicitó por mortaja el hábito de san Francisco, mientras que dieciocho habitantes solicitaron el hábito de san Agustín. Sacerdotes, monjas y militares pedían ser enterrados con los uniformes de sus respectivos oficios. Sólo dieciséis testadores se abstuvieron de expresar por escrito los detalles de su funeral y dejaron esa tarea en manos de sus albaceas (véase cuadro 7).

Cuadro 7
Tipos de mortaja solicitados por testadores santafereños, 1800-1831

	Tipo de mortaja													
Años	1	2	3	4	5	6	7	8	9	10	11	12	13	14
1800 - 1801	2	17	1	0	0	0	0	0	0	0	0	0	0	0
1802 - 1803	1	16	1	1	1	0	0	0	0	0	0	0	0	0
1804 - 1805	1	16	2	0	0	1	0	0	0	0	0	0	0	0
1806 - 1807	1	14	2	0	0	2	1	0	0	0	0	0	0	0
1808 - 1809	0	18	0	0	0	0	0	1	1	0	0	0	0	0
1810 - 1811	0	18	1	0	1	0	0	0	0	0	0	0	0	0
1812 - 1813	0	17	1	0	0	0	0	0	0	1	1	0	0	0
1814 - 1815	0	18	2	0	0	0	0	0	0	0	0	0	0	0
1816 - 1817	0	19	1	0	0	0	0	0	0	0	0	0	0	0
1818 - 1819	0	18	0	0	0	1	0	0	0	0	0	1	0	0
1820 - 1821	2	13	1	0	0	1	1	0	0	0	0	0	2	0
1822 - 1823	1	17	1	0	0	0	0	0	0	0	0	0	0	1
1824 - 1825	2	13	1	0	1	2	0	1	0	0	0	0	0	0
1826 - 1827	2	15	1	0	0	2	0	0	0	0	0	0	0	0
1828 - 1829	2	14	1	0	0	3	0	0	0	0	0	0	0	0
1830 - 1831	2	10	2	0	0	4	0	1	0	0	0	1	0	0
Total	16	253	18	1	3	16	2	3	1	1	1	2	2	1

Convenciones: 1. Hábito sacerdotal. 2. Hábito de San Francisco. 3. Hábito de San Agustín. 4. Hábito de Agustinos Calzados. 5. Hábito San Juan de Dios. 6. Agusto de albaceas. 7. Hábito Ntra. Sra. del Carmen. 8. Lienzo. 9. Hábito de San Pedro Alcántara. 10. Uniforme militar. 11. Hábito de Santo Domingo. 12. Hábito de Agustinos Descalzos. 13. Hábito de monja. 14. Hábito de Santa Rita.

Fuente: Muestra de 320 testamentos, tomada del A. G. N., Notarías 1ª, 2ª y 3ª, para el período comprendido entre 1800 y 1831.

Entre 1800 y 1831, como también se ha señalado, se dejó de sepultar en los suelos de las iglesias a los finados víctimas de enfermedades contagiosas. Se abrieron cementerios en campo abierto y un grupo numeroso de ajusticiados por motivos políticos fueron inhumados en cementerios. Finalizada la década de 1820 algunos testadores solicitaron sepultura en cementerio. De los 320 encuestados, 144 requirieron inhumación en la iglesia del convento de San Francisco, 30 en La Catedral y 26 en la iglesia del convento de San Agustín (véase cuadro 8). Al igual que en el caso de la mortaja, un pequeño grupo, 21 personas, omitió las instrucciones sobre lugar de sepultura y dejó la decisión en manos de los albaceas. ¿Cómo interpretar la actitud del reducido número de santafereños que se abstuvo de mencionar los detalles relacionados con mortaja y lugar de sepultura? ¿Empezaban estos habitantes a dejar de ver la muerte como un espectáculo? ¿El desinterés por la expresión pública y anticipada de las instrucciones para el funeral correspondía a una disminución del temor hacia el más allá?

Cuadro 8
Lugares de sepultura solicitados por testadores
1800 - 1831

	Lugar de sepultura																	
Años	1	2	3	4	5	6	7	8	9	10	11	12	13	14	15	16	17	18
1800 - 1801	4	2	2	5	1	1	0	0	2	0	0	0	0	0	0	0	0	3
1802 - 1803	4	2	0	1	1	8	1	0	0	1	1	0	0	0	0	0	0	1
1804 - 1805	3	0	2	2	0	8	3	0	1	0	0	0	0	0	0	0	0	1
1806 - 1807	3	0	3	2	0	7	1	0	1	1	1	0	0	0	0	0	0	1
1808 - 1809	2	1	3	1	2	8	0	0	1	0	0	1	0	0	0	0	0	1
1810 - 1811	1	0	1	1	2	9	0	0	2	0	3	0	0	0	0	0	0	1
1812 - 1813	1	0	1	1	2	9	2	0	2	0	0	0	0	0	0	1	0	1
1814 - 1815	1	1	2	0	1	14	0	0	0	0	0	0	0	0	0	0	1	0
1816 - 1817	0	1	1	0	3	12	1	0	0	0	0	0	1	0	0	0	0	0
1818 - 1819	1	0	2	1	0	12	0	0	0	0	1	0	1	0	0	0	1	1
1820 - 1821	1	1	3	1	2	5	3	0	0	1	1	0	1	0	0	0	0	1
1822 - 1823	2	4	2	0	0	7	1	0	0	2	0	0	1	0	0	0	0	1
1824 - 1825	1	1	2	1	0	11	0	0	0	0	0	0	1	0	0	0	0	3
1826 - 1827	1	2	2	2	0	9	0	0	1	0	0	0	1	1	0	0	0	1
1828 - 1829	2	1	0	0	0	13	0	0	1	0	0	0	0	0	1	0	0	2
1830 - 1831	3	2	0	0	0	10	0	1	1	0	0	0	0	0	0	0	0	3
Total	30	18	26	18	14	144	12	1	12	5	7	1	6	1	1	1	2	21

Convenciones: 1. Iglesia Catedral. 2. Cualquier iglesia parroquial. 3. Iglesia convento San Agustín. 4. Iglesia de Las Nieves 5. Iglesia convento San Juan de Dios. 6. Iglesia convento de San Francisco.7. Iglesia de Santa Bárbara. 8. Capilla particular. 9. Iglesia San Victorino. 10. Iglesia Agustinos Calzados. 11. Iglesia Agustinos Descalzos. 12. Fuera de Santafé . 13. Iglesia convento de Santo Domingo. 14. Iglesia de San Diego. 15. Iglesia del Carmen. 16. Capilla del Sagrario 17. Iglesia de La Candelaria. 18. A gusto de albaceas.

***Fuente*:** Muestra de 320 testamentos, tomada del A. G. N., Notarías 1ª, 2ª y 3ª, para el período comprendido entre 1800 y 1831.

El testador hacía explícita la pertenencia a una cofradía en una de las cláusulas de su última voluntad. Justo en el momento en el cual daba las instrucciones para el funeral era oportuno traer a cuento si se hacía parte de una hermandad. Por lo general, tanto el tipo de mortaja como el lugar de sepultura eran comunes para los integrantes de una de estas organizaciones. De los 320 testadores, 71 pertenecían a una cofradía (véase cuadro 9). La mención de ellas en los testamentos escritos entre 1800 y 1831 sugiere que estas organizaciones estuvieron presentes en la vida de los bogotanos a lo largo de los 32 años mencionados.

Cuadro 9

Testadores que pertenecían a cofradías, y fundaban capellanías. 1800-1831.

Cofradías – Capellanías			
Pertenencia a cofradías			
Años	Testadores afiliados	Nombre	Fundac. de capellanías
1800 - 1801	7	San Pedro, Santísimo Sacramento, Parroquia de Chía.	6
1802 - 1803	5	Orden Tercera y Santísimo Sacramento	4
1804 - 1805	7	Orden Tercera, Las Ánimas, Nuestro Amo Sacramentado.	7
1806 - 1807	6	Espíritu Santo y Orden Tercera.	3
1808 - 1809	8	Veracruz, Orden Tercera y Espíritu Santo	2
1810 - 1811	6	Espíritu Santo y Santísimo Sacramento	2
1812 - 1813	5	Orden Tercera y Nuestra Señora del Carmen	4
1814 - 1815	6	Orden Tercera	3
1816 - 1817	3	San Diego	3
1818 - 1819	3	Espíritu Santo	2
1820 - 1821	4	Espíritu Santo	2
1822 - 1823	3	Espíritu Santo	2
1824 - 1825	3	Espíritu Santo	2
1826 - 1827	2	Espíritu Santo	3
1828 - 1829	2	Espíritu Santo	2
1830 - 1831	1	Espíritu Santo	2
Total	71		49

Fuente: Muestra de 320 testamentos, tomada del A. G. N., Notarías 1ª, 2ª y 3ª, para el período comprendido entre 1800 y 1831.

¿Qué significados podía tener la mención de las cofradías en los testamentos escritos entre 1800 y 1831? Señalaré dos de ellos: uno, la permanencia de una actitud frente a la muerte y al más allá y, dos, la estabilidad de una red de relaciones sociales. Las cofradías tuvieron estrecha relación con la sepultura en iglesias y, por supuesto, con una cierta concepción sobre la relación entre la vida terrenal y el más allá. La creencia en esta relación otorgaba efectividad a la mortaja, al lugar de sepultura y al acompañamiento a la hora de la muerte en relación con la salvación del alma. Como red organizativa, vigente por espacio de siglo y medio, recordemos el caso de la hermandad de Jesús Nazareno, que enseñó a neogranadinos y colombianos hábitos y maneras de relacionarse. De igual manera, es posible que el tejido cofradial presente por varios siglos en estos territorios haya servido como telón de fondo a formas organizativas posteriores: ¿hasta qué punto los gremios de artesanos, partidos políticos y sindicatos tienen una deuda de experiencia con las cofradías?[25]

En el período estudiado la institución de las capellanías reforzó la idea de la supervivencia de ciertas actitudes y concepciones con respecto a la muerte y al más allá. A pesar de los intentos por suprimir los bienes espiritualizados, los santafereños insistieron en el deseo de fundar memorias de misas por la salvación de las almas. Aunque es preciso señalar el hecho de que la voluntad de fundar capellanía expresada en el testamento no era garantía suficiente para la puesta en práctica del deseo del testador, resulta pertinente reconocer que la mención era una prueba de la supervivencia de una

25. Aunque pueda parecer un tanto evolucionista la explicación dada por Hobsbawm en su trabajo *Rebeldes primitivos*, su planteamiento acerca de la formación de algunas organizaciones y movimientos sociales en Europa Occidental, entre los siglos XIX y XX, tanto a nivel rural como urbano, no deja de ser interesante. Considera Hobsbawm que las formas organizativas se entrelazan a través del tiempo, y que como experiencias previas de organización de alguna manera se hallan contenidas y asimiladas por formas posteriores. Véase Eric J. Hobsbawm, *Rebeldes primitivos, estudio sobre las formas arcaicas de los movimientos sociales en los siglos XIX y XX*, Barcelona, Ediciones Ariel, 1968.

mentalidad que creía en la relación entre la vida terrenal y el más allá. Como se puede apreciar en el cuadro 9, 49 testadores fundaron capellanías entre 1800 y 1831.

Entre el testamento y su puesta en práctica, por otra parte, existía una distancia. La expresión escrita de la voluntad del testador no era garantía de su ejecución. Entre el testador y la materialización de sus deseos había intermediarios, cuestión que las más de las veces complicaba la realización de los requerimientos del finado.[26] Albaceas, herederos, cambios de costumbres y acontecimientos imprevistos demoraban y a veces desviaban la voluntad del difunto. Aunque no resulte sencillo probar cómo se expresó la distancia entre el testamento y su ejecución para el período estudiado, es importante señalar que las advertencias hechas por los testadores con respecto a la manera de distribuir sus bienes, así como el cuidado con el cual eran elegidos los albaceas, expresaban el temor por el riesgo que se corría con respecto al incumplimiento. La puesta en escena de los testamentos no debió de ser asunto fácil en un período tan agitado. Sucesos como el intento de desamortización de bienes espiritualizados ocurrido entre 1804 y 1809, los cambios de gobierno y las transformaciones administrativas ocurridas en 1810, 1816 y 1819 afectaron notablemente la ejecutoria de las mortuorias.

26. Fernando del Bastardo y Loayza, cura párroco de Nueva Barcelona, Venezuela, señalaba cómo a finales del siglo XVIII, se observaba la costumbre de enterrar a las personas de acuerdo a su calidad y caudal, independientemente del tipo de funeral solicitado en el testamento. Al respecto decía del Bastardo y Loayza: «aunque la persona haya hecho testamento y en él pida entierro bajo, los herederos y parientes no lo permiten, sino que, precisamente, piden que el entierro sea con las solemnidades y circunstancias arriba dichas, y en cuanto a los sufragios de las tales personas, la costumbre es que en el día del entierro celebren misa todos los sacerdotes por el alma del difunto por la limosna de ocho reales, y las cinco misas del alma, inclusive las dos de los santos patronos». Véase Fernando del Bastardo y Loayza, *Noticias historiales de Nueva Barcelona*, Caracas, Biblioteca de la Academia Nacional de Historia, número 179, Fuentes para la historia colonial de Venezuela, 1985, p. 169.

Los funerales, ritos piaculares[27] anudadores de lazos sociales

Los funerales animaban la vida social de Santafé a comienzos del siglo XIX. Comunidades, cofradías, parroquias y habitantes se sentían aludidos con el deceso de un semejante. El muerto era llevado en procesión desde su lugar de vivienda hasta la iglesia o capilla para celebrar misa solemne. Velaciones, misas por el alma y sepulturas hacían parte del ceremonial fúnebre. En todo caso, al muerto no se le dejaba solo. Hermandades y comunidades encabezaban la marcha hacia la tumba. En los entierros de cruz alta, generalmente de propietarios con o sin prestigio social, la multitud aumentaba porque el finado había legado limosnas a los pobres y a las comunidades a cambio de esa última compañía. Los entierros de pobres eran menos lucidos, aunque los finados carentes de bienes y prestigio de todas maneras tenían acceso a un lugar de sepultura dentro de algún templo.

Para el habitante de la Santafé colonial era irremplazable la sepultura eclesiástica. Suelos de templos y capillas hacían las veces de cementerio. El sitio de sepultura era escogido en vida y señalado en una cláusula del testamento. En cambio, los finados intestados estaban a merced tanto del dinero con que contaran para funeral y sepultura como de los buenos oficios de sus allegados. En ocasiones se negaba sepultura eclesiástica y esto era causa de sufrimiento para los parientes del muerto. La prohibición de sepultura en terreno ecle-

27. Emile Durkheim denomina *ritos piaculares* a las fiestas tristes cuyo objeto es hacer frente a alguna calamidad o simplemente recordarla o llorarla. La palabra *piaculum,* aunque evoca la idea de expiación, tiene un significado más amplio. Cualquier desgracia y todo lo que inspira sentimientos de angustia o de temor necesita un *piaculum*. La palabra parece apropiada para designar ritos que se celebran en ambiente de inquietud o de tristeza. Véase Emile Durkheim, *Las formas elementales de la vida religiosa. El sistema totémico en Australia*, Madrid, Alianza Editorial, 1993, pp. 612 y 613.

siástico era una sanción social severa que traía repercusiones posteriores a los parientes del difunto.[28]

Por lo general, los muertos eran velados en sus viviendas. Se colocaba el cuerpo en ataúd encima de una mesa, rodeado de cirios encendidos. Era deber del escribano hacerse presente en la morada del finado para confirmar su fallecimiento. El funcionario se acercaba al cuerpo y lo llamaba tres veces por su nombre. No obtener respuesta era prueba de su deceso. Ante testigos redactaba entonces un documento en el cual daba fe del fallecimiento.[29] El 25 de julio de 1807, el escribano llegó a la habitación de María Engracia Moreno e Isabella, quien acababa de fallecer y estaba siendo velada por parientes y amigos. Después de llamarla tres veces, consignó en un papel la confirmación del deceso:

> Doy fe: que en este día en virtud de lo mandado en el precedente auto pasé a la casa morada de doña María Engracia Moreno e Isabella, y constituido en una de las salas de dicha casa, hallé su cuerpo tendido en un féretro con varias luces a los lados, y habiéndola llamado por tres ocasiones por su nombre y apelativo con palabras altas y perceptibles, como no hubiese respondido hallé estar naturalmente muerta al parecer.[30]

La negación de sepultura eclesiástica implicaba a la vez la prohibición de usar hábitos religiosos por mortaja. Es conocido el caso de

---

28. Las leyes séptima a décima, título trece, partida primera de la Novísima Recopilación (Leyes de Indias) señalan los casos en los cuales debía negarse sepultura en iglesias: 1. a los cadáveres de los que habían fallecido por mano de la justicia sin arrepentirse; 2. los de los excomulgados e impenitentes, y, 3. los que morían en torneos aunque se confesaran. Véase Juan Pablo Restrepo, *La Iglesia y el Estado en Colombia*, vol.132, tomo 1, Bogotá, Biblioteca Banco Popular, Fondo de Promoción de la Cultura del Banco Popular, 1987, p.172.

29. Según Philippe Aries, «la conclamatio» era la costumbre de llamar por tres veces en voz alta por el nombre al presunto difunto, delante de su cadáver. Esta precaución expresaba el miedo que se tenía a enterrar vivos. El lavado, el duelo, dejar el rostro al descubierto y la demora de varios días antes de la incineración eran algunas de las medidas acostumbradas para prevenir el entierro de un vivo. Véase Philippe Aries, *El hombre ante la muerte*, Madrid, Ediciones Taurus, 1983, p. 330.

30. A.G.N., Notaría Primera, tomo 224, f. 391v.

un español al cual se negó sepultura eclesiástica por haber fallecido en la tienda de «su manceba», Luz Prado, el 4 de diciembre de 1800. Enterados los curas de San Diego de tal determinación decidieron inspeccionar el cadáver para comprobar si el hábito que vestía por mortaja «tenía patente». Se adquirían los derechos de mortaja a través de una cédula otorgada por las comunidades religiosas. Los clérigos de Santo Domingo llegaron al lugar donde se velaba al difunto y comprobaron la carencia de tal autorización. Como llevaban orden de despojo del prior de la comunidad, al comprobar que no existía licencia para llevar el hábito bajaron el cadáver de la mesa y le rasgaron la mortaja, porque no hubo otra forma de quitársela. Agustín Olivera, guarda del Resguardo Unido de Reales Rentas, español, fue sepultado «en la sabana por no haber cumplido con la Iglesia». Luego de su entierro se siguió un proceso que buscaba demostrar los excesos cometidos con su cadáver por parte de los curas mencionados.[31]

La muerte en Santafé a comienzos del siglo XIX era por lo tanto un acto público en el cual se expresaba una amplia gama de actitudes: tristeza de los más allegados, curiosidad de los vecinos, temor colectivo ante la desaparición de un miembro del grupo. El despliegue de gestos e imágenes saturaba la atmósfera cargándola de vitalidad.[32] Como actos públicos, los funerales eran a la vez espacios para el intercambio social: en ellos ocurrían acercamientos, pero también roces; se expresaban condolencias, pero a la vez se hacía ostentación. Algunos vivos salían a exhibir sus galas y algunos muertos a demostrar humildad a través de «funerales pobres», que habían solicitado a sus allegados o en sus testamentos, a pesar de que su capacidad económica les permitía funerales de cruz alta.

---

31. A.G.N., Colonia, Juicios Criminales, tomo V, fls. 710 a 740.

32. Para Aries, la muerte antigua, aquella que se celebra colectivamente mediante un acto público y con abundantes manifestaciones de pesar y de dolor, rica en imágenes, objetos y símbolos es una muerte domada. Para este historiador en la muerte domada se controla el miedo a través de la ceremonia colectiva y de toda su parafernalia. Véase Philippe Aries, *El hombre ante la muerte*, Madrid, Ediciones Taurus, 1983, pp. 32 y 500.

Diez días duraba el ceremonial de despedida para un finado. Entre velación, funerales y novenario, familiares y amigos estaban en contacto permanente. Las actividades se desarrollaban en tres espacios: vivienda del muerto, calles recorridas por el cadáver en su paso hacia el templo, e iglesia en la cual sería sepultado. A pesar de la tristeza, los allegados del muerto se esforzaban por estar a tono con la situación: trajes negros, candelabros, velas, muebles y loza.[33] Cuando no se contaba con implementos propios había que recurrir a los vecinos para superar la emergencia. El despliegue de objetos y los gastos iban de acuerdo con la capacidad económica del fallecido y con su última voluntad.

El tipo de funeral dependía no sólo de la capacidad económica del muerto sino también de una conjunción de voluntades: el testamento del finado y las opiniones de familiares y amigos. La variedad de precios era amplia. El entierro de cruz alta estaba al alcance de individuos adinerados o propietarios. El entierro humilde carecía de vigilia, responso y misas por el alma. Se hacía con luces escasas y sin posas en el traslado desde la vivienda hasta la iglesia, así como sin acompañamiento de pobres y de comunidades.

Las pompas fúnebres hacían costosos los entierros.[34] Revestidos de parafernalia, los funerales de personas adineradas constituían un despliegue de poder frente al resto de la sociedad. El libro de cuentas del convento de San Agustín, escrito entre 1792 y 1814, proporciona información sobre tipos y precios de funerales. A partir de los

33. Por el decreto 32 expedido el 31 de diciembre de 1821 en Lima, San Martín reglamenta el uso del luto. Queda prohibido el luto fuera de los grados más próximos de consanguinidad; se prohibe el uso de cortinas negras y de aparato lúgubre en las casas donde se recibe el pésame. Quien incumpliera esta reglamentación se exponía a una multa individual de 50 pesos. Véase Biblioteca Nacional, Fondo Quijano Otero, volumen 268, Perú Leyes y Decretos 1825-1845, pp. 70,71 y 72.

34. Refiriéndose a las pompas fúnebres, Jacques Le Goff trae a cuento los puntos de vista de santo Tomás y de san Agustín. Para el primero, el ceremonial del entierro puede ser indirectamente útil a los muertos. Para el segundo, lo que se hace por el cuerpo de los difuntos no les sirve de nada para la vida eterna. Véase Jacques Le Goff, *El nacimiento del purgatorio,* Madrid, Ediciones Taurus, 1981, p. 317.

datos encontrados en él se elaboraron cinco cuadros, de tal manera que fuera posible comparar costos. Entre 1792 y 1794 los funerales más costosos oscilaron entre 175 y 200 pesos y correspondieron a miembros del clero o a dones. Entre 1794 y 1796 los precios permanecieron estables: los más caros alcanzaron valores entre 110 y 150 pesos y correspondieron a dones. Entre 1799 y 1807 no variaron los precios (véanse cuadros 10, 11,12 y 13). A partir del cuadro 13 es posible ver cómo en 1807 se produjo un incremento considerable en los precios de los entierros de pompa: 300 pesos el de una doña y 500 el de un don. El cuadro 14 indica cómo entre 1809 y 1814 hubo funerales de seiscientos pesos para un deán, cuatrocientos pesos para un don y 533 para otro don.

Las cláusulas de instrucciones para el funeral incluidas en los testamentos contienen información interesante al respecto. Dos casos sirven para ilustrar lo que era un funeral de cruz alta. En mayo de 1802, a Antonio Seija se le hizo un funeral de esta clase, con cura y sacristán con misa y vigilia, por veintiséis pesos. Tres posas a tres pesos cada una. El dinero de sepultura, veinte pesos, se distribuyó entre la parroquia y el convento donde fue inhumado. La parroquia recibió diez pesos, y el convento de Santo Domingo el resto del dinero. El costo total del funeral fue de 58 pesos. Asimismo, en 1816 María Rosalía Fermina Camacho, dueña de estancias, casada y sin hijos, pidió «un entierro mayor del valor de sesenta y cuatro pesos de cruz alta y misa de cuerpo presente» y solicitó novenario de misas cantadas con vigilia por el alma, honras y cabo de año.[35]

Desde 1652 los costos de funerales habían sido establecidos de la siguiente manera: existían dos categorías, una para españoles y mestizos y otra para indios, mulatos y negros. Para españoles y mestizos el entierro de cruz alta costaba siete pesos, más dos pesos para el sacristán: el uno de cruz y el otro de incienso y campanas. Si era sepultura ordinaria se pagaba un patacón, y en caso contrario se

---

35. A.G.N., Notaría Segunda, tomo 203, f. 391r y Notaría Primera, tomo 235, f. 391r, testamento de mayo 21 de 1802.

concertaba con el mayordomo de fábrica o con el colector. El arancel por misa cantada de cuerpo presente y vigilia también cantada valía siete patacones, y en días de honras y cabos de año tenía el mismo valor. En misas con diácono y subdiácono se pagaba a cada uno cuatro reales. Por cada posa en los entierros había que dar tres patacones, por derecho de velación siete. Cada misa rezada de novenario, un patacón. El entierro de cruz baja para esta categoría costaba tres patacones: un peso para la fábrica y cuatro reales para el sacristán.

Cuadro 10
Costos de funerales y misas por el alma
Santafé 1792 - 1796

	Rubros			
Períodos	Entierro, novenario y honras	Entierro	Misas por el alma	Otros
Sept. de 1792 a abril de 1794 Folios 154r a 186v	De un sacerdote. 175 pesos De un don. 60 pesos De una doña. 52 pesos De una doña. 200 pesos	De un don. 100 pesos De una mujer. 100 pesos De un negro. 12 pesos De un párvulo. 16 pesos De una monja. 6 pesos De un párvulo. 10 pesos De una criada. 20 pesos	Misa cantada en San Francisco. 3 pesos Misa cantada en Santa Bárbara. 3 pesos Misa por el alma de una doña. 9 pesos Cabo de año de una señora. 6 pesos	Misa, vigilia y responso en entierro de doctor. 9 pesos Misa, vigilia y responso en una monja. 6 pesos Misa, vigilia y responso en Santo Domin. 6 pesos Misa, vigilia y responso en San Francisco. 6 pesos
Abril de 1794 a diciembre de 1796	De una doña* 110 pesos De una doña 150 pesos De un hombre 62 pesos	De un párvulo del señor regente. 32 pesos De un párvulo esclavo* 6 pesos	Dos misas cantadas por por el alma. 6 pesos 100 misas cantadas por el alma.	Misa, vigilia y responso por alma de una doña. 6 pesos

continúa...

continuación...

Períodos	Entierro, novenario y honras	Entierro	Misas por el alma	Otros
Folios 186v a 255v		De una mujer* 16 pesos De una doña 70 pesos De un entierro* 16 pesos De una esclava 116 pesos (una tienda) De una doña 8 pesos De una mujer 10 pesos Un entierro* 20 pesos Un entierro* 21 pesos	100 pesos	Misa, vigilia y acompañamiento de una monja 6 pesos Tres misas cantadas con vigilia por las almas de dos dones 15 pesos Misa, vigilia y responso 8 pesos

Convenciones: * Entierros en el convento de San Agustín
Fuente: Elaborado a partir del libro de cuentas de los agustinos. AGN., Conventos, tomo 3. La numeración de los folios se incluye en el cuadro.

Cuadro 11

Costos de funerales y misas por el alma Santafé 1796 a 1801

	Rubros			
Períodos	Entierro, novenario y honras	Entierro	Misas por el alma	Otros
Diciembre de 1796 a diciembre de 1798	De una doña. 150 pesos	De una doña* 70 pesos De un hombre. 25 pesos De un don. 25 pesos De un entierro. 16 pesos		

continúa...

continuación...

Períodos	Entierro, novenario y honras	Entierro	Misas por el alma	Otros
Folios 256v a 313r		De una esclava. 116 pesos De una mujer. 8 pesos De un párvulo* 6 pesos De un doctor. 109 pesos De un entierro. 20 pesos De un entierro. 21 pesos De un entierro. 30 pesos	91 misas por alma de una mujer. 45 pesos, 4 reales 48 misas rezadas por las ánimas. 24 pesos 50 misas. 25 pesos 50 misas rezadas por el alma. 25 pesos 19 misas cantadas una por mes. 19 pesos	Un responso en San Francisco. 3 pesos Misa, vigilia y responso en un entierro. 9 pesos Misa, vigilia y responso en entierro de religiosa. 6 pesos Misa, vigilia y responso en entierro de priora. 6 pesos Misa y vigilia en entierro de arzobispo. 6 pesos 3 misas y vigilias por tres almas. 15 pesos Un responso en entierro de soldado. 3 pesos Un responso en San Victorino. 3 pesos
Enero de 1799 a enero de 1801	Del señor regente 100 pesos De un doctor. 200 pesos De un doctor. 100 pesos	De un hombre.* 125 pesos De un párvulo. 10 pesos De un hombre. 40 pesos De una señora. 70 pesos	Misa cantada en Las Cruces. 3 pesos	Misa, vigilia y responso de una religiosa. 6 pesos Misa, vigilia, responso y acompañamiento en entierro.

continúa...

continuación...

Períodos	Entierro, novenario y honras	Entierro	Misas por el alma	Otros
Folios 314r a 356r		De un párvulo.* 3 pesos De una mujer.* 15 pesos De un sargento.* 18 pesos		9 pesos Misa y vigilia en Santa Clara. 3 pesos Misa y vigilia en Santa Inés. 6 pesos Un responso de un don y traslado del cuerpo a La Catedral. 6 pesos

Convenciones: * Entierros en el convento de San Agustín. El convento aportó al funeral cera, paños y hacheros.

Fuente: Elaborado a partir del libro de cuentas de los agustinos. AGN., Conventos, tomo 3. La numeración de los folios se incluye en el cuadro.

Para la categoría de indios, mulatos y negros, el entierro de cruz alta costaba cuatro patacones, más un peso para el sacristán por la cruz y otro para la fábrica. Campanas e incensario tenían un valor de cuatro reales. Una misa cantada valía tres patacones, la vigilia cuatro, el diácono y el subdiácono dos reales. Un entierro rezado dos patacones, más un patacón para la fábrica. Por velaciones cuatro pesos y por las arras lo que se acordase con el sacristán. A los pobres de solemnidad —españoles, indios, negros y mulatos— no se les cobraba derechos. El funeral era de cruz baja y rezado.

Los precios de servicios parroquiales para los funerales existentes en 1652 continuaban vigentes en octubre de 1805, por cuanto el preceptor y notario eclesiástico de Santafé, Diego Martínez de Oviedo, sacó a la luz pública los viejos precios para que los habitantes de la ciudad recordaran el origen de la reglamentación y de paso

Cuadro 12
Costos de funerales y misas por el alma
Santafé 1801 a 1805

	Rubros			
Períodos	Entierro, novenario y honras	Entierro	Misas por el alma	Otros
Enero de 1801 a enero de 1803 Folios 356v a 399v	De una doña. 50 pesos De un don. 100 pesos	De un párvulo. 10 pesos De un entierro* 12 pesos De un soldado. 25 pesos	40 misas rezadas 20 pesos	Misa y vigilia en San Francisco. 3 pesos Misa y vigilia en Santa Bárbara. 3 pesos Un responso. 3 pesos Misa, vigilia y acompañamiento en entierro. 9 pesos Misa, vigilia y responso. 6 pesos Vigilia y misa. 3 pesos
Enero de 1803 a enero de 1805 Folios 399v a 437v	De un hombre. 68 pesos De un soldado. 50 pesos De un doctor. 191 pesos	De un hijo de un don* 60 pesos De un hombre. 8 pesos De un párvulo 28 pesos De un párvulo 15 pesos	Misas por el alma de una doña. 50 pesos Nueve misas a las ánimas. 11 pesos Misa cantada a las ánimas. 3 pesos	Misa y vigilia en San Francisco. 6 pesos Un responso en El Carmen. 3 pesos Asistencia al funeral de una doña. 3 pesos Un responso. 3 pesos Misa, vigilia y acompañamiento en La Candelaria. 6 pesos

continúa...

continuación...

Períodos	Entierro, novenario y honras	Entierro	Misas por el alma	Otros
				Responso y acompañamiento. 6 pesos Misa, vigilia y responso en La Catedral. 6 pesos Un responso. 3 pesos Misa y vigilia en Santa Bárbara. 3 pesos Traslado de una difunta a Santa Bárbara. 3 pesos Traslado de una difunta a La Catedral. 3 pesos

Convenciones: * Entierros en el convento de San Agustín. El convento aportó al funeral cera, paños y hacheros

Fuente: Elaborado a partir del libro de cuentas de los agustinos. AGN., Conventos, tomo 3. La numeración de los folios se incluye en el cuadro.

se enteraran de ellos.[36] Es significativo el hecho de que la ceremonia de cruz alta tuviera dos categorías, una para propietarios de prestigio y otra para propietarios carentes de él.

Desde antes de nacer y hasta el momento en el cual su cadáver era depositado en un espacio acorde con su rango, cada habitante de

36. A.G.N., Conventos, tomo 57, fls. 113, 114 y 115.

Cuadro 13
Costos de funerales y misas por el alma
Santafé 1805 a 1809

Rubros				
Períodos	Entierro, novenario y honras	Entierro	Misas por el alma	Otros
Enero de 1805 a enero de 1807 Folios 438r a 460v	De una mujer. 90 pesos De un doctor. 80 pesos	De un hombre. 30 pesos De un don. 200 pesos De un entierro. 20 pesos De la mujer de un doctor. 120 pesos De un entierro. 16 pesos	Una misa cantada. 6 pesos	Misa, vigilia, responso y acompañamiento en el entierro de un don. 9 pesos Responso y acompañamiento en La Concepción. 6 pesos Misa y vigilia en San Victorino. 3 pesos Un responso. 3 pesos
Enero de 1807 a enero de 1809 Folios 461r a 487v	De una doña. 36 pesos De una doña. 144 pesos De una doña. 300 pesos De un don. 500 pesos Honras de un don. 25 pesos	De un párvulo. 20 pesos De una doña. 92 pesos De un párvulo. 16 pesos		Misa y vigilia en La Candelaria. 6 pesos Misa y vigilia en la Tercera 3 pesos Misa y vigilia en La Catedral. 3 pesos Un responso. 3 pesos Misa, vigilia y acompañamiento entierro del señor deán. 9 pesos

Fuente: Elaborado a partir del libro de cuentas de los agustinos. AGN., Conventos, tomo 3. La numeración de los folios se incluye en el cuadro.

Santafé ocupaba un lugar específico dentro de la estricta jerarquía social heredada de la Colonia. Como lo demuestra la reglamentación sobre costos de funerales establecida en 1652 y retomada en 1805, la categorización social que había acompañado al santafereño en vida era una marca imborrable que continuaba presente después de su muerte. No daba lo mismo ser un finado español o mestizo que un finado indio, mulato o negro. La distinción se marcaba en el precio de los servicios parroquiales, en el lugar de la sepultura y, en general, en el tono con el cual se expresaba el sentimiento ante la muerte.[37]

A comienzos del siglo XIX es posible encontrar dos clases de entierros humildes en Santafé: por actitud y por necesidad. El primero correspondía a personas de situación económica próspera que

---

37. A finales del siglo XVIII en Nueva Barcelona, Venezuela, el suelo de la iglesia estaba dividido en «tramos» para efectuar las sepulturas de los finados según el sector social al que pertenecieran. Se establecieron ocho «tramos» así: « I. Desde las gradas de la capilla mayor hasta la primera columna o pilar, cogiendo en línea derecha todo el ancho de la dicha iglesia, primer tramo, y vale el rompimiento de sepultura en este tramo, dieciséis pesos y cuatro reales. II. Desde la primera columna o pilar hasta la segunda, el segundo tramo, y vale el rompimiento de sepultura catorce pesos, cuatro reales. III. Desde el segundo pilar hasta el tercero, tercer tramo, y vale el rompimiento de sepultura, doce pesos, cuatro reales. IV. Desde el tercer pilar hasta el cuarto, cuarto tramo, y vale el rompimiento de sepultura, diez pesos, cuatro reales. V. Desde el cuarto pilar hasta el quinto, quinto tramo, y vale el rompimiento de sepultura, ocho pesos, cuatro reales. VI. Desde el quinto pilar hasta el sexto, sexto tramo, y vale el rompimiento de sepultura, seis pesos cuatro reales. VII. Desde el sexto pilar hasta el séptimo pilar, séptimo tramo, y vale el rompimiento de sepultura, cuatro pesos, cuatro reales. VIII. Desde el séptimo pilar hasta la pared de la portada mayor, se asignó para sepultar a los esclavos, por el precio de veinte reales, y por este mismo precio, deben correr los rompimientos de sepultura que se hiciesen en el cementerio o atrio de dicha iglesia, sean libres o esclavos los que se sepultaren. A los párvulos, sean blancos, pardos o negros, libres o esclavos, se les señaló para sepultarlos el terreno que comprendiese el coro, por el precio de dos pesos y en este lugar no se debe sepultar a ningún adulto. La capilla mayor se señaló para sólo los señores sacerdotes, con el precio de veinticinco pesos, como así se ha pagado hasta esta fecha». Véase Fernando del Bastardo y Loayza, *Noticias historiales de Nueva Barcelona, fuentes para la historia colonial de Venezuela*, Caracas, Biblioteca de la Academia Nacional de la Historia, núm. 179, 1985, pp. 77 y 78.

deseaban hacer un acto de humildad a través de un funeral sencillo, tal vez porque esperaban retribuciones en el más allá a partir del desprendimiento expresado en la inhumación. El entierro humilde por necesidad era la opción de los habitantes carentes de propiedades. En abril de 1803, por ejemplo, Pedro José Millán, feligrés de la parroquia de San Victorino, casado y propietario de casa, estancia y ganado, solicitó un entierro «humilde y sin pompa ni vanidad que como católico cristiano así lo apetezco». De igual manera, José Miguel de Rivas, propietario de minas y esclavos en el Chocó, viudo y sin hijos, pidió en abril de 1806 que su cuerpo fuera «amortajado con el hábito de san Francisco y sepultado en la iglesia de San Agustín en el lugar más humilde, sin ninguna pompa fúnebre, ni convite, ni más luces que las doce que previene la ley de Castilla, y si fuera conveniente se me diga misa de cuerpo presente».[38]

CUADRO 14

COSTOS DE FUNERALES Y MISAS POR EL ALMA

SANTAFÉ 1809 A 1814

	Rubros			
Períodos	Entierro, novenario y honras	Entierro	Misas por el alma	Otros
Enero de 1809 a enero de 1811 Folios 487v a 527v	De un presbítero 40 pesos De un doctor. 160 pesos Del deán. 600 pesos De un don. 400 pesos	De un párvulo. 10 pesos De un sargento. 100 pesos De una mujer. 30 pesos	Misa cantada por el alma. 3 pesos	Misa y vigilia en San Juan de Dios. Un responso. 3 pesos Misa, vigilia y responso en San Francisco. 6 pesos Un responso en San Juan de Dios. 3 pesos

continúa...

38. A.G.N., Notaría Tercera, tomo 335, testamento de abril 29 de 1803, f. 41r y Notaría Primera, tomo 231, testamento de abril 25 de 1806, fls. 51r y v.

continuación...

Períodos	Entierro, novenario y honras	Entierro	Misas por el alma	Otros
Enero de 1811 a enero de 1814 Folios 528r a 579v	De una doña. 56 pesos De una doña. 200 pesos De una doña. 200 pesos De un don. 200 pesos De un don 533 pesos	De un párvulo* 4 pesos De una doña. 100 pesos De un párvulo 16 pesos De un párvulo 8 pesos	Nueve misas cantadas. 36 pesos	Misa, vigilia y responso y acompañamiento. 9 pesos Traslado del cadáver de un don a la capilla de Nuestro Amo. 3 pesos
Enero a noviembre de 1814 Folios 580r a 596v	De una doña.* 100 pesos De una doña. 150 pesos	De un párvulo.* 4 pesos De una doña. 100 pesos		Misa y vigilia en San Victorino. 3 pesos Alquiler de paños y hacheros en el entierro de una doña. 31 pesos

Convenciones: * Entierros en el convento de San Agustín.
Fuente: Elaborado a partir del libro de cuentas de los agustinos. AGN., Conventos, tomo 3. La numeración de los folios se incluye en el cuadro.

El libro de cuentas de los agustinos deja ver el contraste entre los precios de los entierros con pompa y los humildes. Estos últimos oscilaban entre seis y veinte pesos. Funerales de mujeres y hombres sin rango, así como de párvulos y criados, se inscribían en esta franja de precios. Se señalan algunos casos de esclavos que eran inhumados con pompa por sus amos.[39] En el cuadro 10, entre los años 1794 y 1796, aparece una esclava cuyo funeral costó 116 pesos y en el cua-

39. En la Cuba de 1780, los plantadores alegaron que transportar a los esclavos muertos a los cementerios de las iglesias costaba tiempo y dinero. Pasando por encima de las protestas de la Iglesia establecieron sus propios cementerios. Véase Jorge I. Domínguez, *Insurrección o lealtad. La desintegración del imperio español en América*, México, Fondo de Cultura Económica, primera edición en español, 1985, p.117.

dro 11, entre 1796 y 1798, otra cuya inhumación costó la misma cantidad. Entre 1792 y 1801 los precios de los entierros de niños oscilaban entre los tres y los dieciséis pesos. Entre 1801 y 1814 llegaban a los 28 pesos (véanse cuadros 12, 13 y 14). Los funerales de mujeres variaban según la posición socioétnica. Entre 1792 y 1801 hubo doñas cuyas exequias costaron entre veinte y doscientos pesos, y mujeres sin título de doña cuya inhumación costó entre ocho y cien pesos. En cuanto a los hombres, los dones eran sepultados por cantidades que iban desde los veinte hasta los cien pesos, y para el caso de los hombres sin título de don el asunto costaba entre 12 y 125 pesos (véanse cuadros 10 y 11).

La amplia variedad de los precios de los funerales que se aprecia en el libro de cuentas de los agustinos, aun dentro de un mismo grupo social, sugiere que los factores socioétnico y económico no eran los únicos elementos por los cuales se regían los habitantes de Santafé a la hora de organizar sus exequias; contaba también la actitud del testador o del moribundo frente a la muerte. Un funeral humilde constituía otra de las formas de obtener indulgencias para aligerar el tránsito por el purgatorio. Existían unos precios básicos y unos aranceles para cada una de las actividades y servicios parroquiales relacionados con los funerales.

Entre 1800 y 1830 la celebración de un funeral con cierta pompa implicaba diversas actividades y gastos: la misa del funeral y las del alma, el vino de la ceremonia, las hostias, el organista para la misa y la vigilia, los cantores, la composición de la tumba, el gasto de cera, el campanero, los diáconos y los acólitos (véase cuadro 15).

La actividad de los sacerdotes se incrementaba en los días de funeral. Además del rito convencional que consistía en velación, misa solemne, vigilia, responso y novenario, en algunos casos había que sumar las misas por el alma del difunto que debían decirse en los días del entierro. Se encuentran testadores que encargaban mil misas por el alma «en los días precisos del funeral». El primero de octubre de 1806 Joaquín Roque Vanegas Velarde, cura beneficiado del pueblo

Cuadro 15

Gastos de un funeral en 1827

Actividades y oficios requeridos en un funeral	Costo
Misa del funeral	4 pesos
Otras misas que se dijeron el día del funeral	14 pesos
Una botella de vino	12 reales
Hostias	1 ½ reales
Organista para la misa y vigilia	1 peso
Dos cantores	2 pesos
Composición de la tumba por sacristán menor	1 peso
Gasto de cera lo paga la cofradía	—
Campanero	4 reales
Diáconos para misa y vigilia	2 pesos
Acólitos para misa y vigilia	12 reales
Total	27 pesos 4 ½ reales*

* Un peso equivalía a 8 reales en 1827

Fuente: Elaborado a partir de las cuentas de la parroquia de La Catedral, año 1827. A.G.N., Conventos, tomo 64, f. 864 r.

de Anapoima, propietario de casas, solares y tiendas, encargó se le dijeran mil misas de a peso en los días siguientes al funeral.[40] La concentración de murmullos, semejante a una torre de Babel, que se formaba en la iglesia cuando un grupo de sacerdotes oficiaba misas de manera simultánea en el altar principal y en los laterales, durante varios días, hasta completar el número pedido por el finado, producía un efecto especial en el ánimo de los habitantes que concurrían a los templos.

La misa era la tarea central de los sacerdotes, actividad que les proporcionaba algún dinero para el sustento. Sin embargo, ¿cuál era la actitud de los santafereños en los días de un funeral? ¿Asistían a las misas por el alma celebradas una tras otra y de manera simultánea en una misma iglesia? En los templos se desarrollaban

40. A.G.N., Notaría Segunda, tomo 212, testamento de octubre 1 de 1806, f. 287v.

agotadoras jornadas de rezo aun para los mismos sacerdotes. De todas maneras, los encargos piadosos en los días de funeral daban colorido a las actividades sociales y religiosas de las parroquias y constituían un pretexto para asomarse a la iglesia a diversas horas, gracias a la programación permanente de misas.[41]

Una misa cantada por el alma tenía un precio mínimo de un peso en cualquier parroquia. A partir de esta tarifa básica los habitantes tenían la opción de pagar un poco más, de acuerdo a su capacidad económica. Según los cuadros elaborados con base en el libro de cuentas de los agustinos, se daban casos como el de una doña por la cual, entre 1792 y 1794, sus herederos pagaron nueve pesos por misa del alma (véase cuadro 10).

Las décadas comprendidas entre 1800 y 1830 en la Nueva Granada y en la Gran Colombia presenciaron así varios tipos de muertes, algunos de los cuales constituyen objeto de estudio en el presente trabajo: la muerte de los virolentos de 1802, la de los leprosos, la de los habitantes que hacían testamento, la de quienes pertenecían a cofradías y la de los que fundaban capellanías. En las páginas siguientes se hará referencia a las muertes infligidas por las autoridades de turno, realistas o patriotas, a los disidentes políticos.

La pena de muerte en la Independencia: espectáculo y venganza política

En la Nueva Granada de finales del siglo XVIII, las ideas y acciones políticas opuestas a las de la monarquía eran castigadas con el asesinato. Atreverse a disentir era arriesgar la vida, y arriesgarla fue el

41. J. Bossy destaca la misa como una institución social y señala sus implicaciones como acto central del culto cristiano en gran parte de Occidente. Hacia 1480, en Nuremberg, la misa constituía un despliegue de poder. Parte de ella se hacía en secreto, detrás de escena. Muchas de las palabras, especialmente el canon, eran inaudibles para el público. Véase J. Bossy, «The mass as a social institution. 1200-1700» en *Revista Past and Present*, número 100, 1983, pp. 29-61.

destino de un numeroso grupo de individuos que se rebeló contra el sometimiento colonial antes de 1819. Los patriotas, sin embargo, recurrieron a la violencia y a la aniquilación física de aquellos que se oponían a su ideario; prueba de ello fueron los fusilamientos ocurridos entre 1820 y 1828. Aunque el propósito de este aparte no es agotar las concepciones de justicia existentes en esos años, sí se pretende hacer referencia a las muertes violentas ocurridas por motivos políticos, dado que éstas son expresión de uno de los tipos de muerte presentes en el período mencionado.

El asesinato por motivos políticos estuvo ligado al espectáculo público. El silencio y la discreción en el ajusticiamiento de un disidente se entendían como un desperdicio de los efectos sicológicos y políticos que podían obtenerse a través del asesinato como evento social. El castigo no era sólo para el individuo transgresor: era también para el grupo que esperaba el desenlace del atrevimiento. Había que reforzar el temor de la sociedad ante la capacidad de venganza de la autoridad. El acto de segar la vida a un individuo acusado de disidencia se hacía frente a un grupo de personas. Minuto a minuto el público presenciaba cómo era apagada la existencia de un semejante. Una mezcla de emociones afloraba en la multitud que presenciaba el hecho: temor, compasión, tristeza, curiosidad, gozo disimulado, rabia e impotencia, así como formas de sentimiento y expresión que resultan incomprensibles en nuestros días. A continuación se exponía el cadáver o partes de él en un lugar visible, tal vez para combatir la fragilidad de la memoria humana con la presencia de los restos de alguien que se había atrevido a desafiar los poderes establecidos.[42]

El método de exhibir partes del cuerpo de los ajusticiados había empezado mucho antes del asesinato de José Antonio Galán y de sus

42. Con respecto a la justicia minuciosa y cruel que se expresaba en los asesinatos públicos de todo tipo de disidentes, Huizinga señala cómo al final de la Edad Media «no se paraba mientes ni un momento en si el malhechor había merecido su castigo. Se experimentaba la más íntima satisfacción ante los actos ejemplares de justicia que practicaban los príncipes por sí mismos. De tiempo en tiempo iniciaban las autoridades campañas de rigurosa justicia, ya contra los ladrones y bandoleros, ya contra las brujas y encantadores, ya contra la sodomía. Lo que nos sorprende en la cruel-

compañeros. El año anterior, en septiembre de 1781, las cabezas de cinco indios que habían perecido en un enfrentamiento con militares del rey fueron colgadas de escarpias en las entradas de Santafé: San Victorino, Las Cruces, Egipto, San Diego y El Boquerón. Los nombres de los indios eran Manuel Luna, Francisco Mendieta, José Chaves, José García e Ignacio Murruco.[43] Si bien el propósito de las autoridades monárquicas era infundir miedo a través de la prolongada exhibición de las partes de los cadáveres de los disidentes, no es impertinente preguntar hasta qué punto conseguían su objetivo. Después de meses de observar cabezas suspendidas de alcayatas, los habitantes se volvían indiferentes ante la contemplación repetida de tales objetos. El espectáculo cesaba para convertirse en la visión cotidiana de restos humanos que terminaban asimilados al paisaje.

Un océano separaba a los ejércitos del rey de los grupos insurrectos en las colonias. En aquellos días la monarquía se vio obligada a defender sus intereses reclutando para su causa nativos y habitantes de los territorios de ultramar. Aunque es conocida la presencia de contingentes militares llegados de España, se sabe también que estos recursos fueron insuficientes para hacer frente a períodos prolongados de enfrentamientos. Como resultado de ello los habitantes de las colonias terminaron combatiendo entre sí, luchando en algunos casos por causas que les eran ajenas. Indios, negros y mestizos fueron incorporados mediante promesas tanto en las filas monárquicas como en las patriotas.

El verdugo era considerado uno de los oficiales útiles a la república. Por lo general desempeñaba sus funciones un esclavo al cual se le pagaba seis pesos por cada ejecución. En 1807, a raíz de un colgamiento próximo, se suscitó una discusión entre diversas instan-

---

dad de la administración de justicia en la última Edad Media, no es su perversidad morbosa, sino el regocijo animal y grosero, el placer de espectáculo de feria que el pueblo experimenta con ella.» Véase Johan Huizinga, *El otoño de la Edad Media,* Madrid, Ediciones Revista de Occidente, Colección Selecta, novena edición, 1973, p. 37.

43. Véase Pedro María Ibáñez, *Crónicas de Bogotá*, Bogotá, Academia de Historia de Bogotá, Tercer Mundo Editores, tercera edición, 1989, tomo II, p. 32.

cias administrativas en Santafé. Se preguntaban acerca de cuál de ellas asumiría la responsabilidad por los gastos de aplicar la pena de muerte. La Real Audiencia y la Junta de Propios se señalaban mutuamente. Por último, el dedo índice apuntó a la Junta de Propios, entidad que debía asumir los gastos de la instalación de la horca, del verdugo y del traslado de los reos.[44]

Incluso a la hora de la muerte había diferencia entre los sentenciados: a los considerados de calidad inferior les esperaba la horca, mientras que los de mayor rango eran decapitados. En 1808 el fiscal del crimen justificaba la pena de muerte como acto público por el efecto que causaba sobre los ciudadanos. Se trataba de despertar un temor que no se podía producir por medio de la religión ni de la razón. Consideraba este funcionario del ramo de la justicia que,

> al paso que se libra la república de unos miembros corrompidos, cuya comunicación con aquellos que aún no lo están sería perjudicialísima al cuerpo social, y le traería fatales consecuencias, sí contienen, y retraen de la perpetración de los delitos los que por su índole perversa son inclinados a cometerlos, pues el miedo de la pena, que ven aplicar a sus conciudadanos produce en ellos un efecto, que ni los principios de religión, ni los sentimientos de humanidad, ni la misma razón serían capaces de producir, porque su obcecación impide absolutamente el que se presten a oír las voces con que la religión, la humanidad y la razón declaman contra el crimen y sus secuaces.[45]

La reacción de la corona frente a los sucesos de 1810 no se hizo esperar. El factor de división interna en el bando de los independentistas favoreció la instauración de un período de represión en 1816. Un grupo bastante nutrido de partidarios de la causa independentista y de simpatizantes fue exterminado por Morillo. Camilo Torres, Francisco José de Caldas, Jorge Tadeo Lozano, Joaquín

44. A.G.N., Colonia, Juicios Criminales, tomo 20, fls. 896v a 919.
45. *Ibid.*, tomo 20, f. 910v.

Camacho, Manuel Rodríguez Torices y Antonio Villavicencio, entre otros, fueron pasados por las armas e inhumados en el cementerio de Occidente o en la capilla de la Hermandad de La Veracruz. En sus últimos momentos fueron auxiliados por miembros de esta hermandad, comunidad que había asumido como tarea el acompañamiento de los condenados a muerte.[46]

No se ha examinado con suficiente atención el surgimiento de grupos armados ocurrido en el territorio de la Nueva Granada entre 1816 y 1819. Aunque algunos historiadores les han asignado a sus protagonistas el nombre de guerrillas, no parece pertinente tal denominación si tenemos en cuenta que no ha habido un análisis de su composición, ideología y manera de actuar.[47] Lo cierto es que hubo más de un plan para responder a la monarquía, desde varios puntos y por diversos caminos, obedeciendo a iniciativas descoordinadas entre sí, y que varios grupos de neogranadinos se levantaron contra Morillo. La «guerrilla de los Almeyda» constituye un ejemplo de lo que se viene diciendo: el 26 de mayo de 1818 fue fusilado en Santafé Victorino Murcia, integrante de ese grupo, natural de Ubaté, quien tenía treinta años de edad. Fue sepultado en el camposanto de Occidente. Durante diecinueve meses su cabeza fue suspendida de una escarpia en cercanías de Ubaté,[48] y en la mañana del 7 de agosto de

---

46. Pedro María Ibáñez, *Crónicas de Bogotá,* tomo 1, p. 168.

47. Refiriéndose a la participación popular en las guerras de Independencia entre 1810 y 1815, Hermes Tovar acuña la expresión «ideología circunstancial». Para Tovar los pueblos se iban vinculando a banderas victoriosas. La actitud de aceptación se unía a la necesidad de defender sus patrimonios de las amenazas de ejércitos en marcha o de fuerzas de ocupación temporal. A partir del período de reconquista, los actos de violencia, de excesos de autoridad, de poder y de burla contra gentes indefensas de las provincias neogranadinas y contra sus costumbres y creencias religiosas, según Tovar, constituyeron factor fundamental en la configuración de las primeras imágenes ideológicas de resistencia colectiva que forjó el pueblo colombiano. Véase Hermes Tovar Pinzón, «Guerras de opinión y represión en Colombia durante la Independencia. 1810-1820» en *Anuario colombiano de historia social y de la cultura,* núm. 11, Bogotá, 1983, pp. 187 a 232.

48. Pedro María Ibáñez, *Crónicas de Bogotá,* tomo 3, p. 458.

1819 fueron ejecutados otros tres compañeros suyos: Laureano Sierra, Pioquinto Bernal y Bonifacio Fernández.[49]

En el marco de una guerra como la que se libraba en Nueva Granada entre 1816 y 1819, los sistemas de justicia de los grupos en contienda terminaron siendo casi idénticos. Altas dosis de crueldad y de sentimientos de venganza hicieron parte de los medios utilizados para alcanzar los fines políticos, como ocurrió en 1819, cuando Francisco de Paula Santander hizo ejecutar a 38 soldados realistas en Bogotá: a las siete y media de la mañana del 11 de octubre fueron pasados por las armas, en el costado sur de la plaza Mayor, frente a las casas de la Audiencia. Los cadáveres fueron inhumados en el camposanto del Occidente en fosa común. Nueve años más tarde la conspiración contra Bolívar fue castigada con mano dura, y el 30 de septiembre y el 2 de octubre de 1828 un grupo de ciudadanos acusado de traición fue fusilado.[50]

Pero la galería de próceres y mártires del período independentista, fue iniciada y alimentada por la élite que asumió el poder luego de la derrota de España. El periódico *Gaceta de Colombia*, órgano de expresión del gobierno durante el período de la Gran Colombia, el cual circuló entre 1822 y 1831, en su sección de avisos necrológicos exaltaba la vida de aquellos individuos que ocuparon cargos elevados dentro de las jerarquías militar, eclesiástica y administrativa, cuyo fallecimiento se había producido en los años de existencia del informativo (véase cuadro 16). La circulación del periódico debió ser escasa, dado que sólo un reducido grupo de colombianos sabía leer. Sin embargo, desde sus páginas empezó a alentarse la idea de ver este período como una obra de personajes audaces e inteligentes, auxiliados por contingentes de habitantes cuyas historias opacas no valía la pena contar.

49. *Ibid.*, tomo 4, p. 32.
50. *Ibid.*, tomo 4, p. 404.

CUADRO 16
NECROLOGÍAS PUBLICADAS ENTRE 1822 Y 1831
PERIÓDICO *GACETA DE COLOMBIA*

	Profesión - Cargo – Oficio			
Años	Militares	Religiosos	Funcionarios	Otros
1822 y 1823	• Tomás Montilla, general de brigada. • Pedro León Torres, general de división • Juan José Rondón, coronel de caballería. • Fernando Toro, general. • Antonio Nariño, general de división	• Remigio Pérez Hurtado, presbítero, provisor y gobernador del obispado de Guayana. • Higinio Durán, obispo de Panamá.	• Manuel de Torres, encargados de negocios República de Colombia en Estados Unidos.	• Papa Pío VII. Bernabé Charamonti • Exequias anuales por militares difuntos.
1824 y 1825	• Manuel Manrique, general. • Domingo Guerrero, teniente coronel. • Pedro Zaraza, general de división.	• Manuel Campos, cura de la parroquia de Choachí. • Chantre de la iglesia Metropolitana de Bogotá. Juan Agustín Matallana, doctor presbítero. • José Cortés Madarriaga, doctor canónigo de Chile.		• Esposa del ministro plenipotenciario de Estados Unidos en C/bia. • Doctor Manuel Benito de Castro • Exequias anuales militares difuntos.
1826 y 1827	• Pedro Acevedo y Tejada, coronel. • Rafael Cuervo, primer comandante. • Juan Salvador de Narváez, coronel efectivo de infantería.	• José Luis de Asuola y Lozano, doctor presbítero.	•Ricardo Anderson, ministro plenipotenciario de Estados Unidos en C/bia. • Alonso Uscátegui. senador de la república.	
1828 y 1829	• Estanislao Rojas, sargento 2º de granaderos.	• Luis Ignacio Mendoza, doctor, deán de La Catedral de Mérida. • Diego Francisco Padilla, presbítero	• Cristóbal Mendoza, intendente de Venezuela.	• Domingo Camacho y Quezada. Abog. • José María Mosquera

continúa...

continuación...

Años	Militares	Religiosos	Funcionarios	Otros
		• Calistro de Miranda, obispo de Cuenca.		
1830 y 1831	• Antonio Sucre, general en jefe. • Simón Bolívar	• José Félix Mejía. Primer deán de la Catedral de la ciudad de Antioquía.	• José Fernández de Madrid, ministro plenipotenciario de Colombia en Gran Bretaña e Irlanda.	• Pantaleón Gutiérrez. • Lázaro María Herrán. Exequias de los militares que murieron combatiendo por el gobierno en El Santuario.

***Fuente*:** Elaborado a partir de los avisos necrológicos aparecidos en el periódico *Gaceta de Colombia*. 1822 - 1831.
Biblioteca Nacional, Hemeroteca, Periódico *Gaceta de Colombia.*

Las variaciones con respecto a los lugares de inhumación ocurridas en la Nueva Granada y la Gran Colombia a lo largo de las tres primeras décadas del siglo XIX son expresión de los momentos y procesos ocurridos en relación con cómo la sociedad de aquel entonces concebía la vida, la muerte y el más allá. Las siguientes páginas constituyen un intento por registrar las idas y venidas de los lugares de sepultura, así como sus posibles significados.

De la sepultura en iglesia a la inhumación en campo abierto

Desde finales del siglo XVIII y durante las tres primeras décadas del XIX ocurrieron cambios en la mentalidad de los colombianos con respecto al lugar de sepultura. Entre los factores que incidieron en esa transformación se pueden mencionar las consecuencias funestas de la epidemia de viruela de 1782, en la cual se produjo un número excesivo de víctimas debido a las inhumaciones masivas de finados contagiados en los suelos de las iglesias; la real cédula expedida por Carlos III en 1786, mediante la cual se ordenaba la construcción de cementerios fuera de los poblados, y el ambiente favorable hacia los cementerios en campo abierto estimulado por las «nociones ilustradas» de algunos médicos con respecto a la necesidad de prevenir la contaminación del aire en las ciudades.

Pero el traslado del lugar de sepultura desde las iglesias hacia campos en las afueras de las ciudades y poblados, como ya se mencionó, no fue fácil de asimilar. Hubo reticencias, avances y retrocesos. Durante la primera década del siglo XIX se aceptó la medida porque una epidemia de viruela amenazaba consumir de nuevo a la población. Los documentos muestran cómo durante estos años se construyeron camposantos en las afueras de los poblados; sin embargo, tan pronto desapareció la amenaza de contagio, los neogranadinos insistieron de nuevo en la inhumación dentro de los templos. Hacia 1823 el gobierno republicano retomó la medida de los cementerios en campo abierto y continuó la campaña hasta 1830 con el objeto de persuadir a los ciudadanos acerca de las inconveniencias de la inhumación en las iglesias, y en 1830 se anunció la construcción de un cementerio público en Bogotá.

A lo largo del período colonial se fue afianzando la costumbre de enterrar a los muertos en los suelos de las iglesias. Para los habitantes de las colonias, los templos eran lugares sagrados que aseguraban cierta protección a la materia y al espíritu de los cadáveres. Suponían que las tumbas en los templos eran inviolables y percibían cierta comunicación entre ese espacio sagrado y el más allá. La prohibición de sepultura eclesiástica se entendía como una sanción social hacia el muerto y su familia, y a la vez era vista como un mal augurio con respecto a la suerte del alma del finado en la otra vida. Sepultar fuera de la iglesia era desproteger el cuerpo y el alma del muerto y hacerlos vulnerables a los ataques de fuerzas malignas tanto del más acá como del más allá.[51]

Los habitantes pobres de las ciudades intentaban ser enterrados en el suelo de alguna iglesia, deseo posible de realizar. No conseguían un lugar «privilegiado» en el templo, pero al menos ocupaban un espacio dentro de ese territorio sagrado. A los condenados a muerte que no se arrepentían les estaba vedada la posibilidad de sepultura eclesiástica, lo mismo que a los suicidas o a personas que a ojos de la sociedad hubiesen cometido faltas graves: asesinato, suicidio, concubinato. Entre 1813 y 1828 las víctimas de ajusticiamiento por motivos políticos fueron inhumadas en el cementerio de Occidente en fosa común, o en el suelo de la capilla de los hermanos de La Veracruz. Este templo se había convertido en refugio de cadáveres segregados por faltas cometidas contra la sociedad.

A partir de los datos proporcionados por los testamentos escritos entre 1800 y 1831 acerca del lugar de sepultura escogido por los santafereños, es posible concluir que la petición de entierro eclesiástico fue una constante durante las tres décadas. A pesar de la epidemia de 1801-1802, de las convulsiones políticas entre 1810 y 1819 y de los inicios del gobierno republicano, los habitantes de la ciudad insistieron en el punto. La muestra de testamentos examinada no refleja los vaivenes que se presentaron con respecto a esta costumbre, ocasionados por la epidemia de viruela de 1801-1802 o por las ideas laicas e higienizantes retomadas por el gobierno republicano; más bien habla de la persistencia de cierta mentalidad frente a la muerte, a pesar de la ocurrencia de situaciones que intentaban transformarla.

---

51. Sin razón aparente las tumbas de algunos finados acaparaban la devoción de los santafereños, convirtiéndose en lugares de peregrinación obligatoria. Aunque el Concilio Provincial de Santafé, realizado en 1774, prohibió tales prácticas por cuanto consideraba ilícito el culto a santos no oficiales, no fue posible establecer hasta dónde fue acatada dicha observación. Véase José Manuel Groot, *Historia eclesiástica y civil de la Nueva Granada*, tomo II, Bogotá, Biblioteca de Autores Colombianos, Ministerio de Educación Nacional, Editorial Cosmos, 1956, p. 590.

El proceso de aceptación de sepultura en campo abierto transcurrió en tres etapas: la aceptación forzosa de la sepultura por fuera de las iglesias ante la inminencia de una epidemia de viruela; el regreso a la sepultura eclesiástica una vez conjurada la pandemia, y la aceptación lenta del cementerio público como lugar de inhumación a partir de las ideas y políticas del gobierno republicano después de 1823.

El cementerio en campo abierto introdujo cambios en los ritos de la muerte e incidió en la transformación de la mentalidad de los santafereños con respecto al más allá. Al perder su función como lugares de inhumación, los templos fueron despojados de un atributo que aumentaba su valor sagrado. En adelante sólo fueron lugares para la oración y para la celebración religiosa. Las comunidades administradoras de los templos como espacios sagrados vieron mermado tanto su poder temporal como espiritual cuando las sepulturas dejaron de hacerse en sus dominios.

La real cédula de erección de cementerios fuera de poblado promulgada en 1786 por Carlos III,[52] no fue aceptada de inmediato en las colonias. Sólo seis años después de expedida comenzó a ser aplicada en la Nueva Granada. ¿Cómo explicar la distancia existente entre la expedición de la norma y su aplicación? Sencillamente, porque en Santafé se adoptó una solución que se encontraba en el término medio entre la real cédula y la mentalidad de los habitantes: el cambio duró lo que la epidemia de viruela.

Los documentos hablan tanto de proyectos para la erección de necrópolis como de la construcción de varios cementerios fuera de poblado entre 1792 y 1807 en diversos lugares de la Nueva Granada. En 1792 se inició el proyecto de un camposanto en Barranca del Rey, en 1800 en Girón, Piedecuesta, Bucaramanga, «Río de la Hacha» y Popayán, y en 1807, en Barranquilla.[53]

52. A.G.N., Hospitales y Cementerios, tomo 8, f. 508. No existe certeza con respecto a la fecha de expedición de esta real cédula. En algunas ocasiones los documentos señalan como año de promulgación a 1786 y en otras a 1789.

53. *Ibid*., tomo 4, fls. 640r a 648r; tomo 8, fls.484r a 485r, 487r a 488v, 450r y v, 449 r y v.

En el caso del proyecto para la construcción de cementerio del convento hospital San Juan de Dios de Santafé en 1792, el prior solicitó al cabildo la consecución de un terreno para camposanto aduciendo dos razones: una, que había aumentado el número de muertos y, dos, que el terreno disponible en el hospital era demasiado húmedo, lo cual impedía que los cuerpos se consumieran. El prior anunció el advenimiento de una peste de no proceder a la construcción del camposanto, pero instaurar el cementerio implicaba solicitar autorización al rey y, como era de esperarse, no se contaba con el dinero suficiente para la apertura de una obra de tal magnitud. Adelantándose a las propuestas del cabildo, los hermanos del convento elaboraron un proyecto acompañado de una planilla de gastos y de una propuesta para el traslado de los cadáveres desde el convento hospital hasta el camposanto. Imaginaron un terreno rodeado por una pared de adobe con su cubierta de teja. El transporte de los finados se solucionaría a través de la consecución de un carro, dos mulas y dos cajas. Contratarían dos mozos para conducir el carro y sepultar a los muertos. El total de los gastos anuales, según la propuesta, sería de 392 pesos.[54]

Sin embargo, el proyecto de los hermanos hospitalarios se quedó en el papel y en 1802, cuando llegó la epidemia de viruela, no tuvieron otra opción que remodelar el camposanto existente en el convento. Al parecer era un terreno destapado al que fácilmente llegaban animales a desenterrar los cadáveres. Los hermanos solicitaron recursos del Fondo de Hospitales para cercar el camposanto. El costo de la obra ascendió a 2.400 pesos.[55]

54. A.G.N., Hospitales y Cementerios, tomo 7, fls. 75r a 79r.

55. A.G.N., Conventos, tomo XXI, fls. 99v y 100r. En 1791, el virrey Ezpeleta hizo construir un cementerio al occidente de la ciudad. El ingeniero Domingo Esquiaqui levantó los planos y el arzobispo Compañón bendijo el camposanto el 30 de noviembre de 1793. Véase Pedro María Ibáñez, *Crónicas de Bogotá,* Bogotá, Academia de Historia de Bogotá, Tercer Mundo Editores,1989, tomo 2, p.82. Si existía un proyecto para construir un camposanto al occidente de Bogotá desde 1791, ¿por qué en 1792 los hermanos de San Juan de Dios realizan gestiones para construir un cementerio extramuros para el hospital?; ¿deseaban los hermanos un cementerio para uso exclusivo del hospital?

Durante la epidemia de 1802 los santafereños vivieron, pues, la experiencia de sepultar a sus muertos fuera de las iglesias. Contra su voluntad y ante la amenaza de severos castigos por parte de las autoridades, accedieron a dejar los cadáveres de sus seres queridos en lugares «profanos», carentes de la protección de imágenes religiosas y de oraciones continuas de sacerdotes y fieles. La medida fue acogida, aunque no interiorizada, por los habitantes. Diversos grados de comprensión y aceptación del cambio aparecen ante la mirada del historiador: un grupo de estudiosos, funcionarios y médicos lo comprendía y aceptaba; un sector de funcionarios lo acataba porque provenía del rey, pero no veía la necesidad de aplicarlo con tal rigor; un sector amplio de la población lo aceptaba por temor a los castigos, aunque no veía su utilidad, y un reducido número de habitantes evadió la norma y actuó por su cuenta en la clandestinidad.

La epidemia se distribuyó de manera desigual por el territorio de la Nueva Granada, forzando a la gente a reaccionar en tiempos distintos. Algunos sitios no conocieron el flagelo y, sin embargo, estuvieron preparados para padecerlo. Sorprende sobre todo el caso de Barranquilla porque expresa la inconformidad de sus habitantes frente al cambio. El 19 de octubre de 1807, ante la saturación de cadáveres en la iglesia de Barranquilla, se decidió enviar el cuerpo de Pedro Orta al cementerio en campo abierto recién instalado, pero las autoridades fueron interpeladas por la reacción airada de la población. Las gentes marcharon por las calles pidiendo sepultura eclesiástica para Pedro Orta y amenazando con acabar el pueblo cuando empezaran las inhumaciones en ese «corral de cerdos». Un grupo de doscientos habitantes de Soledad, población vecina de Barranquilla, marchó en busca del cuerpo del difunto para inhumarlo en la iglesia de la población que lo había visto nacer. La guardia de Barranquilla «por sus vínculos de sangre», se puso del lado de la protesta y las autoridades se vieron obligadas a solicitar refuerzos a Cartagena. El oficial José del Fierro, un sargento, un tambor, dos cabos y treinta soldados del regimiento fijo fueron enviados.[56] No se sabe cómo se solucionó el impase; sin embargo, es preciso destacar este suceso por cuanto muestra cómo el cambio de lugar de sepultura no se logró sino después de prolongados movimientos de resistencia promovidos por amplios sectores de población.[57]

También es importante hacer referencia a la forma como se dio la aplicación de la real cédula sobre construcción de cementerios. Por los documentos se sabe que empezó a ser acatada casi con catorce años de retraso. Al parecer fue necesario el inicio de una nueva epidemia de viruela para que se hiciera efectiva la medida, y a pesar de ello la orden fue aplicada de manera desigual: en algunas poblaciones se impidieron las inhumaciones en iglesia; en Santafé se prohibieron a los finados virolentos, y en lugares apartados, donde desde siempre se había enterrado a los muertos en campo abierto, ya que no existían parroquias ni capillas, la medida no tuvo mayor impacto.

¿Por qué se dio una aplicación desigual de la norma? Frente a este interrogante sólo es posible señalar cómo la puesta en práctica de esta medida significaba la remoción de una mentalidad sobre la vida y la muerte y cambiar una costumbre afianzada a lo largo de la época colonial. Para convencer a los neogranadinos no bastaba el argumento de los miles de muertos en tiempos de la pandemia de 1782, fenómeno que se atribuía a las sepulturas masivas en los suelos de las iglesias. De ahí que en 1804, cuando la epidemia de viruela había llegado a su fin, en algunas regiones de la Nueva Granada se escucharan voces que solicitaban recuperar los antiguos lugares de sepultura. Uno de estos casos ocurrió en la villa del Socorro: Cándido Nicolás Girón, apoderado de José Javier Azuero, abogado de la

---

56. A.G.N., Hospitales y cementerios, tomo 3, fls. 988r a 1007v.

57. El 25 de octubre de 1836 los habitantes de Salvador de Bahía (Brasil) se rebelaron contra la nueva práctica de inhumar en campo abierto. Hermandades y Órdenes Terceras encabezaron la protesta. Al día siguiente entraría en vigor la prohibición de sepultar en las iglesias. Una compañía privada asumiría el monopolio de las inhumaciones en Salvador por treinta años. Véase Joao José Reis. *A Morte E Uma Festa ...*, pp. 13, 22, 46, 49 y 292.

Real Audiencia y administrador de tabacos en las villas de San Gil y El Socorro, solicitó en el mes de junio que se permitiera nuevamente la «libre elección de sepultura en la villa del Socorro». El apoderado pidió «el derecho a que el abogado de la Real Audiencia y su familia, hasta el cuarto grado, puedan ser sepultados en una de las tres iglesias, siempre que no muriesen del mal de san Lázaro o de otra contagiosa. El arzobispo y el cabildo de la villa habían ordenado la erección de cementerio el 5 de marzo de 1803, «para evitar el contagio de viruelas ya allí propagadas».[58]

Pero la implementación de la real cédula de 1786 fue tan desigual como desiguales habían sido desde siempre los tipos de inhumación. Entre campo y ciudad había amplias diferencias en este sentido. En ciertos sectores del primero los habitantes vivían desperdigados, abandonados a su propia iniciativa, y la presencia de la Iglesia católica era a veces nula. No contaban con capillas, carecían de imágenes y las misas eran poco frecuentes. Mientras en una parte del territorio los feligreses aceptaban con reticencia la inhumación en campo abierto, en otras no habían conocido nunca la sepultura en iglesia. El 12 de enero de 1808, por ejemplo, el gobernador de Neiva expuso al virrey la necesidad de construir una capilla en el «sitio de Cabrera, Camino Real de Neiva», ya que en su opinión los habitantes de la parroquia de La Alpujarra se hallaban abandonados de toda autoridad e instrucción:

> .... por la distancia de media y aun de jornada entera rara vez, o nunca oyen misa, sus difuntos los entierran en el campo. Lo mismo sucede con los pasajeros: de modo que el Camino Real está cubierto de sepulturas. Por eso aun cuando no fuese para otros fines más que para dar sepultura a los muertos, conforme a la ley 1, título 18, libro primero de nuestra Recopilación convendría levantarse una capilla en donde aquellos vecinos podrán juntarse algunos días festivos a rezar siquiera el santo rosario, y a aprender

---

58. A.G.N., Hospitales y cementerios, tomo 5, fls. 2r y v.

la doctrina cristiana, de cuya indispensable instrucción se carece mucho en estos países».[59]

Al finalizar la epidemia de viruela de 1802 la inhumación en el suelo de las iglesias continuó a pesar de la real cédula de 1786. Por supuesto, había un elemento nuevo en el paisaje urbano de Santafé: por occidente se asignó un terreno para cementerio. Allí se enterró a una parte de las víctimas de la violencia política entre 1816 y 1828, y se depositaron los cadáveres de aquellos finados que por diversos motivos no pudieron ser inhumados en las iglesias.

Los testamentos indican cómo esta costumbre continuó imperturbable, a pesar de los acontecimientos políticos de 1810 y de 1819. Se necesitó una campaña persuasiva del gobierno republicano para que los santafereños empezaran a considerar la posibilidad de ser inhumados fuera de las iglesias. Es el caso de Rafael Prieto, propietario de la hacienda Los Estanques, célibe y sin hijos, quien en 1811 solicitó ser amortajado con el hábito de san Francisco e inhumado en la iglesia del convento, en el altar de Nuestra Señora de la Concepción, en el sepulcro de los Caicedos;[60] o el de Juan Agustín Matallana, presbítero, quien en 1825 pidió sus hábitos sacerdotales por mortaja y la bóveda de la Concepción en la iglesia de San Agustín por sepultura;[61] o el de Tadeo Díaz de Aguilar, casado y sin hijos, quien en 1827 solicitó el hábito de san Agustín por mortaja y la iglesia de Santa Bárbara por lugar de sepultura;[62] o incluso el de Juan Larens, soldado inglés, soltero y sin hijos, quien en 1825 pidió ser enterrado en la iglesia de Nuestra Señora de las Aguas.[63]

Aunque en los últimos años de la década de 1820 sólo un reducido grupo de bogotanos había aceptado la idea del cementerio como lugar de sepultura, este cambio de todas maneras mostraba una trans-

---

59. *Ibid.*, tomo 2, fls. 7r y v.
60. A.G.N., Notaría Primera, tomo 229, f. 9r, testamento de enero 22 de 1811.
61. A.G.N., Notaría Tercera, tomo 366, f. 92v., testamento de mayo 19 de 1825.
62. A.G.N., Notaría Primera, tomo 247, f.311v., testamento junio 23 de 1827.
63. A.G.N., Notaría Primera, tomo 245, f. 696 r., testamento de Juan Larens.

formación de la mentalidad religiosa, del poder de la Iglesia católica y de los imaginarios sociales sobre la vida y la muerte: aceptar con tranquilidad la inhumación en un campo abierto indicaba una reducción del miedo al juicio final y al purgatorio, tal vez como producto de la presencia de nuevas ideas e imágenes en la mente de los habitantes. Dos casos ilustran la situación mencionada: Juan Junca, dueño de una tienda en la tercera calle del comercio, casado y con hijos, solicitó en 1828 ser amortajado con el hábito de san Francisco y sepultado en «el cementerio establecido». Rosa Laso de la Vega, viuda y sin hijos, residente en el barrio de Las Nieves, propietaria de una casa, pidió en el mismo año, el hábito de san Francisco por mortaja y el «cementerio establecido» por lugar de sepultura.[64]

Diversos artículos publicados por la *Gaceta de Colombia* entre 1821 y 1831 son expresión de la campaña adelantada por el gobierno republicano para persuadir a los habitantes de Bogotá acerca de la necesidad de este cambio. Ediciones de 1823, 1826, 1827 y 1830 abordan el tema.[65] Pero cambiar una costumbre que había sido practicada por siglos no era asunto fácil, y la prontitud con la cual se restableció la práctica de la inhumación en terreno eclesiástico es también expresión de una tenaz resistencia al cambio.

---

64. A.G.N., Notaría Segunda, tomo 229, f. 187v., testamento de abril 11 de 1828, Juan Junca, y Notaría Segunda, tomo 229, f. 224r., testamento de diciembre 31 de 1828, Rosa Laso de La Vega.

65. Biblioteca Nacional, Hemeroteca, Periódico *Gaceta de Colombia*, números 112 del domingo 7 de diciembre de 1823, trimestre 9; 241 del domingo 28 de mayo de 1826-16, trimestre 20; 317 del domingo 11 de noviembre de 1827-17, trimestre 26 y 477 de domingo 8 de agosto de 1830, trimestre 38.

Conclusiones

> La ciudad, que al principio no era más que una colonia, comenzó a convertirse en patria. Existía allí una manera de saludarse, una manera de inclinar la cabeza al encontrarse, ligera y sutilmente distinta de la manera de otras ciudades. Los hombres que habían participado en la fundación de la ciudad eran tratados con respeto y cariño, irradiaban una pequeña nobleza. Creció una nueva generación, la ciudad les parecía ya una antigua patria, de origen casi eterno. La época en que allí resonó el primer martillazo, en que se produjo el primer asesinato, en que se celebró el primer oficio divino, en que se imprimió el primer periódico, quedaba perdida en el pasado, era ya historia.[1]

Las décadas comprendidas entre 1800 y 1830 presenciaron el surgimiento de dos lugares que transformaron las formas de vivir la enfermedad y la muerte para los santafereños: el hospital provisional y el cementerio en campo abierto. Fueron novedades introducidas para responder de manera organizada a la epidemia de viruela de 1802 y muestran cómo, ante la necesidad de evitar los grandes estragos causados por la enfermedad, autoridades y habitantes pusieron en práctica sus ideas más liberales y novedosas, ideas que en tiempos de calma no se hubieran hecho realidad.

Los santafereños conocían la experiencia del degredo y concebían el hospital como un espacio para guarecer a los enfermos pobres, como un refugio en el cual se les proporcionaba un auxilio más caritativo que médico. Sin embargo, fue a partir del temor que experimentaron ante el anuncio de una nueva epidemia de viruela, y por-

1.Hermann Hesse, *Rastro de un sueño*, Barcelona, Colección Narrativa, Editorial Planeta,1979, pp. 83 y 84.

que sabían del desenlace nefasto de la ocurrida en 1782, cuando decidieron poner en práctica un nuevo concepto de hospital: un lugar dentro de la ciudad para concentrar a los contagiados pobres con los recursos necesarios para sobrellevar la enfermedad bajo la atenta mirada de algunos médicos. El nosocomio, no obstante, tuvo el carácter de provisional, y su existencia se vio condicionada por la duración de la epidemia. De todas formas, los hospitales provisionales fueron pensados para albergar a personas pobres que contrajeran el virus, y si bien fueron clausurados al finalizar la epidemia, la experiencia colectiva sobre la efectividad y la posibilidad de este tipo de lugares permaneció latente para todas las esferas de la sociedad.

Los hospitales provisionales constituyeron la expresión de una nueva relación entre enfermedad y sociedad, de una nueva manera de mirar al enfermo. En décadas anteriores, ante la aparición de una enfermedad desconocida, temida por ser contagiosa y por conducir a la muerte, autoridades y habitantes reaccionaban con pánico y procedían a aislar a los enfermos, retirándolos a los degredos. ¿Hasta qué punto las ideas médicas aparecidas en Europa en las últimas décadas del siglo XVIII, ideas que insistían en la necesidad de pensar en las causas de las enfermedades y en las atmósferas producidas por las endemias, incidieron en la nueva actitud frente a la enfermedad por parte de funcionarios y autoridades de Santafé? ¿Hasta qué punto el descubrimiento de la vacuna contra la viruela, ocurrido en 1796, irradió oleadas de optimismo en las colonias, haciendo pensar en la posibilidad de estudiar y de prevenir otras enfermedades? No cabe duda de que estas ideas y noticias influyeron en la manera como los santafereños hicieron frente a la epidemia de viruela de 1802, y resulta curioso ver cómo se hizo frente a la enfermedad con novedades administrativas y viejos conocimientos médicos.

Enfermedades aledañas a la viruela recibieron el efecto benéfico del descubrimiento de la vacuna. Me refiero a la lepra, que empezó a ser mirada con ojos menos temerosos y más comprensivos por algunos médicos y funcionarios de Santafé en 1801. Un par de años atrás, el rey había expedido una cédula ordenando la construcción de hospitales para leprosos en los alrededores de las ciudades. En opinión del monarca, el sistema de hospitales distantes era demasiado costoso. Se sabe que la real cédula fue conocida en Santafé pero que no tuvo una reacción favorable de inmediato. En 1801, meses antes del anuncio de la epidemia de viruela, el cabildo discutía sobre la conveniencia de construir un lugar para lazarinos y se pensaba en la posibilidad de clausurar el hospital de San Lázaro en Cartagena. Esta discusión fue aplazada hasta 1807; seis años después se retomó la idea y se desarrolló hasta el punto de imaginar el terreno y hacer un presupuesto de gastos.

Por décadas la lepra había sido considerada enfermedad contagiosa de la más alta peligrosidad. Dado que no presentaba el sistema de propagación de una epidemia y que sus características físicas causaban repugnancia, los santafereños se permitían el privilegio de segregar al individuo contagiado. Ser condenado al destierro y separado de familia y vecinos era el destino del lazarino. El temor a los leprosos impedía pensar en la enfermedad, seguir el curso de su desarrollo, y sus víctimas despertaban miedos profundos y desproporcionados que desataban mecanismos sociales conducentes al señalamiento y aislamiento de ciertos individuos. La activación de tales mecanismos respondía a necesidades colectivas cuyos alcances iban más allá de la enfermedad que se pretendía combatir, pero el temor frente a ella empezó a disminuir de manera desigual a comienzos del siglo XIX. Fueron los médicos de Santafé quienes iniciaron una sutil campaña de persuasión para convencer a los habitantes sobre los bajos niveles de peligrosidad de los leprosos. El círculo de disminución del miedo se amplió a ciertos funcionarios, aunque no alcanzó al resto de la población.

Los casos de viruela y lepra en la Santafé de 1800 a 1810 muestran cómo las reacciones frente a las enfermedades deben verse como procesos con etapas, momentos, avances, resistencias, retrocesos y estancamientos; señalan además cómo la relación sociedad-enfermo presenta implicaciones que superan los estrechos límites de la enfermedad considerada para cumplir tareas encaminadas a fortalecer la cohesión de la sociedad por la vía de la segregación de algunos de sus miembros. En ocasiones, la enfermedad prestó incluso su fachada para servir al objetivo colectivo de estrechar los lazos sociales.

La epidemia de viruela de 1802 fue combatida a partir de una combinación de algunas ideas sobre higiene pública, defendidas por médicos y funcionarios, con una excelente administración de los recursos por parte de funcionarios y autoridades. A pesar de la existencia de leves discrepancias entre la Real Audiencia, el virrey y el cabildo, estas tres instancias lograron actuar de manera coordinada. Se controló la especulación de víveres y la entrada de personas a Santafé. Se buscó recursos para financiar los gastos de la epidemia, y todo fue realizado meses antes de la difusión del contagio, cuando sólo se sabía de la existencia de seis enfermos. A un lector de nuestros días le llama la atención la actitud previsora con la cual las autoridades enfrentaron los hechos: ubicar a los habitantes pobres y propensos a contraer el virus se convirtió en tarea central. Pero, ¿cómo localizarlos? En cuatro meses, entre agosto y noviembre de 1801, se pensó y realizó un padrón apropiado. Sus resultados permitieron evaluar el porcentaje de población que se debía proteger y organizar tres hospitales provisionales para albergar a los enfermos pobres. Como se examinó en el capítulo primero, la medida hizo que el número de fallecimientos se redujera notablemente con respecto a la abultada cifra de decesos ocurridos en la epidemia de 1782.

Vale la pena insistir en la prontitud con la cual se realizó el censo y en la utilidad que tuvo no sólo para localizar a la población propensa, sino también como herramienta educativa. A las puertas de una epidemia, el recorrido diario de los comisarios de barrio, de casa en casa, recogiendo datos necesarios para el conocimiento de la población, debió de suscitar comentarios, conversaciones, reticencias. En todo caso, mientras se hizo el padrón los santafereños pensaron y hablaron sobre una posible epidemia de viruela, lo que en otras palabras significa que preparó sicológicamente a los santafereños para el advenimiento de la pandemia, factor que creó condiciones para la respuesta coordinada posterior.

El padrón de 1801 constituye una radiografía de la pobreza imperante en la época. Pobres eran los individuos o familias que carecían de recursos materiales para hacer frente a la epidemia en sus lugares de vivienda, pero que al menos poseían un lugar para habitar: casa, tienda, bohío, rancho o solar. Por lo general, eran arrendatarios. Niveles de pobreza por debajo del mencionado no fueron considerados en el padrón. Pero, ¿por qué proteger a los pobres propensos al contagio? ¿Predominaba una visión paternalista de la sociedad frente al pobre? Aunque así fuera, proteger al pobre virolento significaba preservar al resto de la sociedad de la expansión desproporcionada del virus. Había que tomar algunas medidas de higiene para evitar su difusión, impedir que los enfermos habitaran en lugares estrechos y superpoblados, cuidar del aseo personal de los contagiados, evitar que el virus se concentrara en determinados lugares de la ciudad, escapando al control de las autoridades, e impedir la inhumación en las iglesias.

La erección de tres hospitales provisionales fue posible gracias al concurso de un grupo variado y numeroso de habitantes de Santafé. Esfuerzos y materiales de diversa índole fueron requeridos tanto para instalar como para poner a funcionar los nosocomios. Una gran distancia separaba al degredo del hospital provisional, y se presentó un cambio, hasta cierto punto radical, en la manera de concebir al enfermo. Pasó de ser individuo inspirador de temor y rechazo a persona con problemas de salud a la cual había que cuidar para que pudiera sobrellevar su estado hasta sanar o morir. Entre el convento hospital San Juan de Dios y los hospitales provisionales de 1802 había una distancia corta pero significativa. El primero era un lugar para atender enfermos pobres, aunque servía más de refugio a la pobreza que de auxilio en la enfermedad; los hospitales provisionales fueron concebidos para prestar auxilio médico a enfermos contagiosos a condición de que fueran pobres.

La epidemia de viruela de 1802 introdujo cambios, asimismo, en las maneras de vivir la ciudad. Los santafereños conocieron nuevas formas de hacer frente a la enfermedad y a la muerte. Hasta 1802 habían padecido las epidemias en sus lugares de habitación, rodeados del cuidado de familiares y conocidos, sin intervención de las autoridades. Morían en sus casas y luego eran inhumados en el suelo de alguna iglesia de la ciudad. Durante la época de la viruela, sin embargo fueron conminados a pasar la enfermedad en un lugar destinado para tal fin, en compañía de otros enfermos y atendidos por personas nombradas para esa tarea. Hasta la forma de morir fue diferente para quienes perecieron: apartados del mundo de los sanos, aunque no tanto como en los degredos, agonizaron al lado de otros enfermos y fueron enterrados sin mayores ceremonias ni preparativos en el solar del hospital de Las Aguas o en el camposanto del convento hospital de San Juan de Dios. Privados de la compañía de las cofradías y de la tranquilidad y protección proporcionadas por la sepultura en el suelo de un templo, los moribundos experimentaron temores nuevos frente a la muerte.

Para los santafereños, el tránsito de la sepultura en el suelo de las iglesias a la inhumación en campo abierto fue involuntario. Forzados por la idea de que el entierro de los virolentos en las iglesias perjudicaba la salud colectiva, debieron aceptar sin mayor preparación las medidas tomadas por las autoridades. Cerca de trescientos santafereños fueron inhumados en campo abierto, inaugurando así un ritual que luego de muchos años y de todo tipo de reticencias se volvió costumbre. Aceptaron el cambio de manera temporal, mientras pasaba la epidemia, y pronto regresaron al ejercicio pleno de la inhumación en las iglesias. Años más tarde el gobierno republicano inició una campaña de persuasión sobre la inconveniencia de este tipo de práctica, y en 1830 se introdujeron el cementerio público y la inhumación en campo abierto.

La inhumación en el suelo de las iglesias era la expresión de una concepción muy arraigada sobre la muerte y el más allá. Depositar el cadáver dentro del espacio ocupado por la iglesia garantizaba protección sobrenatural al cuerpo y al alma. Se creía que los difuntos enterrados en suelo eclesiástico eran mirados con buenos ojos por el Tribunal Supremo. A este tipo de sepultura se unía el acompañamiento de las cofradías, el derecho a ser amortajado con el hábito de una hermandad, en caso de haber pertenecido a una, y la prerrogativa de ser depositado en un lugar específico de las iglesias al lado de los hermanos de organización. Las misas por el alma, las ceremonias religiosas, la presencia de altares y representaciones de santos, las oraciones colectivas y las visitas de los feligreses beneficiaban también a los finados que descansaran en esos lugares. Para una sociedad que creía firmemente en la existencia del más allá y en la posibilidad de establecer contacto con el mundo sobrenatural a través de oraciones y penitencia, así como en la oportunidad de influir en el juicio de las almas, la sepultura eclesiástica era un ritual imprescindible.

Como se utilizó contra la voluntad de los habitantes y a nombre de la salud pública, durante la epidemia de viruela de 1802 el cementerio en campo abierto despertó desconfianza, por cuanto era un lugar desprovisto de las características que poseían los templos. El cementerio era visto como un lugar profano en el cual los muertos carecían de la protección eclesiástica y sobrenatural. Entre 1800 y 1830, por otra parte, las concepciones y prácticas sobre la muerte estuvieron marcadas por la existencia de cofradías y capellanías. Para los santafereños era de vital importancia garantizar compañía a la hora de la muerte y oraciones por el alma en los años siguientes al deceso. Pero resulta necesario señalar cómo la necesidad de compañía tenía una medida. No se trataba de obtener presencia voluntaria y casual en el funeral, sino de garantizar la asistencia imprescindible de un número determinado de personas. Las costumbres de la época habían establecido un camino para obtener compañía en el funeral. El santafereño se afiliaba a una cofradía por varios años, incluso por décadas, y participaba en actividades relacionadas con festividades religiosas y acompañamiento a funerales de los miembros de la organización que iban "finando". La intensa actividad desplegada por estas asociaciones habla de la importancia que tenía la muerte como acontecimiento social en esos días. De ahí que haya que hacer énfasis en el funcionamiento de las cofradías como organizaciones vinculadas al ritual sobre la muerte y en la función integradora que cumplieron estas asociaciones a lo largo de tres décadas. Las fuentes mencionadas en el capítulo segundo insinúan la existencia de un tejido social amplio y sólido creado a partir de las cofradías y sugieren que, a pesar de sus objetivos religiosos, debieron cumplir tareas y funciones que rebasaban los objetivos propuestos en el inicio de su organización. Aunque no sea posible probarlo a través de las fuentes, dado que éstas sólo reflejan aquellas funciones reconocidas de manera consciente por los cofrades, es lícito sospechar que las cofradías también prestaron su red a realistas y patriotas en el período independentista.

El intento por comprender el funcionamiento de cofradías y capellanías permitió un acercamiento a las concepciones sobre muerte y más allá de los santafereños a comienzos del siglo XIX. La pregunta inicial por el enfoque pertinente para examinar estas dos organizaciones fue respondida a través de lecturas desprevenidas de las fuentes. El asunto era que los documentos dejaban ver una intrincada relación entre lo económico y lo religioso, relación un tanto extraña para una mentalidad como la nuestra, producto de una sociedad que ha optado por la fragmentación del conocimiento y por la especialización. Además, estaba el aspecto de la relación con el más allá, cuestión que aparecía con insistencia en los documentos. Los papeles de la época estudiada permiten ver cómo lo material y lo espiritual, la economía y la política, asumen significados alejados de los usos que son convencionales en nuestros días, y cómo la mentalidad de los santafereños era distinta a la actual.

Pero las dudas acerca del enfoque a utilizar para el análisis provenían de los documentos sobre capellanías y del tipo de óptica privilegiado por los historiadores que han realizado algunos acercamientos al estudio de este tipo de organizaciones. En las capellanías existentes entre 1800 y 1830 se conjugan los aspectos económico y religioso con una fuerza que resulta imperdonable dejar alguno de los dos aspectos por fuera del análisis. Sin embargo, la dificultad reside en el sentido que tenían la economía y la religión para los santafereños de ese entonces y, por supuesto, en la manera como se integraban. Una manera sencilla pero insatisfactoria de evadir los interrogantes parecía ser el procedimiento de enumerar los dos aspectos dentro del texto, uno al lado del otro, enunciando la existencia de una relación sin entrar a preguntarse por ella.

El estudio de las capellanías permite acercarse a las concepciones de la época sobre la relación entre la vida terrenal y el más allá, a la vez que llama la atención sobre la función social de los clérigos como intercesores entre los vivos y los muertos. Una de las particularidades de la creencia en el más allá por parte de los santafereños era que se representaba tales lugares y situaciones con imágenes vívidas que sólo era posible obtener a partir de los sueños o gracias a las narraciones llenas de colorido de los curas en los sermones de las misas. La certeza y fuerza de las representaciones despertaba ciertos sentimientos de tranquilidad acerca de lo que ocurriría a las almas después de la muerte física. Con la misma certeza se creía en la posibilidad de injerir en la salvación de las almas a través de misas y oraciones de los vivos, oraciones que debían ser continuas. Pero continuidad e intensidad sólo podían garantizarse a través de una inversión material que recompensara de algún modo al grupo de personas encargadas de la memoria de misas.

Entre 1800 y 1830 el testamento constituía un acto de preparación para la muerte realizado tanto por propietarios como por personas carentes de bienes materiales. Se testaba por previsión, enfermedad, embarazo, campaña militar próxima o pena de muerte. Testar era pensar con anticipación en la muerte propia y definir los detalles del funeral: el tipo de mortaja, el lugar de sepultura y otras características de la ceremonia fúnebre. El conjunto de testamentos revisados para este trabajo muestra cómo no hubo variaciones bruscas ni profundas en la manera de expresar las instrucciones sobre el funeral a lo largo de tres décadas. Aunque al contrastar fuentes se logran apreciar las distancias existentes entre la voluntad del testador y su ejecución, se consideró de interés estudiar los testamentos como documentos que reflejan sentimientos y pensamientos que iban mucho más allá de sus características simplemente notariales.

A pesar de las expresiones de humildad de algunos testadores acaudalados, que solicitaban entierros pobres y sin pompa, se sabe que el tipo de funeral estaba determinado por las características socioétnicas del finado y por su situación económica. Había dos tipos de sepelio: cruz alta y cruz baja. El de cruz alta, a su vez, se dividía en dos categorías. Españoles y mestizos tenían acceso al entierro de cruz alta de precios más elevados, mientras que para mulatos, negros e indios estaban destinados sepelios de cruz alta a precios bajos. Para pobres de solemnidad que fueran españoles, indios, negros y mulatos el entierro era de cruz baja y rezado. Unos y otros tenían derecho a sepultura en el suelo de las iglesias; la diferencia estaba en el lugar de inhumación, en el tipo de acompañamiento y en el tipo de ceremonia. Por lo general, a través de los funerales se reafirmaba el poder socioeconómico del finado o la condición socioétnica en la cual se había vivido. En el libro de cuentas del convento de los Agustinos referente a funerales se encuentran algunas excepciones: esclavos a los cuales se les celebró funerales de cruz alta a precios elevados por voluntad de sus dueños. Este hecho podría interpretarse de tres maneras: como acto de agradecimiento hacia el sirviente, como acto de caridad a través del cual se quería ganar indulgencias o como despliegue de poder del propietario.

Los funerales constituían actividades sociales dinamizadoras de la vida cotidiana. Los habitantes sentían necesidad de convertir los fallecimientos en actos públicos. Consideraban que la compañía en el funeral era vital tanto para el finado como para el consuelo de los sobrevivientes. Al concurrido velorio en el lugar de habitación del difunto seguía una procesión numerosa por algunas calles de la ciudad hasta el templo, donde se efectuaban las ceremonias y la inhumación. De acuerdo al caudal del fallecido y a las instrucciones para su funeral, era costumbre celebrar misas por su alma en diversos altares e iglesias. Si el finado había fundado una capellanía, su muerte era el punto de partida de misas continuas, año tras año, por la salvación de su alma.

Buscar a los santafereños en actividades relacionadas con la enfermedad y la muerte con el propósito de reconstruir una faceta del tejido social de la época de la Independencia constituyó el objetivo central de este trabajo. Por supuesto, semejante pesquisa develó diferencias socioétnicas, económicas y de mentalidad. Este camino mostró una variedad de identidades, intereses y experiencias a las cuales tenía acceso un habitante; vivencias simultáneas que se conjugaban en una sola persona. Entre 1800 y 1830 el santafereño se movía en diversos planos de la actividad social y en lugares y experiencias que rebasaban por momentos las clasificaciones determinadas por características étnicas, ideológicas o económicas. Padecer una enfermedad o ser propenso a contraerla, pertenecer a una organización para obtener compañía a la hora de la muerte, realizar una tarea piadosa por encargo, redactar la última voluntad, agonizar y morir eran experiencias que creaban lazos entre los habitantes, integrándolos en grupos que poseían diversos niveles de permanencia. A partir de este enfoque fue posible descubrir otros ángulos de la vida cotidiana, que espero arrojen una nueva luz sobre los años iniciales de la historia del país como nación independiente.

Bibliografía

Fuentes documentales consultadas en archivos

Capítulo primero

Archivo General de la Nación
Sección: Colonia
Fondos:

Miscelánea: Tomos 2, 10, 22, 28, 31, 33, 46 y 58.
Milicias y Marina: tomo 142.
Lazaretos: tomo único.
Médicos y Abogados: tomo 2.

Capítulo segundo

Archivo General de la Nación
Sección: Colonia
Fondos:

Conventos: tomos 2, 23, 31, 64, 66.
Notaría Primera: tomos 229, 233, 243, 245 y 254.
Notaría Segunda: tomos 212, 216, 224.
Notaría Tercera: tomos 334 y 335.
Miscelánea: tomos 24, 32, 37, 46, 52, 119 y 131.

Biblioteca Nacional
Raros y curiosos
Libros: 135 y 157.

Capítulo tercero

Archivo General de la Nación
Secciones Colonia y República

Notaría Primera: tomos 223, 224, 225, 227, 229, 231, 233, 235, 245 y 247.
Notaría Segunda: tomos 198, 199, 200, 201, 202, 203, 204, 205, 206, 207, 208, 212, 216, 220, 229, 230.
Notaría Tercera: tomos 327, 329, 332, 333, 334, 335, 337, 338, 340, 343, 344, 348, 351, 352, 353, 358, 359, 360, 361, 362, 363, 365, 366, 367, 369, 371, 372, 373 y 374.
Colonia, Policía, tomo 5.
Milicias y Marina, tomo 142.
Miscelánea, tomo 46.
Juicios Criminales: tomos 5 y 20.
Conventos: tomos 3, 21,57 y 64.
Hospitales y Cementerios: tomos 2, 3 , 4, 5, 7, 8 .
Biblioteca Nacional
Raros y curiosos
Libro: 131.
Fondo Quijano Otero, Volúmenes 259 y 268.
Hemeroteca, Periódico Gaceta de Colombia. 1822-1831.

Fuentes documentales impresas

Colmenares, Germán, *Relaciones e informes de los gobernantes de la Nueva Granada*, tomo III, volumen 136, Bogotá, Biblioteca Banco Popular, 1989.

Del Bastardo y Loayza, Fernando, *Noticias historiales de Nueva Barcelona. Fuentes para la historia colonial de Venezuela*, Caracas, Biblioteca de la Academia Nacional de la Historia, número 179, 1985.

García de la Guardia, Antonio José, *Calendario manual y guía de forasteros en Santafé de Bogotá, capital del Nuevo Reino de Granada, para el año de 1806*, Bogotá, Banco de la República, Departamento Editorial, 1988.

Aries, Philippe, *El hombre ante la Muerte*, Madrid, Ediciones Taurus, 1983.

Bonilla, Heraclio, *Clases populares y Estado en el contexto de la crisis colonial*, en Heraclio Bonilla, Pierre Chaunu, *et. al.*, *La Independencia en el Perú,* Lima, Instituto de Estudios Peruanos, segunda edición, 1981.

Bossy, J., «The Mass as a social institution. 1200-1700», en *Revista Past and Present*, núm.100, 1983.

Brown, Andrew, *Popular Piety in Late Medieval England. The Diocese of Salisbury, 1250-1550*, Great Britain, Oxford Historical Monographs, 1995.

Caballero, José María, *Diario*, Bogotá, Biblioteca de Bogotá, Villegas Editores, 1990.

Carrasquilla Botero, Juan, *Quintas y estancias de Santafé y Bogotá*, Bogotá, Banco Popular, Fondo de Promoción de la Cultura, 1989.

Colmenares, Germán, *Las convenciones contra la cultura. Ensayos sobre la historiografía hispanoamericana del siglo XIX*, Bogotá, Tercer Mundo Editores S.A., segunda edición, 1989.

————, «Censos y capellanías: formas de crédito en una economía agrícola», en *Cuadernos Colombianos*, volumen 1, número 2, marzo-junio de 1974.

Cordovez Moure, José María, *Reminiscencias de Santafé y Bogotá*, Madrid, Ediciones Aguilar, segunda edición, 1962.

Demelas, Marie Danielle e Ives Saint Geours, *Jerusalén y Babilonia, religión y política en el Ecuador 1780-1880,* Quito, Biblioteca de Ciencias Sociales, volumen 21, Corporación Editora Nacional, 1988.

Domínguez, Jorge I, *Insurrección o lealtad. La desintegración del imperio español en América*, México, Fondo de Cultura Económica, primera edición en español, 1985.

Dueñas, Guiomar, «Sociedad, familia y género en Santafé a finales de la Colonia», en *Anuario colombiano de historia social y de la cultura*, número 21, Bogotá, Universidad Nacional de Colombia, Facultad de Ciencias Humanas, Departamento de Historia, 1993.

Durkheim, Emile, *Las formas elementales de la vida religiosa. El sistema totémico en Australia*, Madrid, Alianza Editorial, 1993.

Elias, Norbert, *La soledad de los moribundos*, México, Fondo de Cultura Económica, 1987.

Febvre, Lucien, *El problema de la incredulidad en el siglo XVI: la religión de Rabelais*, México, Ed. Uteha, 1959.

Ferreira, Carmen Adriana. «Capellanías y censos: una conceptualización necesaria para el estudio del crédito colonial», en *Ensayos de historia regional de Santander*, Bucaramanga, Colección de Historia Regional, Escuela de Historia, Universidad Industrial de Santander, 1995.

Figueroa Navarro, Alfredo, *Testamento y sociedad en el Istmo de Panamá, siglos XVIII y XIX*, Panamá, Impresora Roysa, 1991.

Florescano, Enrique, *Precios del maíz y crisis agrícolas en México(1780-1810)*, México, El Colegio de México, primera edición, 1969.

Flores Galindo, Alberto, *Aristocracia y plebe. Lima 1760-1830. Estructura de clases y sociedad colonial*, Lima, Mosca Azul Editores, primera edición, 1984.

Frías Núñez, Marcelo, *Enfermedad y sociedad en la crisis colonial del antiguo régimen. Nueva Granada en el tránsito del siglo XVIII al XIX: las epidemias de viruelas*, Madrid, Cuadernos Galileo de Historia de la Ciencia, número 13, Consejo Superior de Investigaciones Científicas, 1992.

Fundación Misión Colombia, *Historia de Bogotá*, 3 tomos, Colombia, primera edición, Fundación Misión Colombia y Villegas Editores, 1988.

García Márquez, Gabriel, *El amor en los tiempos del cólera*, Bogotá, Editorial Oveja Negra, primera edición, 1985.

Garrido, Margarita, *Reclamos y representaciones. Variaciones sobre la política en el Nuevo Reino de Granada. 1770-1815*, Bogotá, Colección Bibliográfica del Banco de la República, 1993.

Gibson, Charles, *Los aztecas bajo el dominio español. 1519-1810*, México, Siglo XXI Editores, segunda edición, 1975.

González, Fernán. «Prólogo», en Restrepo, Juan Pablo, *La Iglesia y el Estado en Colombia*, 2 tomos, Bogotá, Biblioteca Banco Popular, volumen 132, 1987.

Groot, José Manuel, *Historia eclesiástica y civil de la Nueva Granada*, Bogotá, Ministerio de Educación Nacional, Editorial Cosmos, 1956.

Hesse, Hermann, *Rastro de un sueño*, Barcelona, Colección Narrativa, Editorial Planeta, 1979.

Hobsbawm, Eric J., *Rebeldes primitivos. Estudio sobre las formas arcaicas de los movimientos sociales en los siglos XIX y XX*, Barcelona, Ediciones Ariel, 1968.

Huizinga, Johan, *El otoño de la Edad Media*, Madrid, Ediciones Revista de Occidente, Colección Selecta, novena edición, 1973.

Ibáñez, Pedro María, *Crónicas de Bogotá*, 4 tomos, Bogotá, Academia de Historia de Bogotá, Tercer Mundo Editores, tercera edición, 1989.

König, Hans-Joachim, *En el camino de la nación. Nacionalismo en el proceso de formación del Estado y de la Nación de la Nueva Granada, 1750-1856*, Bogotá, Colección Bibliográfica del Banco de la República, 1994.

Le Goff, Jacques, *El nacimiento del purgatorio*, Madrid, Ediciones Taurus, 1981.

Liévano Aguirre, Indalecio, *Los grandes conflictos sociales y económicos de nuestra historia*, 2 vols., Bogotá, Tercer Mundo Editores, décimatercera edición, 1989.

Lomné, Georges, «Las ciudades de la Nueva Granada: teatro y objeto de los conflictos de la memoria política. 1810-1830», en *Anuario colombiano de historia social y de la cultura*, número 21, Bogotá, Universidad Nacional de Colombia, Facultad de Ciencias Humanas, Departamento de Historia, 1993.

Lynch, John, *Las revoluciones hispanoamericanas 1808-1826*, Barcelona, Editorial Ariel S.A., 1989.

Martínez, Carlos, *Santafé. Capital del Nuevo Reino de Granada*, Bogotá, Banco Popular, Fondo de Promoción de la Cultura, 1987.

Melo, Jorge Orlando, «Los estudios históricos en Colombia: Situación actual y tendencias predominantes», en *La nueva historia de Colombia*, Bogotá, Biblioteca Básica Colombiana, Instituto Colombiano de Cultura, 1976.

Mora de Tovar, Gilma, «Chicha, guarapo y presión fiscal en la sociedad colonial del siglo XVIII», en *Anuario colombiano de historia social y de la cultura*, números 16 y 17, Bogotá, Universidad Nacional de Colombia, Facultad de Ciencias Humanas, Departamento de Historia, 1988-1989.

Mollat, Michel, *Pobres, humildes y miserables en la Edad Media*, México, Fondo de Cultura Económica, primera edición en español, 1988.

Ocampo López, Javier, *El proceso político, militar y social de la independencia*, en *Manual de historia de Colombia*, tomo II, Bogotá, Procultura S.A., Instituto Colombiano de Cultura, tercera edición, 1984.

Ortega Ricaurte, Daniel, *Cosas de Santafé de Bogotá*, Bogotá, Academia de Historia de Bogotá, Tercer Mundo Editores, 1990.

Paz, Octavio, *El laberinto de la soledad*, México, Fondo de Cultura Económica, Edición Popular, número 107, décimatercera reimpresión, 1984.

Phelan, John Leddy, *El pueblo y el rey: la Revolución Comunera en Colombia, 1781*, Bogotá, Carlos Valencia Editores, 1980.

Reis, Joao José, *A Morte É Uma Festa. Ritos fúnebres e Revolta popular No Brasil Do século XIX*, Sao Paulo, Companhía Das Letras, Editora Schwarcz Ltda., 1995.

Restrepo, Juan Pablo, *La Iglesia y el Estado en Colombia*, volumen 132, tomo 1, Bogotá, Biblioteca Banco Popular, Fondo de Promoción de la Cultura del Banco Popular, 1987.

Restrepo, José Manuel, *Historia de la revolución de Colombia*, tomo 1, volumen 48, Editorial Bedout, s.f.

Reverend, Alejandro Próspero, *La última enfermedad, los últimos momentos y los funerales de Simón Bolívar*, Bogotá, Incunables, 1983.

Rodríguez González, Ana Luz, «La sociedad santafereña en los testamentos, 1800-1830», en *Cuadernos de Trabajo de la Facultad de Ciencias Humanas*, número 6, Bogotá, Universidad Nacional, 1993.

Rodríguez, Pablo, «El amancebamiento en Medellín, siglos XVIII y XIX», en *Anuario colombiano de historia social y de la cultura*, números 18 y 19, Bogotá, Universidad Nacional de Colombia, Facultad de Ciencias Humanas, Departamento de Historia, 1990-1991.

Silva, Natalia, *De hombres y santos. Las cofradías en el siglo XVIII*, Cali, 1992, 22 págs. Documento en computador.

Silva, Renán, *Las epidemias de la viruela de 1782 y 1802 en la Nueva Granada*, Cali, Colección de Edición Previa, Universidad del Valle, 1992.

Sosa Abella, Guillermo, *Labradores, tejedores y ladrones. Hurtos y homicidios en la provincia de Tunja, 1745-1810*, Bogotá, Cuadernos de Historia Colonial, título 1, Instituto Colombiano de Cultura Hispánica, 1993.

Tovar, Bernardo, «La Historiografía Colonial», en *La historia al final del milenio. Ensayos de historiografía colombiana y latinoamericana*, volumen 1, Bogotá, Editorial Universidad Nacional y Facultad de Ciencias Humanas, Departamento de Historia, primera edición, 1994.

Tovar, Hermes, *et. al.*, *Convocatoria al poder del número. Censos y estadísticas de la Nueva Granada. 1750-1830*, Bogotá, Archivo General de la Nación, Serie Historia 1, 1994.

————, «Guerras de opinión y represión en Colombia durante la Independencia 1810-1820», en *Anuario colombiano de historia social y de la cultura,* número 11, Bogotá, Universidad Nacional de Colombia, Facultad de Ciencias Humanas, Departamento de Historia, 1983.

Thomas, Louis Vincent, *Antropología de la muerte*, México, Fondo de Cultura Económica, 1983.

Vargas Lesmes, Julián, *La sociedad de Santa Fe colonial*, Bogotá, Centro de Investigación y Educación Popular, 1990.

Vega Umbasia, Leonardo Alberto, *Pecado y delito en la Colonia. La bestialidad como una forma de Contravención sexual. 1740-1808*, Bogotá, Cuadernos de Historia Colonial, título II, Instituto Colombiano de Cultura Hispánica, 1994.

Vovelle, Michel, *Ideologías y Mentalidades*, Barcelona, Ariel, 1985.

La mentalidad revolucionaria, Barcelona, Editorial Crítica, número 201, 1989.

Wendell Graff, Gary, *Cofradías in the New Kingdom of Granada: Lay Fraternities in a Spanish American Frontier Society, 1600- 1755*, Michigan, U.S.A., University of Wisconsin, 1973, material fotocopiado en poder de la Biblioteca Luis Angel Arango.

Yourcenar, Marguerite, *Memorias de Adriano*, Bogotá, Planeta Colombiana Editorial S.A., 1985.

Zambrano, Fabio, *Algunas formas de sociabilidad en Nueva Granada. 1780-1860*, Bogotá, copia mecanográfica, Centro de Documentación Ciencias Humanas, Universidad Nacional, 1987.